"十四五"职业教育国家规划教材

 高等职业教育在线开放课程配套教材

建筑工程制图

JIANZHU GONGCHENG ZHITU

（第三版）

主　编　危道军　胡永骁

副主编　董　娟　袁明　李超

新形态
教材

中国教育出版传媒集团

高等教育出版社·北京

内容提要

本书是"十四五"职业教育国家规划教材。

本书主要内容包括 6 个学习任务：绘图工具与国家制图标准、点、线、面的投影、工程立体投影图的识读与绘制、建筑施工图的阅读与绘制、结构施工图的阅读与绘制以及装饰装修施工图的阅读与绘制。

本书为新形态一体化教材，配套了丰富的数字化教学资源，助学助教。

本书可作为高等职业院校建筑工程制图课程教材，也可供相关工程技术人员参考。

图书在版编目（CIP）数据

建筑工程制图 / 危道军，胡永骁主编. -- 3 版.

北京 ：高等教育出版社，2025. 6. -- ISBN 978 - 7 - 04 - 064866 - 9

Ⅰ. TU204

中国国家版本馆 CIP 数据核字第 2025KJ5603 号

策划编辑 班天允　　责任编辑 谢永铭 班天允　　封面设计 张文豪　　责任印制 高忠富

出版发行	高等教育出版社	网　址	http://www.hep.edu.cn
社　址	北京市西城区德外大街 4 号		http://www.hep.com.cn
邮政编码	100120	网上订购	http://www.hepmall.com.cn
印　刷	上海新艺印刷有限公司		http://www.hepmall.com
开　本	787mm×1092mm　1/16		http://www.hepmall.cn
印　张	14.5	版　次	2014 年 8 月第 1 版
字　数	339 千字		2025 年 6 月第 3 版
购书热线	010-58581118	印　次	2025 年 6 月第 1 次印刷
咨询电话	400-810-0598	定　价	35.00 元

本书如有缺页、倒页、脱页等质量问题，请到所购图书销售部门联系调换

配套学习资源及教学服务指南

 二维码链接资源

　　本教材配套微视频、三维模型、拓展阅读、图纸等学习资源，在书中以二维码链接形式呈现。手机扫描书中的二维码进行查看，随时随地获取学习内容，享受学习新体验。

打开书中附有二维码的页面　　　　**扫描二维码**　　　　**查看相应资源**

 教师教学资源索取

　　本教材配有课程相关的教学资源，例如，教学课件、应用案例等。选用教材的教师，可扫描以下二维码，关注微信公众号"高职智能制造教学研究"，点击"教学服务"中的"资源下载"，或电脑端访问地址（101.35.126.6），注册认证后下载相关资源。

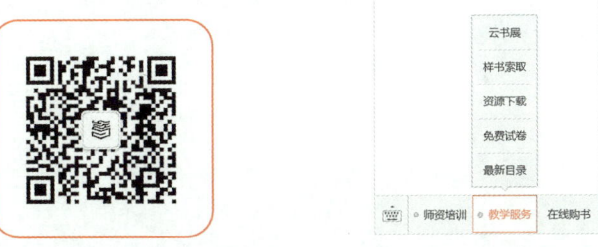

　　★如您有任何问题，可加入工科类教学研究中心QQ群：240616551。

本书二维码资源列表

页码	类型	说　　明	页码	类型	说　　明
1	拓展阅读	图是工程师的语言	64	微视频	棱锥上点的投影例题讲解
2	拓展阅读	《建筑工程识图职业技能等级标准》	66	微视频	平面立体的截交线
3	拓展阅读	鲁班与鲁班尺	70	微视频	圆柱体的投影
8	微视频	绘图方法及步骤	72	微视频	球体的投影
28	微视频	投影的基本知识	75	微视频	圆柱体表面的点和线
28	微视频	投影的概念与分类	77	微视频	圆锥体表面的点和线
33	微视频	三面投影图的形成与特性	79	微视频	球体表面的点和线
36	微视频	点的投影规律	83	微视频	轴测投影基本知识
37	微视频	点的投影例题讲解	88	微视频	正等轴测图的画法
38	微视频	点的坐标例题讲解	90	微视频	正面斜二等轴测图的画法
39	微视频	两点的相对位置及重影点	103	微视频	组合体正等轴测的画法
40	微视频	直线的投影规律及各种位置直线	103	微视频	轴测草图的画法
45	微视频	直线上的点	117	模　型	剖面图的形成
47	微视频	求直线的实长	118	微视频	剖面图的形成和画法
49	微视频	平面的投影规律	122	微视频	断面图的形成、种类与画法
53	微视频	平面上线的投影	122	拓展阅读	港珠澳大桥断面图节点分析
54	微视频	平面上点的投影例题讲解	123	模　型	断面图的形成
54	微视频	直线与平面相交	124	微视频	断面图与剖面图的区别
55	拓展阅读	有趣的正投影图：正投影图与建筑设计	126	模　型	建筑
57	微视频	棱柱体的投影	127	微视频	民用建筑的组成
58	微视频	棱锥体的投影	138	微视频	建筑平面图的产生和作用
62	微视频	平面立体表面上的点和直线	139	微视频	建筑平面图的识读
			139	图　纸	装配式混凝土建筑构件布置平面图

页码	类型	说　　明	页码	类型	说　　明
142	微视频	建筑立面图的识读	170	微视频	独立基础施工图的识读
142	微视频	建筑剖面图的产生和作用	171	微视频	柱列表注写(1)
144	微视频	建筑剖面图的内容	172	微视频	柱列表注写(2)
147	微视频	墙身详图的识读	173	微视频	柱截面注写
149	微视频	楼梯详图	173	微视频	柱施工图的识读
150	微视频	楼梯剖面图	173	微视频	梁的类型与特点
155	微视频	门窗详图的识读	174	微视频	梁钢筋的组成
156	微视频	建筑平面图的绘制	174	微视频	梁的编号形式
158	微视频	建筑立面图的绘制	174	微视频	梁的箍筋和截面
159	微视频	建筑剖面图的绘制	174	微视频	梁的纵向钢筋
160	微视频	楼梯详图的绘制	175	微视频	梁的原位标注
162	拓展阅读	传统文化与工艺展示建筑——装配式木结构案例	175	微视频	梁施工图的识读
			176	微视频	板的钢筋类型
164	图　纸	鸟巢工程图纸(部分)	179	微视频	板的集中标注
166	微视频	构件中的钢筋	179	微视频	板施工图的识读
167	微视频	保护层的含义	180	微视频	板的原位标注
168	微视频	钢筋混凝土构件基本知识	180	图　纸	装配式板构件详图
168	微视频	基础的类型与特点	181	拓展阅读	乡村振兴中的建筑装饰图

第三版前言

本书是"十四五"职业教育国家规划教材,是在第二版的基础上,密切结合建筑产业数字化转型升级以及高等职业教育教学改革实践经验修订而成的新形态教材。

本书作为国家规划教材,无论从教材定位、结构体系、难易程度,还是适应性、应用性等都能反映了高职教材的特点。自出版以来,受到了广大读者的一致好评,多次重印,先后成功入选"十二五""十三五""十四五"职业教育国家规划教材。本次修订,编写团队根据党的二十大及二十届三中全会精神和教育部《高等学校课程思政建设指导纲要》的要求,以及建筑行业转型升级的变化,执行建筑工程制图新规范、新标准,吸收近几年课程改革和教学资源建设的成果,对教材内容及配套资源进行了修订,使之更加符合国家专业教学标准的要求,更加贴近工程实际,更加满足专业数字化升级要求。为方便教学,本书配套《建筑工程制图习题》也同步进行了更新。

本版教材编写内容与形式主要创新点有:

1. 贯彻落实党的二十大及二十届三中全会精神,为高素质技术技能人才培养提供支撑。

2. 融入课程思政元素。紧密结合工程施工图样的特点,利用数字化教学资源,弘扬中国古建筑优秀文化,培养精益求精的工匠精神和创新意识,增强民族自豪感。

3. 结合建设行业转型升级,引入新技术、新标准、新规范。增加了装配式施工图内容,更新了教材内容。

4. 推进岗课赛证综合育人。在教材及配套习题集中融入1+X职业技能等级证书和全国职业院校技能大赛"建筑工程识图"相关内容,为课证、课赛融通提供支撑。

5. 更新配套数字化资源,建设数字课程。教材进一步吸收编写团队建设国家级精品在线课程的经验,丰富数字化资源。

6. 强化中高本衔接培养,对本科内容进行铺垫。实现教材内容与职业标准的深度对接,既避免中职、高职、职业本科课程内容的重复,又实现一体化适度拓宽和加深课程内容,真正实现课程内容衔接的连续性、逻辑性和整合性。通过增加"知识拓展"环节,达到衔接中职和本科教学的作用。

7. 重新构建内容框架,调整体例结构,使其符合工程识图认知过程。根据学习性工作任务整合教材内容,紧紧围绕工程识图能力目标构建知识框架主线、调整体例结构,并且新增了安装施工图的阅读与绘制内容。

8. 丰富教材表现形式,突出内容重点。增设"提示""课堂实作"模块,突出关键重点内容或环节,增强课堂实际教学效果。

本书由危道军、胡永骁担任主编,董娟、袁明、李超任副主编,全书主要由武汉光谷职业学院危道军修订并统稿定稿,参加本书修订工作的还有湖北城市建设职业技术学院胡永骁、董娟、袁明、李超,以及长江职业学院刘严、武汉光谷职业学院李聪聪、广厦控股集团有限公司万文峰、中冶南方都市环保工程技术股份有限公司周寰等。

全媒体资源由危道军、胡永骁主持并开发,刘严、李澍、刘杰、陈天旭、刘玲玲、李超、袁明、董娟、李聪聪等参与了建设工作。

  本书修订和配套资源开发过程中得到了武汉光谷职业学院、湖北城市建设职业技术学院、黑龙江建筑职业技术学院、长江职业学院、武汉建工集团有限公司、中冶南方都市环保工程技术股份有限公司等的大力支持,在此表示衷心的感谢。编者在教材修订过程中,参阅了大量文献资料,引用了标准规范及同类书刊的观点资料,在此表示谢意。

  由于编者水平有限,书中难免存在不足之处,恳请专家和广大读者批评指正,我们将在今后的工作中改进完善。

编 者

第一版前言

本书是"十二五"职业教育国家规划教材，经全国职业教育教材审定委员会审定。本书是依据教育部最新印发的《高等职业学校专业教学标准（试行）》中关于本课程的教学要求，并参照相关的国家职业技能标准和行业职业技能鉴定规范编写而成的。

"建筑工程制图"是建筑类专业主干基础平台课，对培养建筑类专业核心职业能力起着重要的支撑作用。本书主要内容包括绘图工具及其使用、基本制图标准、正投影原理、体的投影、剖面图与断面图、房屋建筑图的基本知识、建筑施工图、结构施工图、建筑装饰施工图、给水排水工程图、供暖通风工程图。本书适用于建筑工程技术、建筑装饰工程技术、建筑设备工程技术等专业。

本书从教材定位、结构体系、难易程度、适用性、应用性等方面，着力体现高等职业教育的教学特点，符合高职学生的认知规律，理论联系实际，深入浅出、图文并茂、通俗易懂，突出实用性。本书主要特点如下：

1. 内容符合最新版的《房屋建筑制图统一标准》《建筑制图标准》和《建筑结构制图标准》。

2. 工程识图部分安排了工程案例，方便实践教学。

3. 为满足制图课程教学需要，另配有《建筑工程制图习题集》。

本书由主编危道军教授组织相关教学一线骨干教师和行业专家编写，主要由危道军编写完成，参与部分编写工作的有胡永骁、汪帆、张怡等，参与本书资料收集和编写工作的还有危莹、李超、王荷池、冯晨、丁文华、张力、王献文、文益民等。本书编写过程中得到了湖北城市建设职业技术学院、黑龙江建筑职业技术学院、长江职业学院、武汉建工集团股份有限公司等单位的大力支持，在此表示衷心的感谢。

由于编写时间仓促，编者水平有限，书中难免存在不足之处，敬请广大读者批评指正。

编　者

目　　录

绪　　论

图纸是工程师的语言,建筑工程图纸是建筑工程师的语言。作为未来的工程建筑者,我们必须学好这门语言。

1. 建筑工程制图课程的性质和任务

在工程建设过程中,把已有的和想象中的空间物体,如建筑物、道路、管线等的形状、大小、位置及其他有关资料,遵照国家制图标准运用投影的方法绘制成用于工程建设的图称为工程图样,简称图样。工程图样是工程界的技术语言,是工程规划、设计、施工等不可缺少的工具之一,也是工程概预算、竣工验收和技术交流等必备的技术资料。建筑制图是研究工程图样的形成、绘制和识读规律的一门课程,是高等职业院校土建类专业培养具有全面素质和综合职业能力,在生产、服务、技术和管理第一线工作的高技能人才的一门实践性很强的专业基础课,其主要任务是培养学生具有一定的空间思维能力、绘图技能和识图能力,为学习专业课程和参加工程实践打下识图和绘制工程图样的基础。同时,也为获得"1＋X"证书《建筑工程识图职业技能等级证书》打下良好的基础。

2. 建筑工程制图课程的学习目标

(1) 通过本课程教学,应具备以下能力:
① 掌握正投影法的基本知识和作图方法;
② 熟悉、掌握土建工程制图国家标准及其他有关规定;
③ 能够正确使用常用绘图工具,具有绘制一般复杂程度的土建工程图的基本能力;
④ 能够识读一般土建工程图,具有绘制简单草图的基本技能。
(2) 根据高等职业院校的培养目标,本课程在学习过程中需注重把握:
① 强化对"投影图"的认识,使学生具有一定的空间想象和思维能力;
② 训练用绘图工具及计算机绘制出图面规范、图线规整、布局合理的工程图样;
③ 培养对工程图样的识读技能,懂得图示内容,既能综合形成三维工程概念,又能正确判断"整体"和"局部"的关系;
④ 培养认真负责的工作态度和严谨细致的工作作风。

3. 建筑工程制图课程的内容

本课程的内容包括以下三部分:
(1) 制图基本知识
介绍制图工具的使用与维护、制图标准和几何作图方法。
(2) 投影原理
学习正投影原理及立体投影图的绘制与识读方法。

（3）建筑制图

学习一般土建工程图的绘制与识读方法。

4. 学习建筑工程制图的基本方法

建筑工程制图课程具有系统性强、实践性强的特点。投影原理部分的学习主要是弄清空间几何元素与投影之间的关系，通过绘图和识读的反复实践掌握其投影规律。建筑工程制图部分是学习如何运用投影原理表达建筑形体的方法以及尺寸注法、识读与绘图方法等。

学习时应注意以下几点：

（1）课前预习，带着问题听课。

（2）认真听讲，多做练习。制图基础理论部分通俗易懂但解题较难，只有通过不断由浅入深地训练，尤其要注意空间问题分析，才会取得良好效果。

（3）注意培养空间想象能力。由二维平面图形过渡到三维空间形体，理解它们之间的对应关系是十分重要的。要逐步减少对模型、立体图形的依赖，看懂投影图。

（4）严谨求实，耐心细致。建筑工程图是建筑施工的重要技术依据，图样上的任何一点差错，都将会影响工程质量，甚至造成巨大损失。因此，要培养严肃认真的工作态度，耐心细致的工作作风，并将其贯穿于整个制图课程的学习过程中。

（5）勤观察、勤动手、勤读书、勤动脑。平时要注意多观察身边的形体和建筑物，积累感性认识，并勤于徒手作图，适当阅读一些与课程有关的参考书，以拓宽自己的知识面，扩大视野。

拓展阅读

《建筑工程识图职业技能等级标准》

学习任务1 绘图工具与国家制图标准

学 习 要 点

学习建筑工程制图,首先应认识制图工具并掌握使用方法,熟悉《房屋建筑制图统一标准》(GB/T 50001—2017)规定的绘制建筑施工图的图幅、图框、线型、字体及尺寸标准等基本知识。应重点掌握线型、字体及尺寸标注的基本要求。

1.1 绘图工具及绘图方法

1.1.1 绘图工具、用品及其使用

绘图工具是保证图样质量,提高绘图速度的必要条件。提高应用绘图工具的熟练程度是贯穿于本课程教学过程中的重要内容之一。本章主要介绍常用的绘图工具、用品的使用和保养方法。

拓展阅读

鲁班与鲁班尺

1. 绘图工具

(1) 图板

图板由正反板面和四个较硬的木制边框组成,左右两边为工作边,如图1-1所示。图板的规格为A0、A1、A2和A3。图板的板面要保持平整,并保证板框的平直。图板应防止受潮或暴晒,以免变形,也不要在图板上使用锋利的工具刻划。

(2) 丁字尺

丁字尺由尺头和尺身两部分组成,丁字尺的尺头和尺身成90°固定连接,如图1-1所示,带有刻度的边称为工作边。丁字尺的工作边必须保持平直光滑,切勿用小刀靠在工作边裁纸,不用时最好挂起来以防止尺身变形、压折和尺头松动。

(3) 三角板

三角板为一对,由一块等腰直角三角形板和一块30°(60°)直角三角形板组成,带有刻度的边称为工作边。三角板应避免摔碰,并保持各边的平直。

在制图过程中,丁字尺、三角板、图板互相配合使用,可画出倾斜角不同的直线。常用的基本作图方法如图1-1所示。

(4) 比例尺

常用的比例尺外形成三棱柱体,上面有六种不同比例的刻度,也称三棱尺,如图1-2所示。比例尺是直接用来缩小(或放大)图形用的工具。建筑工程图常用的比例尺是百分比例尺,即1:100,1:200,1:300,1:400,1:500,1:600。

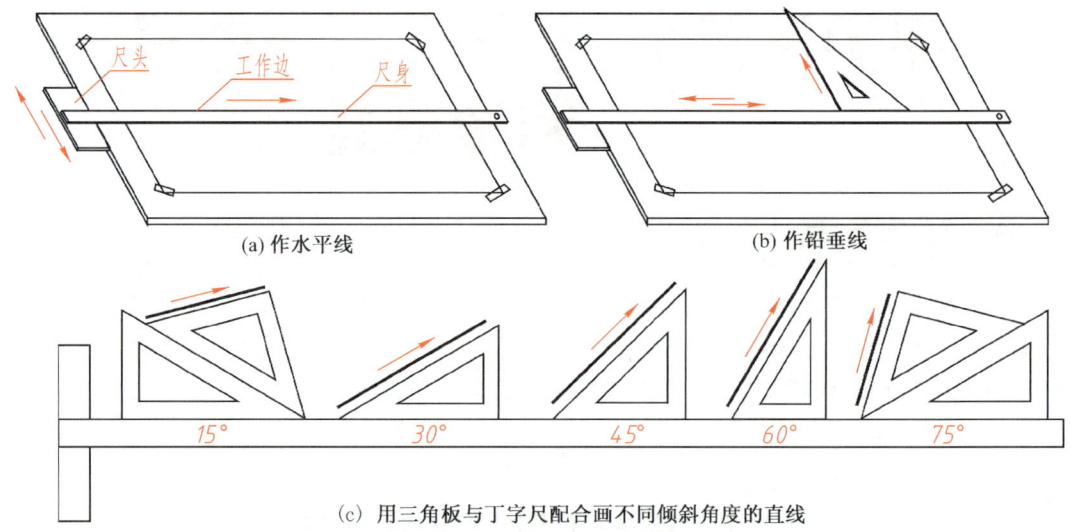

(a) 作水平线　　　　　　　　　(b) 作铅垂线

(c) 用三角板与丁字尺配合画不同倾斜角度的直线

图 1-1　图板、三角板、丁字尺共同工作

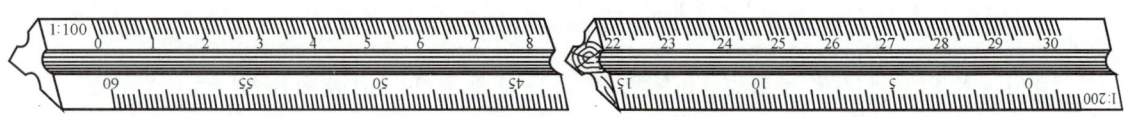

图 1-2　比例尺

（5）建筑模板

建筑模板刻有一些常用图形、符号及比例(图1-3)，由于专业不同，模板的种类也各不相同，应注意选用适合本专业用的模板。

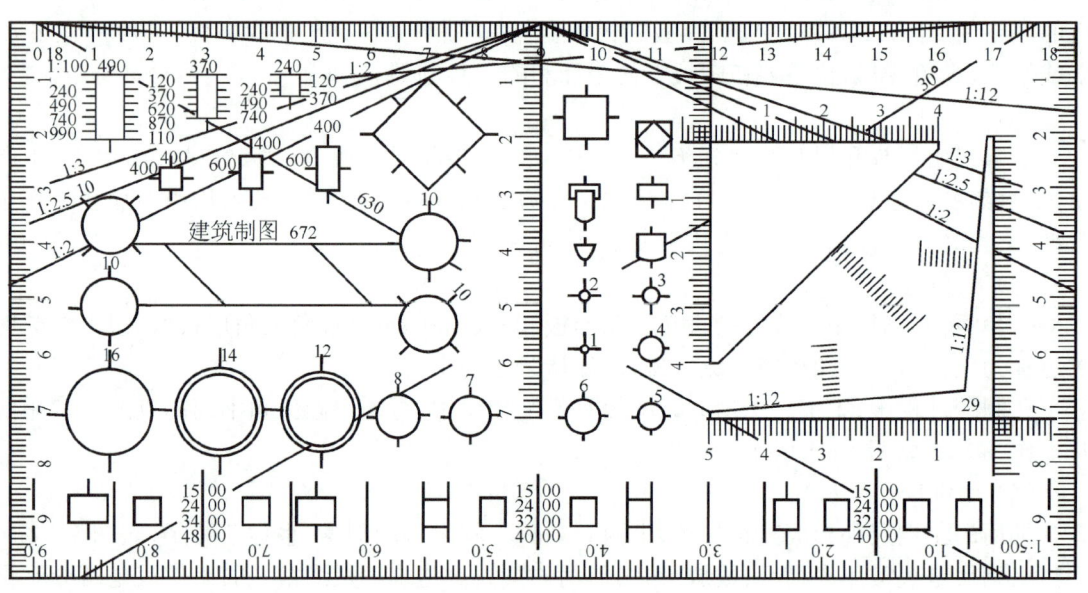

图 1-3　建筑模板

（6）擦图片

擦图片是用来修改图线的工具,大多是用金属片或透明胶片制成的,如图 1-4 所示。在修改图线时,可选择擦图片上适当的孔洞,盖在图线上,使要擦去的部分从孔洞中露出,用橡皮擦掉,以免破坏其他部分。

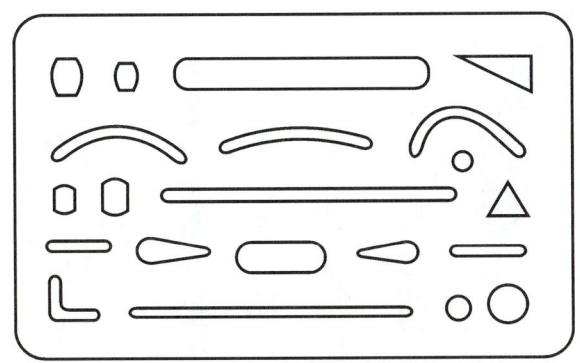

图 1-4　擦图片

（7）其他绘图工具

① 橡皮。橡皮有软、硬两种,如图 1-5 所示。修整铅笔图线用软的橡皮,修整墨线用硬的橡皮。擦图时要按同一方向一下、一下地擦,不要来回擦,避免图纸起毛,保证图面整洁。

② 砂纸与砂纸板。砂纸板是用来磨铅笔芯的,如图 1-6 所示。选用砂纸时,一定要选用细面砂纸。另外,砂纸板用完后,应将上面的铅芯粉末抖在废纸内包起来,以免影响图面的整洁和其他仪器、工具的清洁。

③ 排笔（或板刷）。用橡皮擦图纸时,会出现很多橡皮屑,要用排笔（图 1-7）及时清除干净。

此外,绘图时还需使用胶带纸、小刀、双面刀片等工具。

图 1-5　橡皮　　　　　　　图 1-6　砂纸板　　　　　　　图 1-7　排笔

2. 制图仪器

制图仪器的种类很多,式样也很复杂,现介绍几种常用的制图仪器。

（1）圆规

圆规是画圆及圆弧的仪器,如图 1-8 所示。圆规有三种插腿,可分别用来画墨线、铅笔线,以及用作分规（图 1-8a）。圆规固定腿上的钢针（图 1-8b）,一端的针尖为锥状,用来等分直线或圆弧;另一端针尖为台阶状,画圆时用来固定圆心。

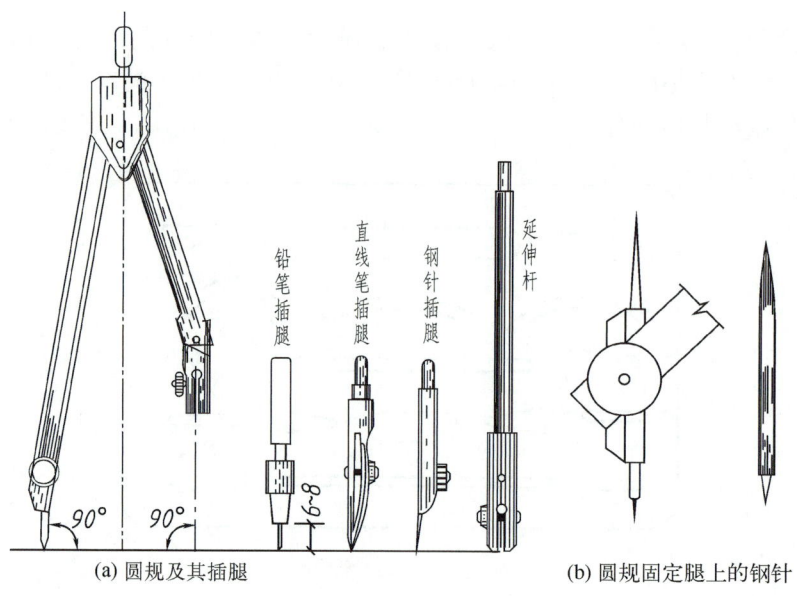

(a) 圆规及其插腿

铅笔插腿 直线笔插腿 钢针插腿 延伸杆

(b) 圆规固定腿上的钢针

图 1-8 圆规

圆规的具体使用方法如图 1-9 所示。

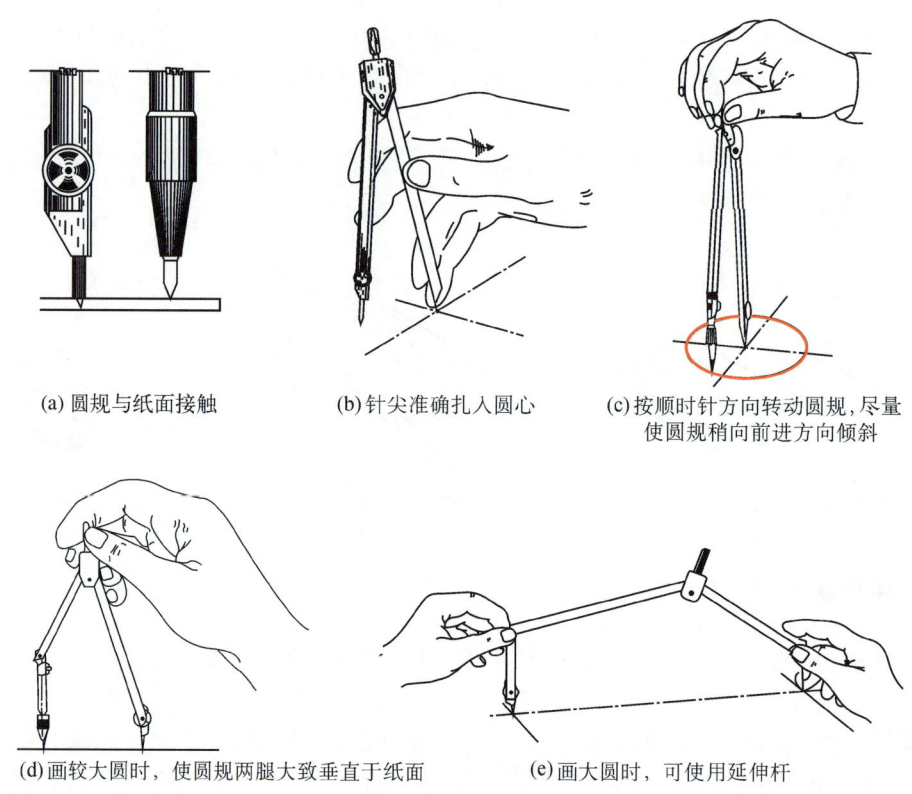

(a) 圆规与纸面接触

(b) 针尖准确扎入圆心

(c) 按顺时针方向转动圆规,尽量 使圆规稍向前进方向倾斜

(d) 画较大圆时,使圆规两腿大致垂直于纸面

(e) 画大圆时,可使用延伸杆

图 1-9 圆规的具体使用方法

（2）分规

分规可用于量取线段长度等分线段和圆弧。两腿并拢时，分规的两针应汇合于一点（图 1－10a）。分规的使用方法如图 1－10b 所示。

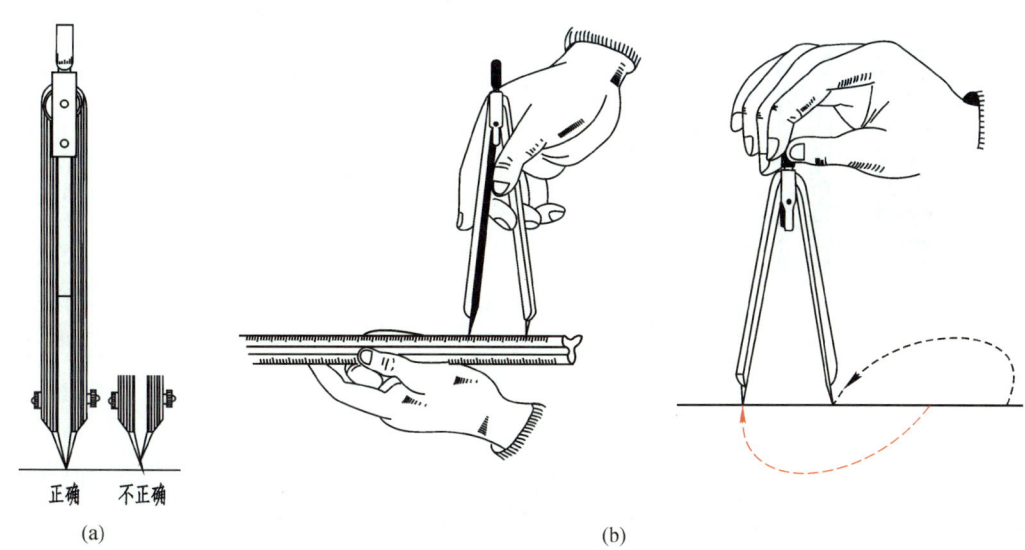

正确　　不正确

(a)　　　　　　　　　　　　　　　　(b)

图 1－10　分规及其使用方法

3. 绘图用品

（1）铅笔

画图用的铅笔应采用专用绘图铅笔，专用绘图铅笔根据铅芯的软硬度分为 H、B、HB 三类型号，标注在笔杆的一端。标注在 H 前面的数字越大，表示铅芯的硬度越大；标注在 B 前面的数字越大，表示铅芯越软；标注 HB 的铅笔，其铅芯属于中等硬度。

削铅笔时，应保留有型号标注的一端，以便识别铅笔的硬度。铅笔尖应按照图线的粗细削成锥形或扁平形，铅芯长度为 6～8 mm，锥形部分长度为 20～25 mm。

使用铅笔绘图时，用力要均匀，用力过大会刮破图纸或在图纸上留下凹痕，甚至容易折断铅芯，画长线时可以一边画一边旋转铅笔，使线条保持粗细一致。画线时，从侧面看笔身要垂直于纸面，从正面看，笔身要倾斜 60°。

粗实线铅笔的修理和使用：粗实线是图样中最重要的图线，把粗实线画得均匀整齐的关键是正确地修理和使用铅笔，绘制粗实线时用 2B 或 B 型号的铅笔为宜。将铅芯修理成长方体形，使用时以矩形的短棱和纸面接触，长方体铅芯的宽侧面和丁字尺或三角板的导向棱面贴紧，用力要均匀，速度要慢，一遍画不黑可重复运笔，如图 1－11 所示。

细实线铅笔的修理和使用：画细实线、细虚线、细点画线等细线所用的铅笔型号应为 H 或 2H，将铅芯修理成圆锥形。当铅芯磨秃后要及时修理，不要凑合着画。绘制细虚线和细点画线时，初学者要数丁字尺或三角板上的毫米数，这样经过一段时间的练习后，画出的细虚线和细点画线的线段长度才能整齐相等，如图 1－12 所示。

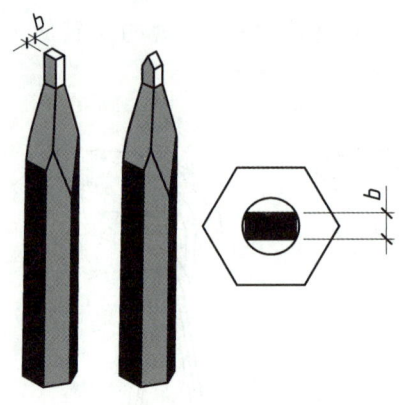

图 1-11　粗实线铅笔的修理和使用

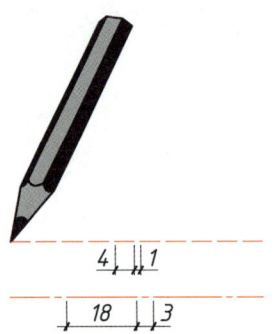

图 1-12　细实线铅笔的修理和使用
（单位：mm）

（2）图纸

图纸有绘图纸和描图纸两种。绘图纸要求质地坚实、纸面洁白，用橡皮擦拭时不易起毛，画墨线不渗。描图纸用于描绘图样，描绘的图样即为复制蓝图的底图。

图纸应根据需要，按国家标准规定的规格裁切。图纸的边缘要整齐，各边应互相垂直。不用时图纸应保存好，不要折叠压皱。描图纸不能受潮。

1.1.2　绘图方法和步骤

微视频

绘图方法及步骤

为了保证图面质量和提高绘图速度，工程技术人员应掌握正确的绘图方法和步骤。

1. 徒手绘图

徒手绘图是工程技术人员表达设计构思、交流设计思想、搜集设计资料时一种最常用的绘图方法，是工程技术人员必备的绘图技能。

（1）徒手绘图的基本要求

徒手绘制的图样又称草图。草图并非潦草的图，与其他工程图样一样，要求图样要基本符合物体形状，比例设置适当，投影关系正确。线型尽量平直、圆滑、粗细分明，绘图时要做到迅速、完整、准确。

（2）徒手绘图的必备工具

准备两支铅笔，一支画细线（H），另一支画粗线（B）。徒手绘图常选用方格纸或坐标纸，以便于控制图线和图形大小。

（3）徒手绘图的基本方法

徒手绘图的握笔姿势如图 1-13 所示。握笔不得过紧，运笔力求自然，小指微触纸面，并随时注意线段的终点。

① 画直线。画线时,轻轻画出底线,修正不平直的地方。再加深底线,画出需要的图线,直线的画法如图 1-13 所示。

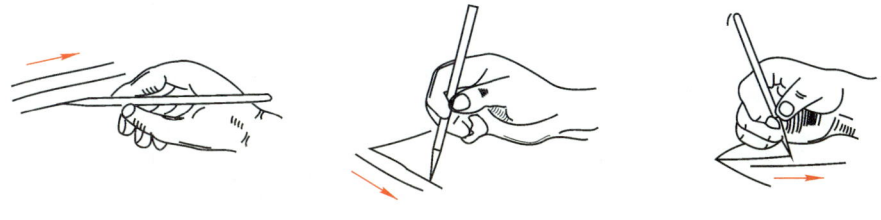

图 1-13 直线的画法

② 画圆。圆的画法有几种,画小圆时,先画出中心线,然后目测出小圆直径的四个点;根据四点画正方形,在正方形里作内切圆(图 1-14)。

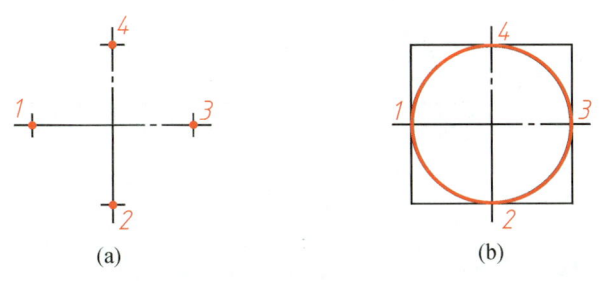

(a)　　　　　　　　　　　　　(b)

图 1-14 小圆的画法

画较大圆时,通过圆心定出八条直线,目测出圆的直径,光滑连接成圆(图 1-15)。

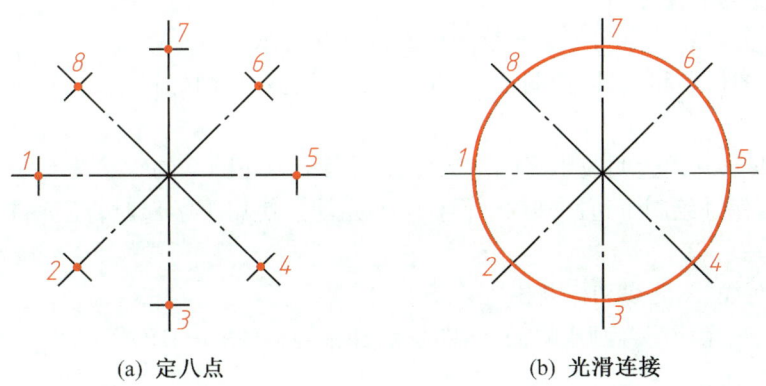

(a) 定八点　　　　　　　　　(b) 光滑连接

图 1-15 大圆的画法

画圆角时,先画中心线,在中心线上定出圆角的半径,与两中心线相互垂直,用圆弧光滑连接两点(图 1-16)。

③ 画椭圆。画椭圆时,可利用圆弧与菱形、长方形相切的特点绘制,与圆的徒手画法相似。椭圆的画法如图 1-17 所示。

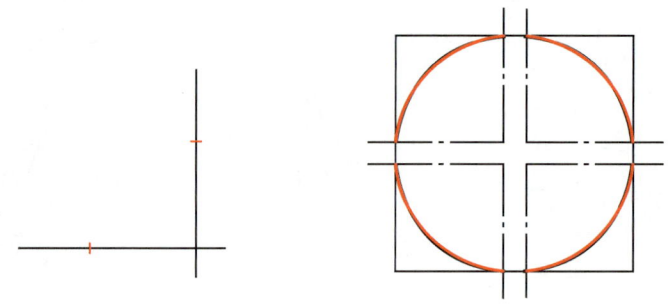

图 1-16　圆角的画法

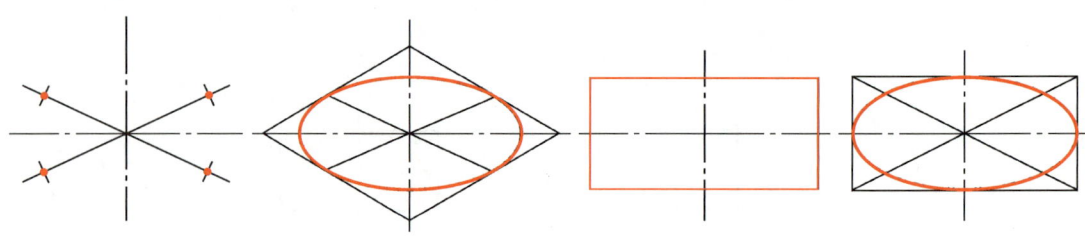

图 1-17　椭圆的画法

2. 工具仪器图

依照国家制图标准,使用绘图工具和仪器,按照投影关系绘制出的图样,称为工具仪器图。工具仪器图的绘图步骤如下:

(1) 绘图前的准备工作

① 阅读有关文件、资料,了解所绘图样的内容和要求。

② 备好绘图仪器和工具,把图板、三角板、丁字尺擦净,削好铅笔,并将各种工具放在固定的位置上。

③ 确定图幅,并用透明胶带将图纸固定在图板上。在图纸的下边缘至少留足一个丁字尺尺身的宽度,保证绘制下边图线时,丁字尺不晃动。使用丁字尺时,注意将尺头紧贴图板侧边(图1-18)。

(2) 画幅面线、图框线和标题栏

用丁字尺、三角板配合画出幅面线、图框线和标题栏(图1-19)。

(3) 布图

布图是评价图样质量的一项很重要的指标,具体要求是:投影关系正确,图面布置匀称、美观、主次分明(图1-20)。

(4) 画底稿

画图时,先画对称线、中心线和主要轮廓线,再逐步按照投影关系画出图形细节,最后画尺寸界线和尺寸线。

画线时,要求用轻而细的线条绘出,但应清晰可见。

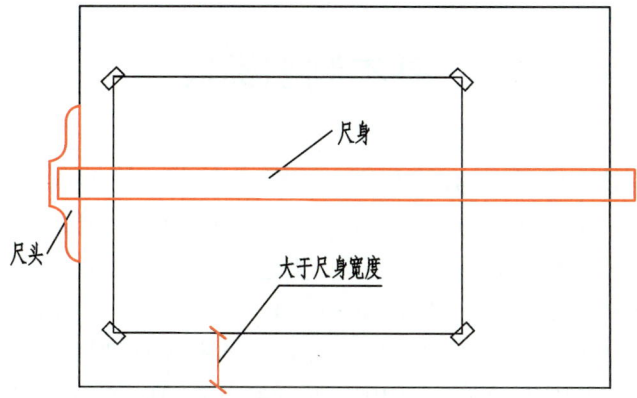

图 1-18 图纸固定的位置

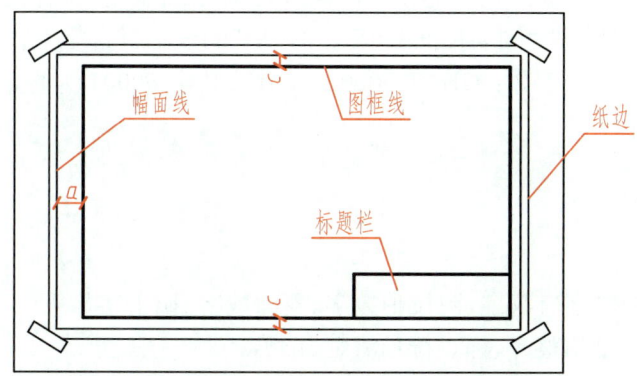

图 1-19 画幅面线、图框线和标题栏

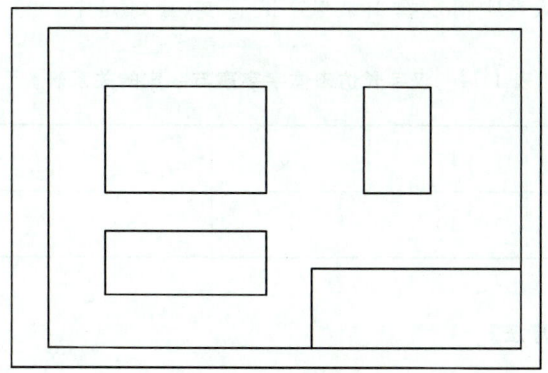

图 1-20 布图

（5）描深

要按规定线型描深底稿,同一类型线,描深后的粗细要一致,最好按线宽分批描深,即同一方向和同一宽度的线要一次画完。按先细后粗、先曲后直的顺序完成描深。图形描深完毕后再填写尺寸数字并书写文字说明。最后检查全图,如有错误,及时改正。

1.2　基本制图标准

工程图样作为工程技术的语言,必须有统一的标准,并保证图面质量,满足设计、施工、管理、存档的要求,以适应工程建设的需要。中华人民共和国住房和城乡建设部和中华人民共和国国家质量监督检验检疫总局联合发布了有关建筑工程制图的国家标准。

《房屋建筑制图统一标准》(GB/T 50001—2017)、《总图制图标准》(GB/T 50103—2010)、《建筑制图标准》(GB/T 50104—2010)、《建筑结构制图标准》(GB/T 50105—2010)、《建筑给水排水制图标准》(GB/T 50106—2010)、《暖通空调制图标准》(GB/T 50114—2010)这六种国家标准是所有土建工程技术人员应该严格执行的国家技术法规。工程技术人员要养成严格遵守国家技术法规的优良品质。国家标准对绘图规则、图样的画法等作了统一的规定,其中代号"GB"是汉字"国家标准"缩写语"国标"的汉语拼音字头;"T"是汉字"推荐"的缩写语的汉语拼音字头。例如:GB/T 50001—2017,其中 50001 为标准编号,2017 为标准颁布年份。

1.2.1　工　程　字　体

图纸上常用的文字有汉字、阿拉伯数字、罗马数字、拉丁字母等。书写文字时,应做到笔画清晰,字体端正,排列整齐,标点符号清楚、正确。

汉字、字母、数字的字体大小称为字号,用字体的高度表示字号。字体高度(h)的公称尺寸系列为 2.5 mm、3.5 mm、5 mm、7 mm、10 mm、14 mm、20 mm。表 1-1 为汉字长仿宋体字字高与字宽的关系表。从表中可以看出某号字的宽度,正好是下一号字的高度。

表 1-1　汉字长仿宋体字字高与字宽的关系表

字高/号	20	14	10	7	5	3.5
字宽/mm	14	10	7	5	3.5	2.5

1. 汉字书写的基本方法

汉字的书写必须遵守国务院公布的《汉字简化方案》和有关规定,绝不允许自行简化。

长仿宋体字基本书写要领是:横平竖直,注意起落,结构匀称,填满方格。

横平竖直:横笔基本要平,可顺运笔方向稍许向上倾斜 2°~5°。竖笔要直,笔画要刚劲有力。

注意起落:横、竖的起笔和收笔,折、钩的起笔,钩折的转角等,都要顿一下笔,形成小三角和出现字肩。长仿宋体字各种笔画的书写方法如图 1-21 所示。

结构匀称,填满方格:笔画布局要均匀,字体结构要中正疏朗、疏密有致,特别要注意:

(1) 字形基本对称的应保持其对称,如图 1-22 中的整、正、基、本、平等;

(2) 有一竖笔居中的字应保持笔画挺直而立中,如图 1-22 中的正、本、丁、小等;

(3) 有三四道横竖笔画的字要大致平行等距,如图 1-22 中的排、直、前等;

(4) 要注意偏旁所占的比例,如图 1-22 中的排、列、体、清等;

(5) 左右笔画间要注意穿插呼应,如图 1-22 中的起、落、好等。

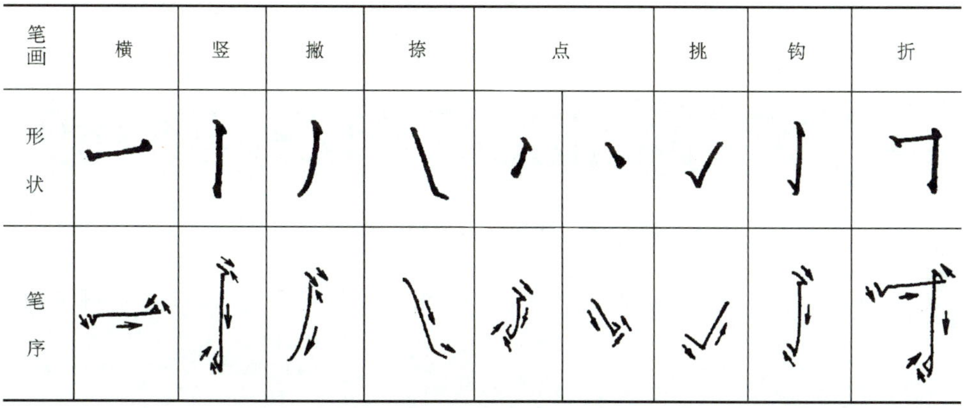

笔画	横	竖	撇	捺	点	挑	钩	折
形状	一	丨	丿	㇏	丶	八	亅	乛
笔序								

图 1-21 长仿宋体字各种笔画的书写方法

10 号

排列整齐　字体端正　笔画清晰　注意起落

7 号

字体笔画基本上是横平竖直结构匀称写字前先画好格子

5 号

阿拉伯数字拉丁字母罗马数字和汉字并列书写时它们的字高比汉字要小

3.5 号

大学系专业班级绘制描图审核校对序号名称材料件数备注比例重共第张工程种类设计负责人平立
剖侧切截断面轴测示意主俯仰前后左右东西南北中心内外高低顶底项长宽厚尺寸分厘毫米矩方

图 1-22 长仿宋体字的字样

2. 字母和数字的书写方法

《技术制图　字体》(GB/T 14691—1993)中规定的字母和数字分为 A 型和 B 型。A 型字体的笔画宽度(d)为字高(h)的 1/14,B 型字体的笔画宽度(d)为字高(h)的 1/10。在同一图样上,只允许选用一种形式的字体。

字母和数字可写成直体或斜体。B 型直体字体写法示例如图 1-23 所示。

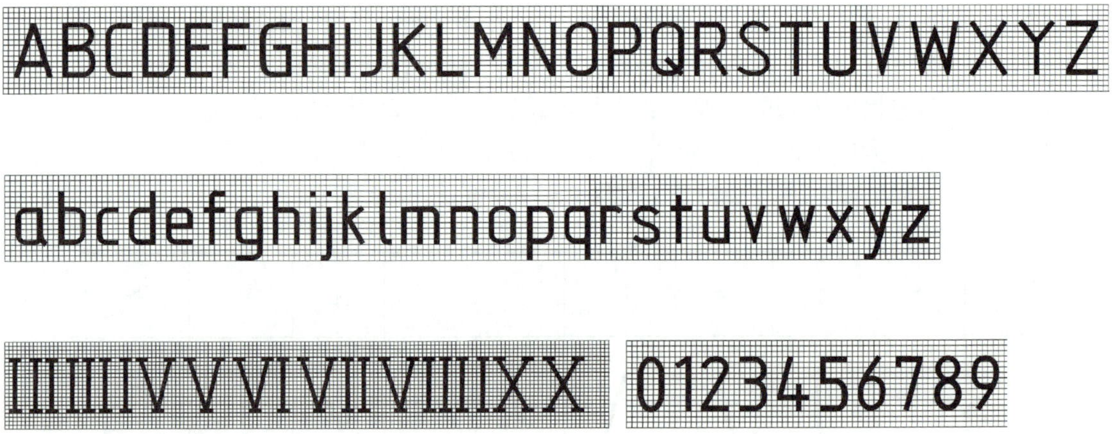

图 1-23　B 型直体字体写法示例

斜体字字头向右倾斜,与水平基准线成 75°角。B 型斜体字体写法示例如图 1-24 所示。

图 1-24　B 型斜体字体写法示例

国家标准中还规定:汉字的字高应不小于 3.5 mm,拉丁字母、阿拉伯数字或罗马数字的字高应不小于 2.5 mm。

提示:

数量的数值注写,应采用正体阿拉伯数字;各种计量单位凡是前面有量值的,均采用国家颁布的单位符号注写,而且采用正体字母;分数、百分数和比例数的注写,应采用阿拉伯数字。

1.2.2 图　　幅

1. 图纸幅面

工程制图所用图纸的宽度与长度组成的幅面称为图纸幅面,图纸幅面最大尺寸为841×1 189(单位：mm),幅面代号 A0,对开后为 A1,依此类推。图纸幅面尺寸关系如图 1－25 所示。

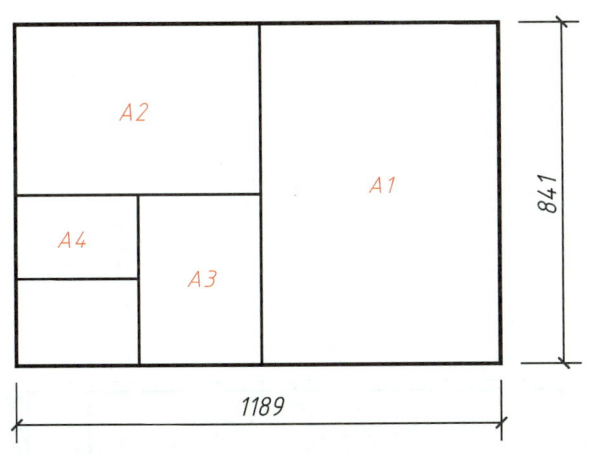

图 1－25　图纸幅面尺寸关系

绘制技术图样时应优先选用表1－2规定的基本幅面。绘制较大的工程图时,图纸的长边可加长,短边不得加长。图纸长边加长尺寸见表1－3。

表 1－2　图纸幅面及图框尺寸　　　　　　　单位：mm

尺寸代号	幅　面　代　号				
	A0	A1	A2	A3	A4
$b×l$	841×1 189	594×841	420×594	297×420	210×297
c	10			5	
a	25				

表 1－3　图纸长边加长尺寸　　　　　　　单位：mm

幅面代号	长边尺寸	长边加长后尺寸							
A0	1 189	1 338	1 487	1 635	1 784	1 932	2 081	2 230	2 378
A1	841	1 051	1 261	1 472	1 862	1 892	2 102		

幅面代号	长边尺寸	长边加长后尺寸						
A2	594	743　　892 1 932　2 081	1 041	1 189	1 338	1 487	1 635	1 784
A3	420	631　　841	1 051	1 261	1 472	1 682	1 892	

2. 图框

无论图纸是否装订,均应在图幅内画出图框,图框线用粗实线绘制,与图纸幅面线的间距宽 a 和 c 应符合表 1-2 的规定。

图纸以短边作为垂直边时为横式幅面,以短边作为水平边时为立式幅面。A0～A3 图纸宜作为横式幅面;A4 图纸宜作为立式幅面,如图 1-26 所示。

一个工程设计中,每个专业所使用的图纸不宜多于两种幅面,但不含目录及表格所采用的 A4 幅面。

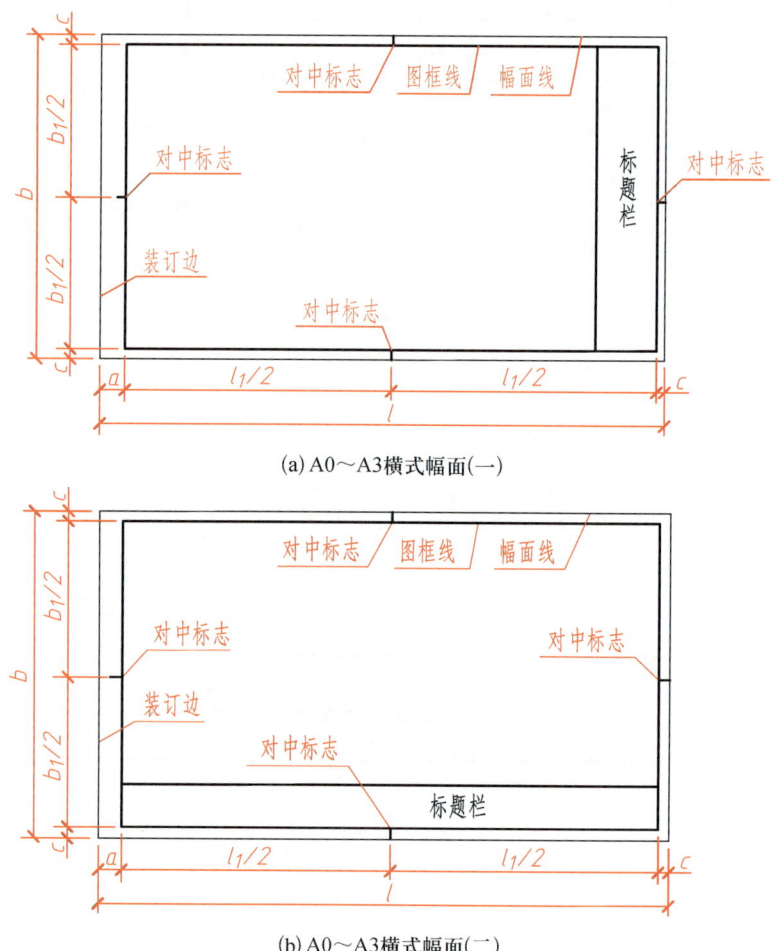

(a) A0～A3横式幅面(一)

(b) A0～A3横式幅面(二)

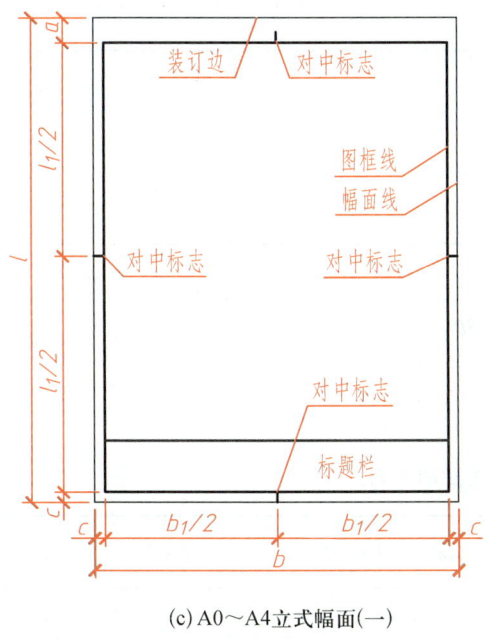

(c) A0～A4立式幅面(一)

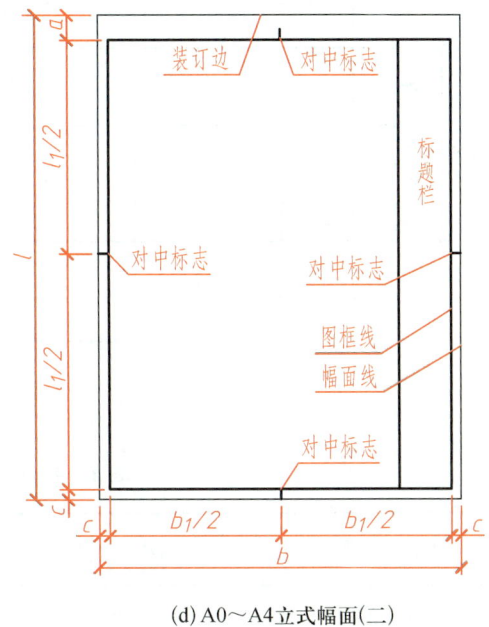

(d) A0～A4立式幅面(二)

图 1－26　图纸幅面示意图

3. 图标与会签栏

图标即标题栏,位于图纸的下方(横式幅面)或右方(立式幅面)。图标用于填写工程图样的图名、图号、比例、设计单位、注册师姓名、设计人姓名、审核人姓名及日期等内容,其长边的长度至少为 200 mm,短边的长度宜采用 30 mm,40 mm 或 50 mm。

鉴于当前各设计单位标题栏的内容增多,有时还需要添加外文的实际情况,下面提供两种标题栏样式,其划分仅为示意,供各设计单位灵活选用,如图1－27 和图 1－28 所示。学生绘图练习时可采用图 1－29 所示的标题栏。标题栏中的会签栏是指工程图样上由各工种负责人填写所代表的有关专业、姓名、日期等内容的表格。会签栏中应包括实名列和签名列。

图纸的图框和标题栏可采用表 1－4 所列的线宽。

| 设计单位名称区 |
| 注册师签章区 |
| 项目经理区 |
| 修改记录区 |
| 工程名称区 |
| 图号区 |
| 签字区 |
| 会签栏 |
| 附注栏 |

图 1－27　工程图纸的标题栏(一)

设计单位名称区	注册师签章区	项目经理区	修改记录区	工程名称区	图号区	签字区	会签栏	附注栏

图 1－28　工程图纸的标题栏(二)

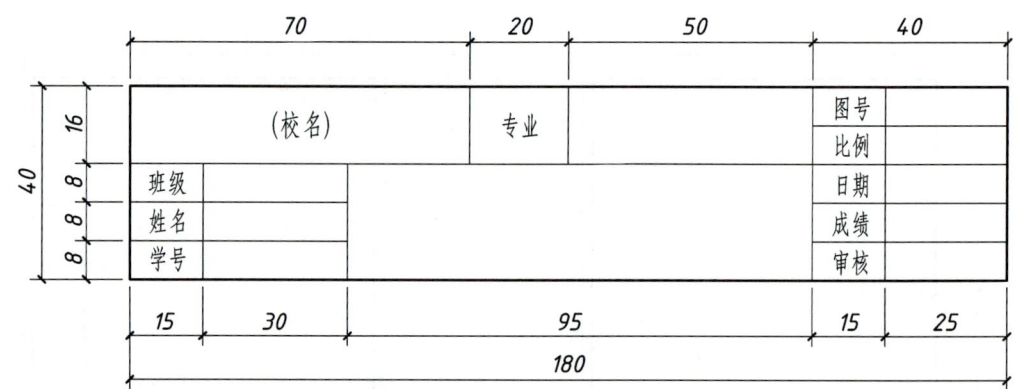

图1-29 制图作业采用的标题栏(单位:mm)

表1-4 图框和标题栏的线宽   单位:mm

幅 面	图 框 线	标题栏外框线	标题栏分格线
A0,A1	b	$0.5b$	$0.25b$
A2,A3,A4	b	$0.7b$	$0.35b$

课堂实作

在A4纸上以1:10的比例画出A0的横向图幅,并在其内部表示出其他图幅,标出标题栏和会签栏。

1.2.3 图   线

1. 线型

国家标准《房屋建筑制图统一标准》(GB/T 50001—2017)中规定了16种基本线型,并将图线分为粗线、中粗线、中线和细线四种,它们之间的宽度比例为4:3:2:1,这是对各种专业制图中图线宽度比例的总规定。在建筑图样中采用粗、细两种线宽,它们之间的比例为2:1。图线宽度的系列又称线宽组,有8种:0.13 mm,0.18 mm,0.25 mm,0.35 mm,0.5 mm,0.7 mm,1 mm,1.4 mm,见表1-5。16种基本线型及其应用见表1-6。

2. 绘制图线的原则

① 在同一张图纸内,相同比例的图样,应选用相同的线宽组。

② 为保证图样清晰,相互平行的图线,其间距不宜小于所选粗实线的2倍,最小间隙不得小于0.7 mm。

表 1-5 线 宽 组 单位：mm

线 宽 比	线 宽 组			
b	1.4	1.0	0.7	0.5
$0.7b$	1.0	0.7	0.5	0.35
$0.5b$	0.7	0.5	0.35	0.25
$0.25b$	0.35	0.25	0.18	0.13

表 1-6 基本线型及其应用

名 称		线 型	线宽	用 途
实线	粗		b	主要可见轮廓线
	中粗		$0.7b$	可见轮廓线、变更云线
	中		$0.5b$	可见轮廓线、尺寸线
	细		$0.25b$	图例填充线、家具线
虚线	粗		b	见各有关专业制图标准
	中粗		$0.7b$	不可见轮廓线
	中		$0.5b$	不可见轮廓线、图例线
	细		$0.25b$	图例填充线、家具线
单点长画线	粗		b	见各有关专业制图标准
	中		$0.5b$	见各有关专业制图标准
	细		$0.25b$	中心线、对称线、轴线等
双点长画线	粗		b	见各有关专业制图标准
	中		$0.5b$	见各有关专业制图标准
	细		$0.25b$	假想轮廓线、成形前原始轮廓线
折断线	细		$0.25b$	断开界线
波浪线	细		$0.25b$	断开界线

③ 单点长画线(以下简称点画线)、双点长画线(以后简称双点画线)、虚线的线段长度和间隔宜各自相等。建议虚线的线段长度为 3～6 mm,间距为 1 mm;细点画线的线段长度为 10～30 mm,间距为 3 mm,小短画长度为 1 mm;双点画线的线段长度为 15～20 mm,间距为 5 mm,小短画长度为 1 mm。

④ 图线不得与文字、数字或是符号重叠、混淆,不可避免时,应首先保证文字的清晰。

在绘制细虚线、细点画线时,线和线相交处应为线段相交。当细虚线在粗实线的延长线上时,在分界处要留空隙。细点画线超出轮廓线的长度为 3～5 mm。当要绘制的细点画线长度较小时,可用细实线代替。

3. 图线交接画法

各种图线交接时的具体画法如图 1-30 所示。

① 虚线与虚线相交。当虚线与虚线相交时,必须交在线段处(图 1-30a)。

② 虚线与实线相交。当虚线是实线的延长线时,此处必须断开(图 1-30b);当虚线与实线相交时,必须交在实线上(图 1-30c)。

③ 虚线与中心线相交。当虚线与中心线相交时,必须交在线段处(图 1-30d)。

④ 中心线与中心线相交。中心线与中心线相交时,必须交在线段处(图 1-30e)。

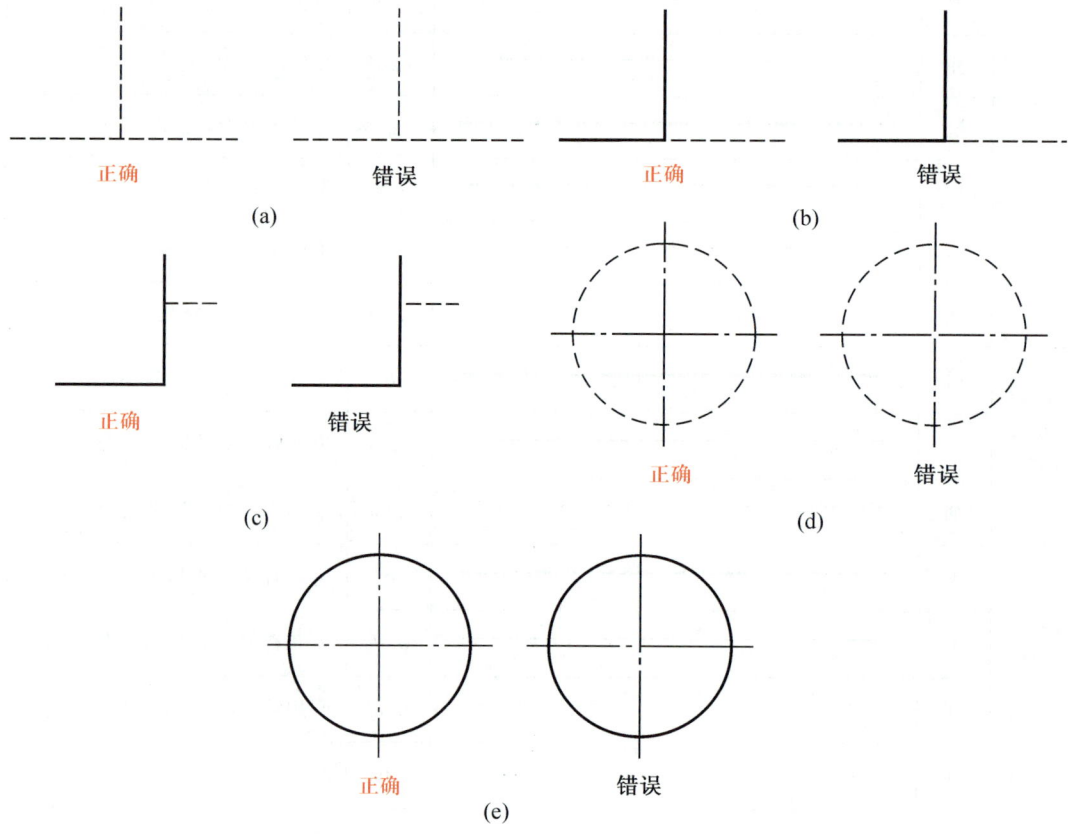

图 1-30　图线交接画法

课堂实作

在纸上画出图线交接画法。

1.2.4　比　　例

1. 比例的概念

比例是图样中的图形与实物相应要素的线性尺寸之比。

比例的大小即比值的大小，如 1：20 大于 1：50。

例如，一个建筑的长度是 50 m，而在图纸上相对应的长度是 0.5 m，那么它的比例是：

$$比例＝图样的线段长度／实物上相应线段长度＝\frac{0.5}{50}＝\frac{1}{100}$$

2. 比例尺

比例尺上的刻度以 m 为单位，例如 1：100 的尺面，当物体的实际尺寸为 1 000 mm（1 m）时，可以在尺面上直接量取 10 mm，但读作 1 m。

比较图 1－31a 和图 1－31b 可以看出，物体的实际长度相同，由于选取比例不同，量取长度不同，但都读作 4.8 m。

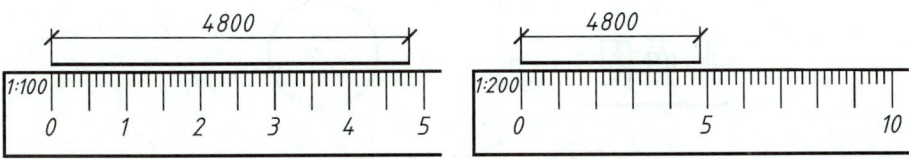

(a) 在 1：100 的比例尺上，4.8 m 的长度为 48 mm　　(b) 在 1：200 的比例尺上，4.8 m 的长度为 24 mm

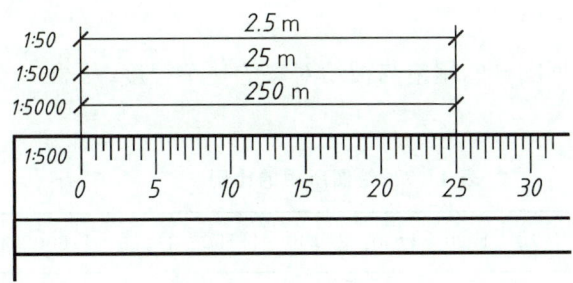

(c) 比例尺的换算功能

图 1－31　比例尺的用法

图 1－31c 中，量取长度相同，但由于比例尺不同，物体的实际长度不相同。当比例由 1：500 变成 1：5 000 时，实际长度由 25 m 变为 250 m。如果变成 1：50 时，实际长度则读作 2.5 m。这就是比例尺的另外一个功能——换算功能。

　　用比例尺量取尺寸有两种方法(图 1－32)，一种是将比例尺紧靠在线段上直接量取，如图 1－32a 所示；另一种是先用分规在比例尺上量取所需长度，然后在线段上定点，如图 1－32b 所示。作图时不能用比例尺代替三角板或丁字尺画线。

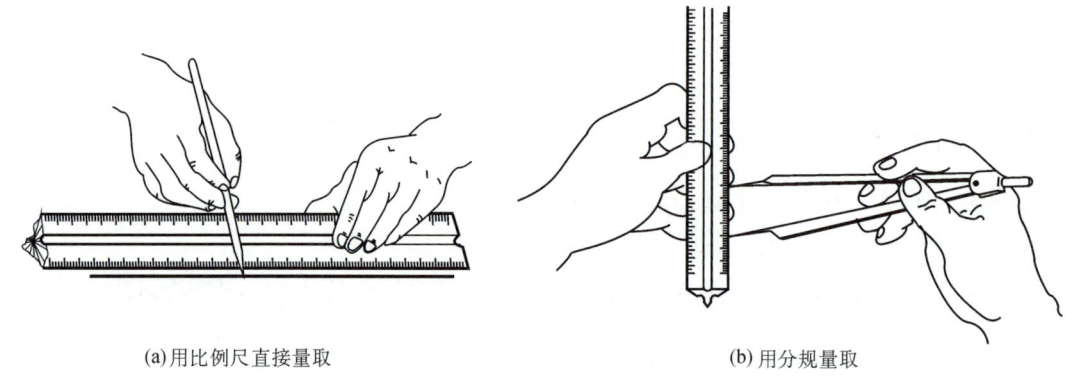

(a) 用比例尺直接量取　　　　　　　　　　　　　(b) 用分规量取

图 1－32　用比例尺量取尺寸的方法

3. 比例的书写方法

　　① 比例应以阿拉伯数字表示，如 1:1、1:2、1:100 等。

　　② 比例宜注写在图面的右侧，字的基准线应与相关图名底线平齐，比例的字高应比图名的字高小一号或两号，如图 1－33 所示。

图 1－33　比例注写位置

4. 常用比例

　　绘图所用的比例，应根据图样的用途与被绘对象的复杂程度，从表 1－7 中选用，并优先选用表中的常用比例。

表 1－7　绘图所用的比例

常用比例	1:1　1:2　1:5　1:10　1:20　1:50　1:100　1:150　1:200　1:500　1:1 000　1:2 000
可用比例	1:3　1:4　1:6　1:15　1:25　1:30　1:40　1:60　1:80　1:250　1:300　1:400　1:600 1:5 000　1:10 000　1:20 000　1:50 000　1:100 000　1:200 000

> **提示：**
> 　　一般情况下，一个图样应该选用一种比例。但是，根据需要，同一图样也可以选择两种比例。特殊情况下，还可以自选比例，此时应绘制相应的比例尺。

1.2.5 尺 寸 标 注

图纸上的图形仅表示了物体的形状,物体的大小则需要用尺寸来注明,因此尺寸标注是工程图样中必不可少的重要内容之一。

1. 尺寸的组成

图样中的尺寸,由尺寸界线、尺寸线、尺寸起止符号和尺寸数字组成(图1-34)。

① 尺寸界线。尺寸界线应用细实线绘制,其一端应离开图样轮廓线不小于2 mm,另一端宜超出尺寸线2~3 mm。必要时,图样轮廓线可用作尺寸界线。

② 尺寸线。尺寸线应用细实线绘制,并与被注长度平行。任何图线均不得用作尺寸线。

③ 尺寸起止符号。尺寸起止符号一般应用中粗斜短线绘制,其倾斜方向应与尺寸界线成顺时针45°,长度宜为2~3 mm。

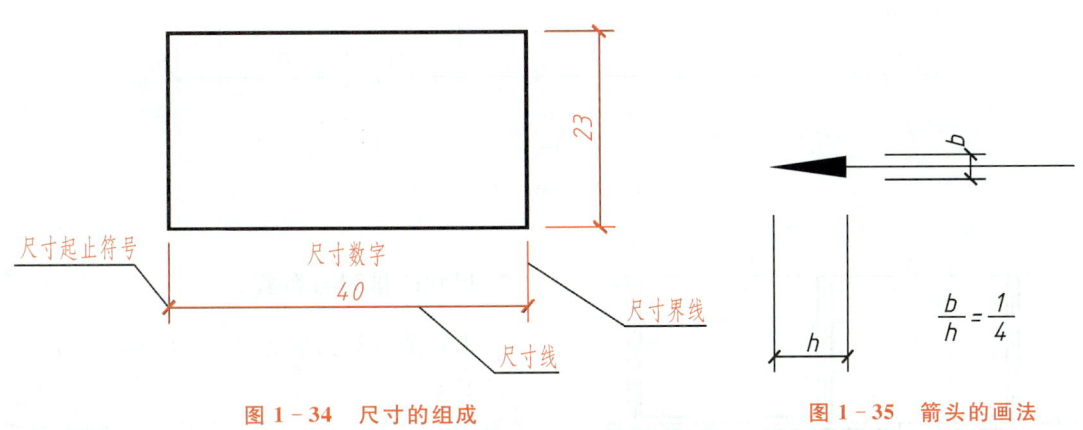

图1-34 尺寸的组成   图1-35 箭头的画法

半径、直径、角度与弧长的尺寸起止符号用箭头表示,如图1-35所示。

④ 尺寸数字。尺寸数字应按图1-36所示的规定注写。尽可能避免在30°斜线区内标注尺寸,当无法避免时,应按图1-36b,c注写。图线不得穿越尺寸数字,不可避免时,应将尺寸数字处的图线断开(如图1-36b中425的表示方法)。

尺寸数字的单位,除标高及总平面图中采用m外,其余均以mm为单位。标注尺寸时,数字后不注单位。

尺寸数字一律用阿拉伯数字注写,字高一般为3.5 mm。同一张图纸上的尺寸数字大小应一致。尺寸数字宜注写在尺寸线中间的上方,离开尺寸线的距离不大于1 mm。当尺寸界线间隔太小,没有足够的注写位置时,可注写在尺寸界线外侧或将相邻的尺寸数字错开注写(图1-36d)。

图样上的尺寸应以尺寸数字为准,不得从图上直接量取。

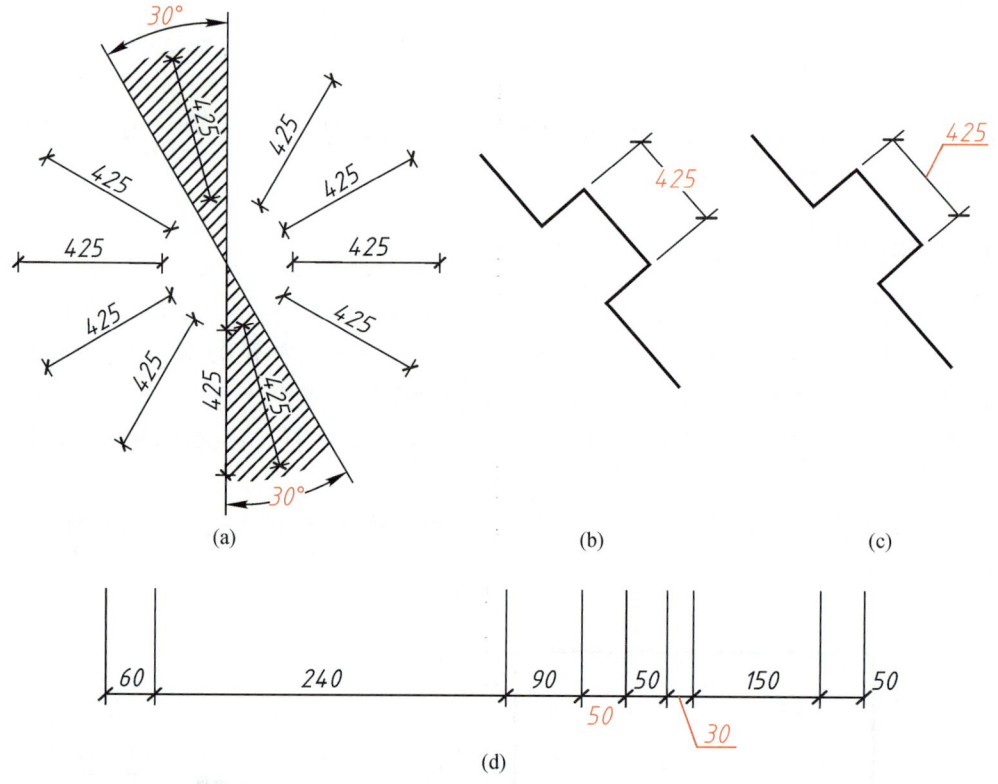

(a)　　　　　　　　　　(b)　　　　　　　　(c)

(d)

图 1 - 36　尺寸数字的标注方法

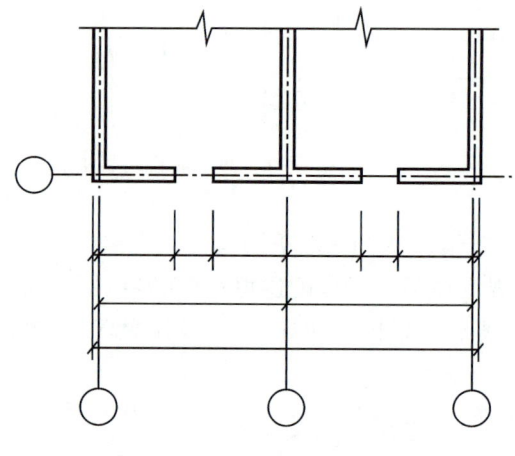

图 1 - 37　尺寸的排列与布置

2. 尺寸的排列与布置

尺寸的排列与布置如图 1-37 所示,且有以下注意事项。

① 互相平行的尺寸线,应从被注的图样轮廓线由近向远整齐排列。小尺寸离轮廓线较近,大尺寸离轮廓线较远。

② 图样轮廓线以外的尺寸线,距图样最外轮廓线之间的距离不宜小于 10 mm,平行排列的尺寸线的距离为 7～10 mm,并应保持一致。

③ 总尺寸界线,应靠近所指部位,中间分尺寸的尺寸界线可稍短,但其长度应相等。

3. 常见几何元素的尺寸标注

① 圆的尺寸标注。圆或大于半圆的圆弧标注直径尺寸,尺寸线应通过圆心,两端箭头指到圆弧,直径数字前加注直径符号"ϕ"(图 1 - 38a)。较小圆的直径尺寸,可标注在圆外(图 1 - 38b)。

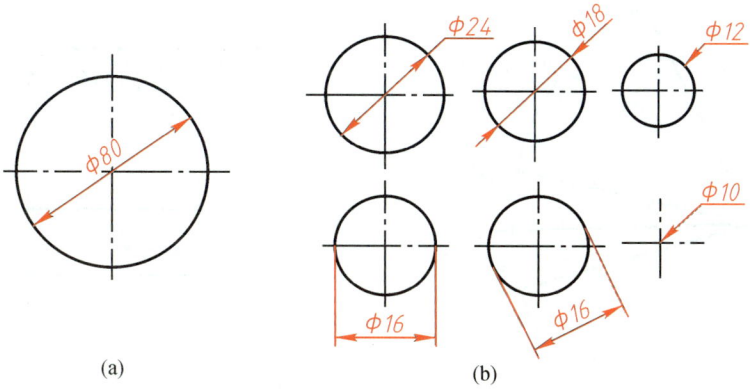

图 1-38 圆的尺寸标注

② 圆弧的尺寸标注。半圆或小于半圆的圆弧标注半径尺寸,半径尺寸必须注在投影为圆弧的视图上,尺寸线通过圆心,只画一个箭头并指到圆弧,数字前加注半径符号"R"(图1-39a);较小圆弧的半径尺寸可引出标注(图1-39b);较大圆弧可用折线作尺寸线,若圆心位置不需要标注,尺寸线可以中断(图1-39c)。

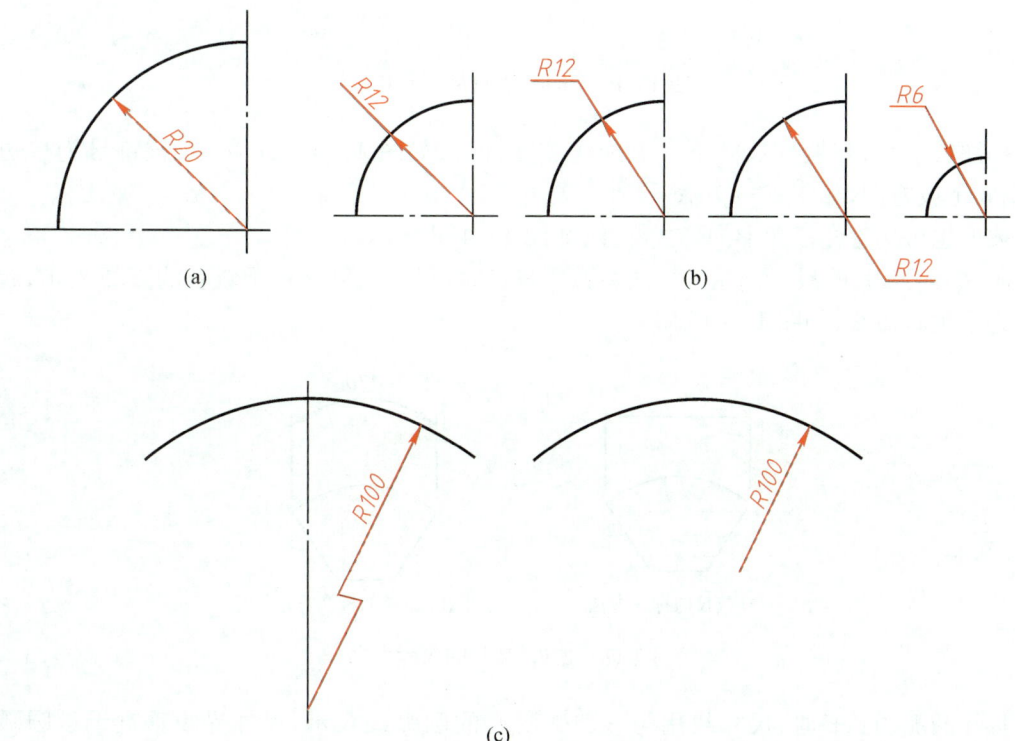

图 1-39 圆弧的尺寸标注

③ 角度、坡度的尺寸标注。角度的尺寸线为圆弧,起止符号用箭头表示,画不下箭头时可用圆点代替,角度数字应水平方向注写,如图1-40a所示。

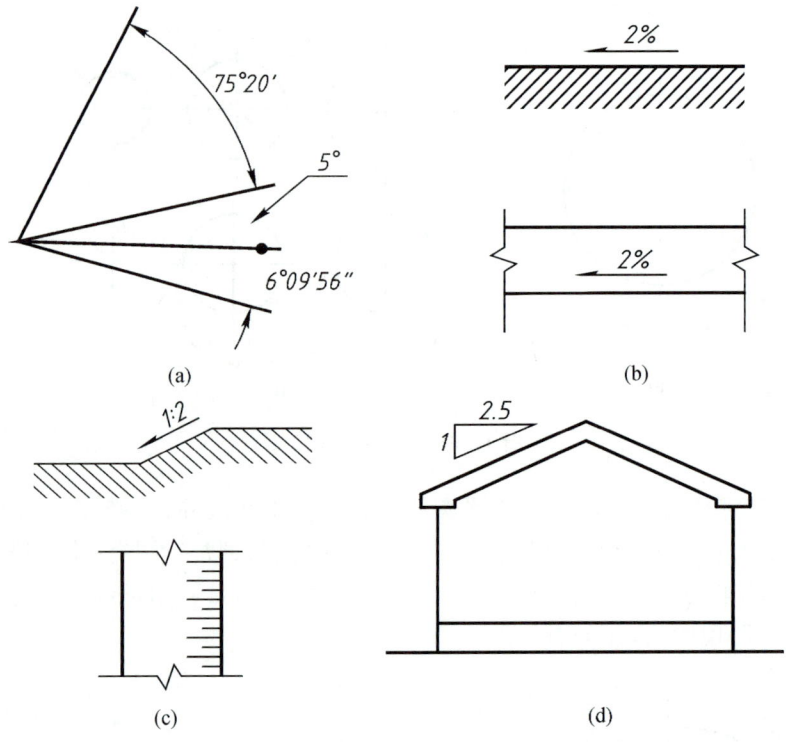

图 1-40　角度、坡度的尺寸标注

标注坡度时,在坡度数字下方应加注坡度符号,如图 1-40b,c 所示,该符号为单边箭头,指向下坡方向,如图 1-40b,c 所示。

坡度也可用直角三角形的形式标注,如图 1-40d 所示。

④ 弦长、弧长的尺寸标注。标注圆弧的弦长时,尺寸线以平行于该弦的直线表示,起止符号为中粗斜短线,如图 1-41a 所示。

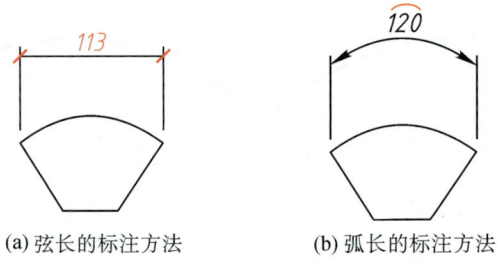

(a) 弦长的标注方法　　　　(b) 弧长的标注方法

图 1-41　弦长、弧长的尺寸标注

标注圆弧的弧长时,尺寸线用与该圆弧同心的圆弧线表示,尺寸界线垂直于该圆弧的弦,起止符号用箭头表示,数字的上方加注圆弧"⌒"符号,如图 1-41b 所示。

⑤ 球体半径和直径的尺寸标注。标注球体的半径尺寸时,应在尺寸数字前面加注符号"SR"。标注球体的直径尺寸时,应在尺寸数字前面加注符号"Sφ"。球体的半径和直径的注写方法与圆弧半径和圆直径的尺寸标注方法相同。

❓ 复习思考题

1. 在绘制工程图样时,应必备哪些制图工具、仪器和用品?

2. 如何保养各种制图工具、仪器和用品?

3. 用圆规画圆时应注意哪些问题?

4. 三角板的用途有哪些? 如何正确应用?

5. 用丁字尺画线时应注意哪些问题?

6. 如何选择和削磨绘图铅笔?

7. 如何正确使用比例尺?

8. 图幅有哪几种? 说明它们的尺寸。

9. 试述线型的种类及用途。

10. 什么叫比例? 常用比例有哪些?

11. 尺寸由哪几部分组成? 各有什么规定?

学习任务2 点、线、面的投影

学习要点

在建筑工程实践中,为了表达空间形体和解决空间几何问题,常常要用到图纸,而投影原理为图示空间形体和图解空间几何问题提供了理论支撑。本学习任务主要解决投影的基本概念和原理,应重点学习点、线、面的三面投影以及它们之间的相对位置关系。

2.1 投影基本知识

2.1.1 投影的概念

在光线(阳光或灯光)的照射下,物体会在地面或墙面上产生影子,如图2−1a所示。影子只反映出物体外形的轮廓,而详细的结构则被黑影代替而无法反映出来。如果对影子加

以某种科学抽象,总结出影子和物体之间的几何关系,即形成了投影法。把发出光线的光源称为投射中心,光线称为投射线,承影平面称为投影面。投射线通过物体向选定的面投射,并在该面上得到图形的方法称为投影法。根据投影法所得到的图形称为投影(图2−1b),投影的概念如图2−2所示。

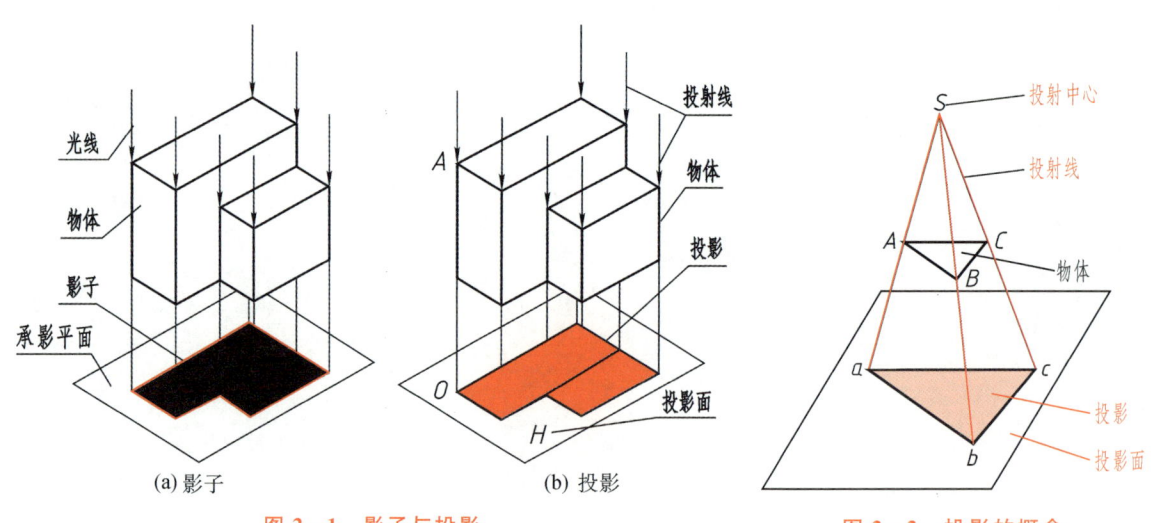

(a) 影子	(b) 投影	
图 2−1 影子与投影		图 2−2 投影的概念

2.1.2　投影法分类

根据投射线、物体、投影面三者间的关系,投影法可分为中心投影法和平行投影法。

1. 中心投影法

投射线汇交一点的投影法称为中心投影法,如图 2 - 3a 所示。用这种投影法作出来的投影图,其大小与原物体不相等(与投射中心到投影面的距离有关),但立体感较强,绘制建筑工程中的建筑效果图常用中心投影法。

小组讨论

在日常生活中,有哪些投影是中心投影? 中心投影可用来干什么?

2. 平行投影法

投射线相互平行的投影法称为平行投影法,如图 2 - 3b,c 所示。根据投射线与投影面之间的角度不同,平行投影法又分为斜投影法和正投影法。

(1)斜投影法

投射线与投影面倾斜的平行投影法称为斜投影法。由此作出形体的平行投影,称为斜投影,如图 2 - 3b 所示。

(2)正投影法

投射线与投影面垂直的平行投影法称为正投影法。由此作出形体的平行投影,称为正投影,如图 2 - 3c 所示。

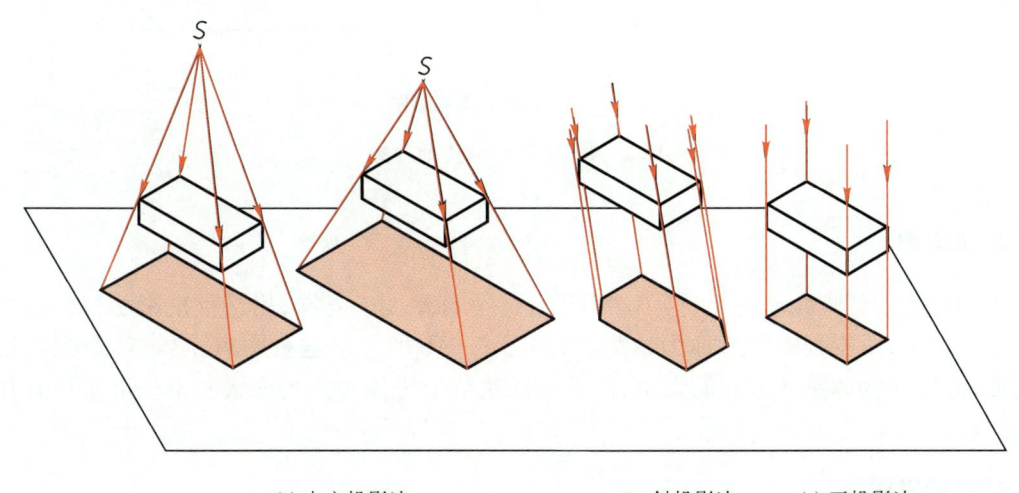

(a)中心投影法　　　　　(b)斜投影法　　(c)正投影法

图 2 - 3　投影法分类

2.1.3 投影图的种类

建筑工程中常用的投影图有以下四种。

1. 透视图

用中心投影法将物体投射在一个投影面上,所得到的图形称为透视图,如图 2 - 4a 所示。这种图具有较强的立体感,但不能反映出物体的真实形状和大小。透视图一般作为表达建筑物的辅助图样。

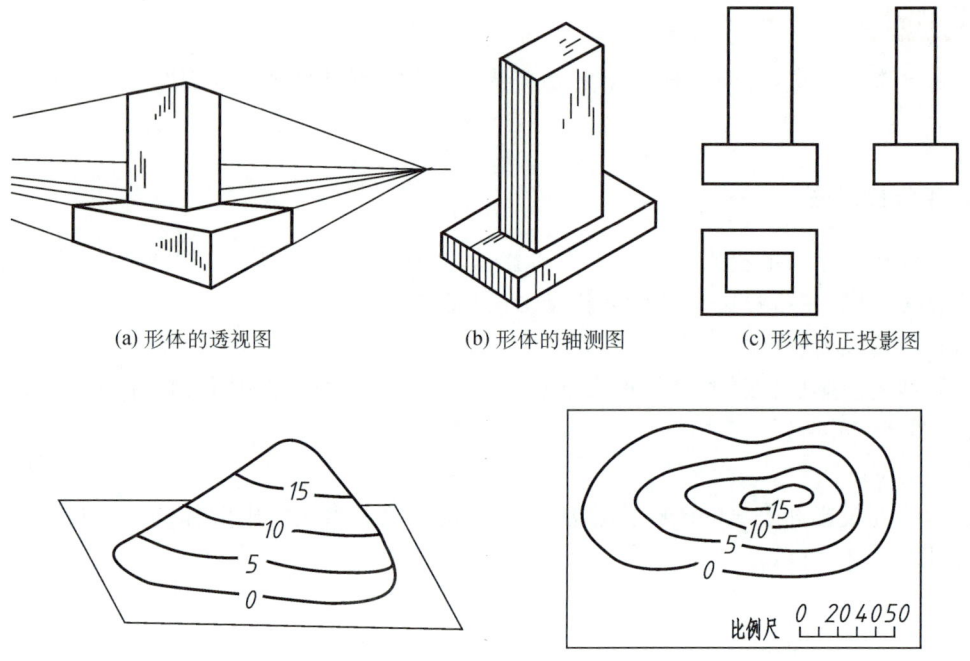

(a) 形体的透视图   (b) 形体的轴测图   (c) 形体的正投影图

(d) 标高投影图

图 2 - 4   工程投影图的种类

2. 轴测图

将物体连同其直角坐标系,沿不平行于任一坐标平面的方向,用平行投影法将其投射在一个投影面上,所得到的图形称为轴测图,如图 2 - 4b 所示。这种图有立体感,作图比透视图简便,能反映物体某些方向的大小,但不能反映整个物体的真实形状。工程上常用它作为辅助图样。

3. 正投影图

用正投影法将物体投射到几个投影面上,所得到的图形称为正投影图,简称正投影,如

图2-4c所示。虽然这种图的直观性较差,但能如实反映整个物体的实际形状和大小,且度量性好,作图简便,便于按图施工,是工程图的主要图示方法。

4. 标高投影图

在物体的水平投影面上加注某些特征面、线以及控制点的高程数值和比例的单面正投影图称为标高投影图,简称标高投影,如图2-4d所示。标高投影图主要用于表示地形、道路和建筑物的位置等。

2.1.4 正投影的特征

我们知道,点、线、面是构成形体的基本几何元素,它们不可能脱离形体而孤立存在。点的运动轨迹构成了线,线的运动轨迹构成了面,面的运动轨迹构成了体。掌握点、线、面的正投影特征,有助于认识形体的投影本质,掌握形体的投影规律。正投影有如下特征。

1. 正投影的类似性

假如取点 A、线 AB、平面 $ABCD$,用正投影法将其投影在投影面 H 上,会得到如下结果。

点的投影在任何情况下都是点,如图2-5a所示。直线的投影在一般情况下仍是直线,当直线倾斜于投影面时,其投影长度小于实长,如图2-5b所示。平面的投影在一般情况下仍是平面,当平面图形倾斜于投影面时,其投影小于实形且与实形类似,如图2-5c所示。

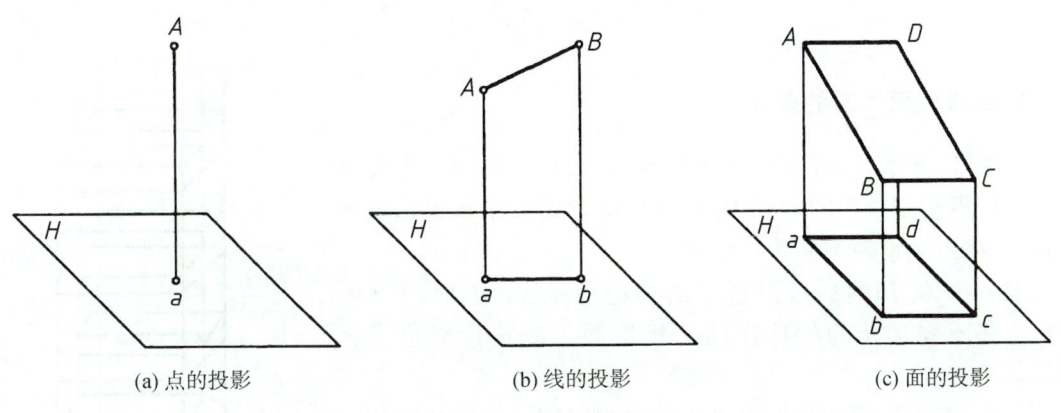

(a) 点的投影   (b) 线的投影   (c) 面的投影

图 2-5 正投影的类似性

以上这种情况,直线和平面的投影不能反映实长或实形,其投影形状是空间形体的类似形,因此把投影的这种特征称为类似性。

2. 正投影的全等性

当空间直线 AB 平行于投影面 H 时,其投影反映实长,如图2-6a所示。

当平面四边形 $ABCD$ 平行于投影面 H 时,其投影反映实形,如图2-6b所示。

3. 正投影的积聚性

当空间直线 AC 平行于投射线，即垂直于投影面 H 时，其投影积聚成一点。属于直线上任一点的投影也积聚在该点上，如图 2-7a 所示。

当平面四边形 $ABCD$ 垂直于投影面 H 时，其投影积聚成一条直线。平面上任一点（如点 E）、任一直线（如直线 AE）、任一图形（如△AED）的投影都积聚在该投影直线上，如图 2-7b 所示。

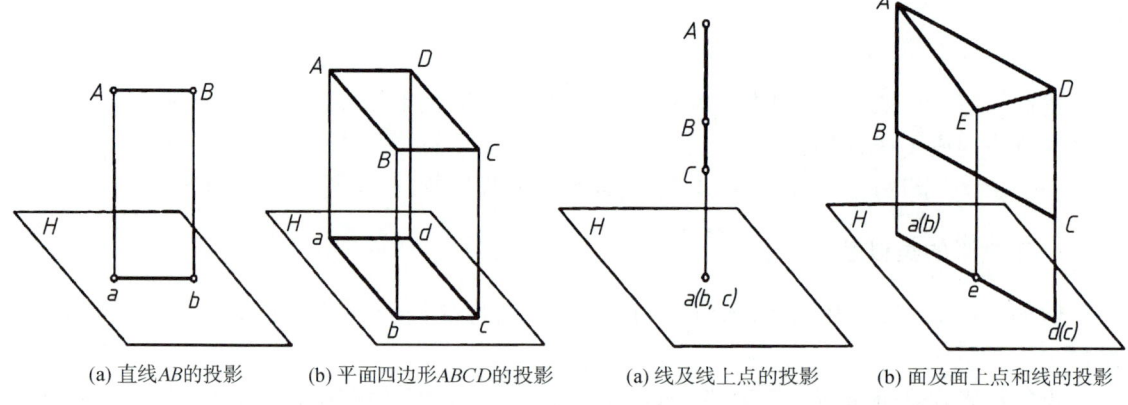

| (a) 直线 AB 的投影 | (b) 平面四边形 $ABCD$ 的投影 | (a) 线及线上点的投影 | (b) 面及面上点和线的投影 |

图 2-6　正投影的全等性　　　　　　　图 2-7　正投影的积聚性

2.1.5　三面正投影图

1. 三投影面体系的建立

如图 2-8 所示，五个不同形状的物体，它们在同一个投影面上的正投影都是相同的。由此可见，物体的一个正投影图不能唯一、确定地反映空间物体形状。

很多物体，用两面投影也无法确定其形状，如图 2-9 所示。这些不同形状的物体在两个投影面上的正投影也是相同的。

那么，至少需要几个投影才能确定空间物体的形状呢？通常采用三个相互垂直的平面作为投影面，构成三投影面体系，如图 2-10 所示。水平位置的平面称为水平投影面（H 面）；与水平投影面垂直相交呈正立位置的平面称为正立投影面（V 面）；位于右侧与 H、V 面垂直相交的平面称为侧立投影面（W 面）。三个投影面的交线称为投影轴，其中，H 面与 V 面的交线称为 OX 轴；H 面与 W 面的交线称为 OY 轴；V 面与 W 面的交线称为 OZ 轴。三个投影轴的交点 O 称为原点。

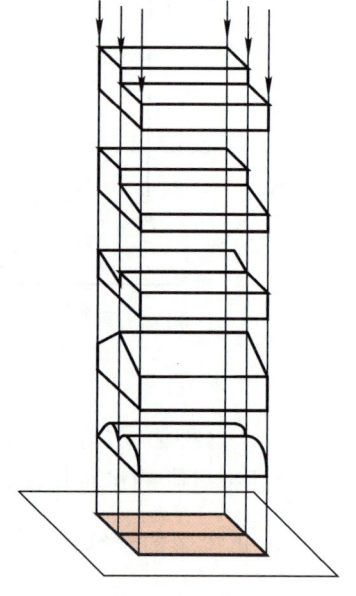

图 2-8　物体的一个正投影不能确定其空间形状

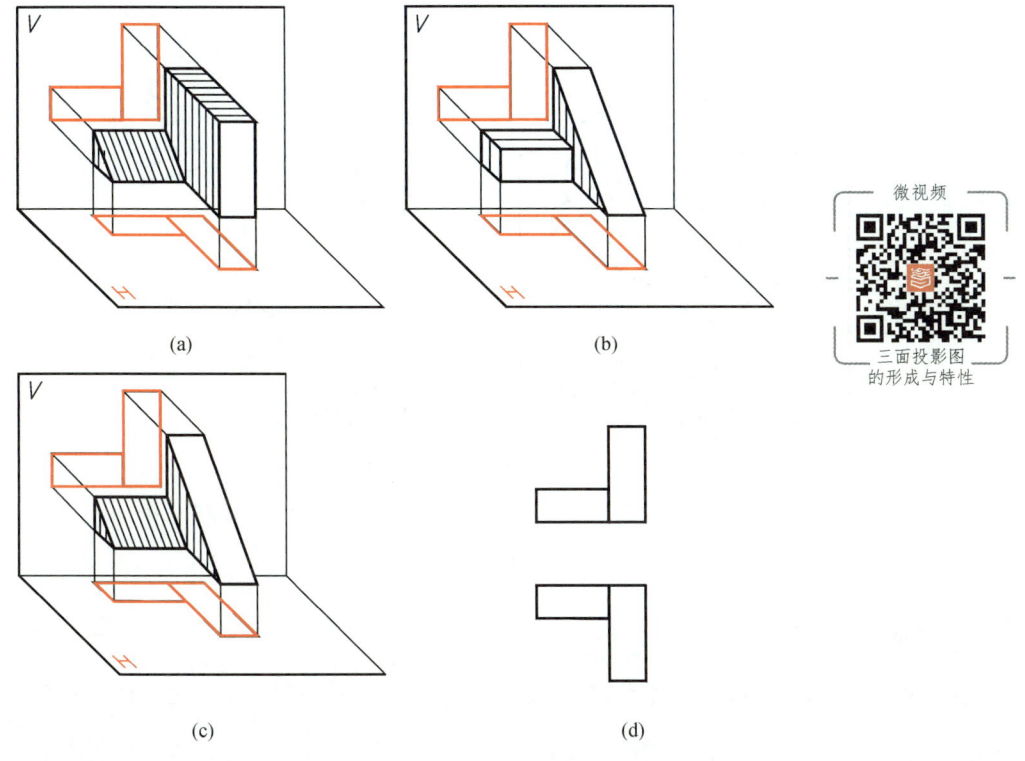

(a)　　　　　　　　　　　(b)

微视频

三面投影图
的形成与特性

(c)　　　　　　　　　　　(d)

图 2-9　物体不同而两面投影相同

2. 三面正投影图的形成

将形体置于三投影面体系中,如图 2-11a所示。

由上向下投射,在 H 面上得到的正投影图称为水平投影图。

由前向后投射,在 V 面上得到的正投影图称为正立投影图。

由左向右投射,在 W 面上得到的正投影图称为侧立投影图。

移去物体,将投影面(图 2-11b)。展开

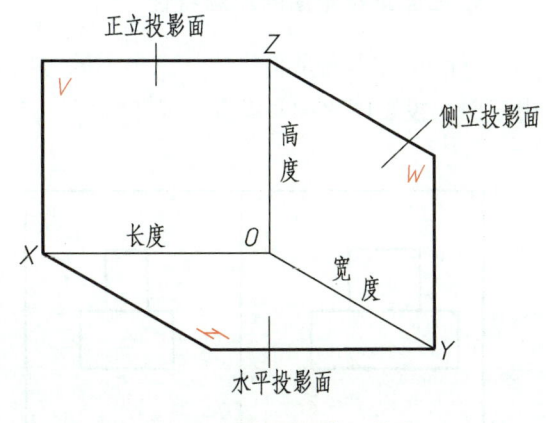

图 2-10　三投影面体系的建立

时,V 面不动,H 面绕 OX 轴向下旋转 $90°$,W 面绕 OZ 轴向右旋转 $90°$。这样,空间的三投影面体系展开后成为一个平面,如图 2-12a 所示。此时,OY 轴被一分为二,随 H 面旋转的标注为 OY_H,随 W 面旋转的标注为 OY_W。三个投影面展开到一个平面后所组成的正投影图称为三面正投影图。由于投影面无边界范围,因此在绘图时,不用画出投影面边框线,如图 2-12b 所示。

物体的投影图通常称为"视图"。建筑工程中将 H 面投影图称为平面图,V 面投影图称为正立面图,W 面投影图称为侧立面图。

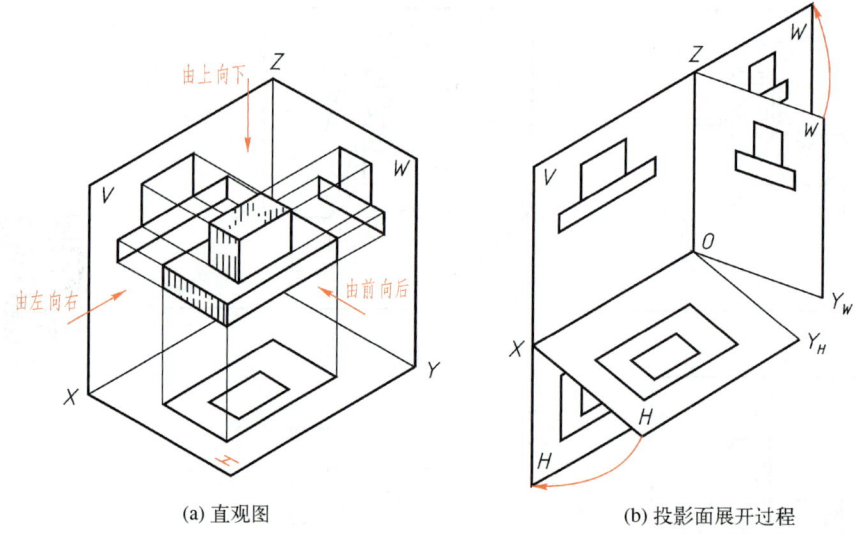

(a) 直观图　　　　　　　　　(b) 投影面展开过程

图 2 – 11　三面正投影图的形成

　　找一张白纸，折成三投影面体系，然后展开，在头脑中形成空间与平面之间的转换关系。

3. 三面正投影图的投影特性

　　三面正投影图是将物体从三个不同方向向投影面投射得到的，如图 2 – 12 所示，可以看出三面正投影图之间具有如下特性。

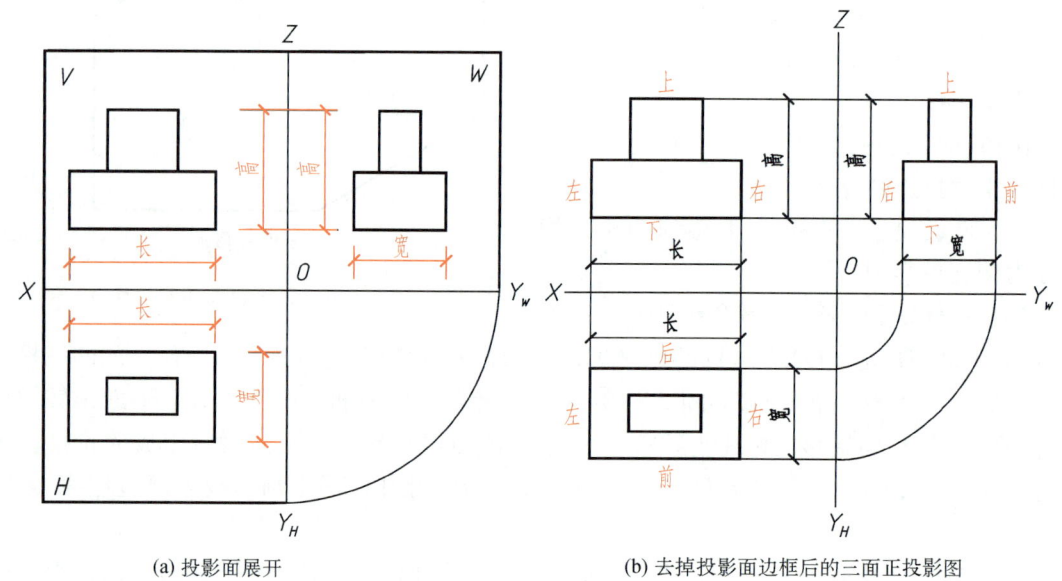

(a) 投影面展开　　　　　　　(b) 去掉投影面边框后的三面正投影图

图 2 – 12　三面正投影图

① 反映物体的大小和形状。任何物体都具有长、宽、高三个方向上的尺寸,如图 2-12a 所示,H 面投影反映物体的长度和宽度,V 面投影反映物体的长度和高度,W 面投影反映物体的宽度和高度。

② 投影对应规律。物体向三个投影面投射,展开后的三面正投影图表示的共同尺寸具有以下"三等"关系:

长对正——V 面和 H 面投影的左右两端必须用竖直线对正(等长);

高平齐——V 面和 W 面投影的上下两端必须用水平线拉平(等高);

宽相等——H 面和 W 面投影的前后距离一定相等(等宽)。

③ 方位对应规律。任何一个物体都有左、右、前、后、上、下六个方位。在三面正投影图中,每一个投影反映其四个方位,H 面投影反映物体的左、右和前、后方位,V 面投影反映物体的左、右和上、下方位,W 面投影反映物体的前、后和上、下方位,如图 2-12 所示。初学者应特别注意 H 面和 W 面投影的方位对应关系。

课堂实作

测绘小型物体或建筑模型的三面正投影图。

2.2 点 的 投 影

点是构成物体的最基本元素。点只有空间位置而无大小。

2.2.1 点的三面投影及其投影标注

将空间点 A 置于三投影面体系中,自点 A 分别向三个投影面作垂线(即投射线),与三个投影面的交点分别为 a,a' 和 a''[①]。a,a' 和 a'' 就是点 A 的水平投影、正面投影和侧面投影,如图 2-13 所示。

两个投影的连线与投影轴相交处,一般不标注。如需要标注,可用相应的大写字母在右下角加上投影轴的代号,如 a_X,a_{YH},a_{YW},a_Z 等。

提示:

在三面投影体系中,空间的点用大写字母表示(如 A),H 面上的投影点用相对应的小写字母表示(如 a),V 面上的投影点用相对应的小写字母加一撇表示(如 a'),W 面上的投影点用相对应的小写字母加两撇表示(如 a'')。

---

① 在投影法中,规定空间物体上的几何元素用大写字母标注,投影用相应的小写字母标注。为了区别不同投影面的投影,还规定水平投影只用相应的小写字母表示,正面投影用相应的小写字母右上角加一撇表示,侧面投影用相应的小写字母右上角加两撇表示。如点 A 的三面投影,分别用 a,a',a'' 表示。

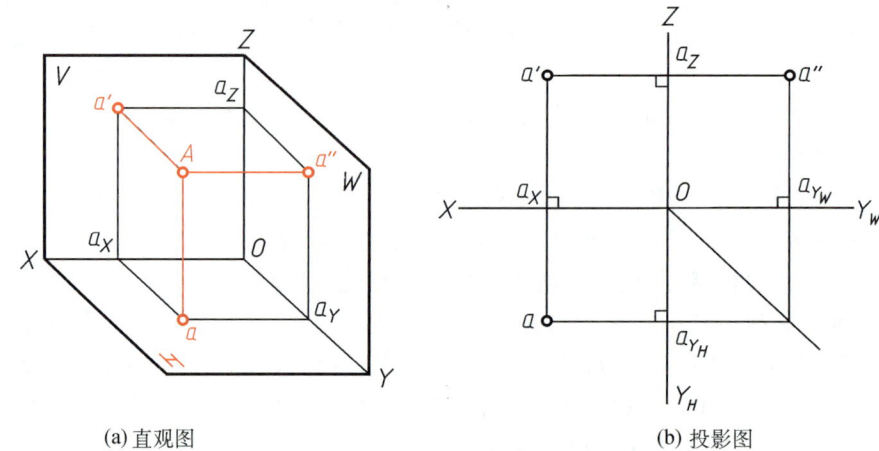

(a) 直观图   (b) 投影图

图 2 – 13 点的三面投影

2.2.2 点的投影规律

微视频

点的投影规律

图 2 – 13a 中，过点 A 的两条投射线 Aa'，Aa 组成的平面与 OX 轴交于点 a_X，与 V 面交线为 $a'a_X$，与 H 面的交线为 $a_X a$。根据初等几何知识得：OX 轴垂直于矩形 $Aa'a_X a$。因而 $OX \perp a'a_X$，$OX \perp a_X a$。展开后（图 2 – 13b），点 A 的水平投影 a 和正面投影 a' 的连线垂直于 OX 轴，即 $aa' \perp OX$。同理，$a'a'' \perp OZ$，$aa_X = a_{Y_H} O = a_{Y_W} O = a''a_Z$。

从图 2 – 13a 中还可看出，空间点 A 到 H 面的距离 $Aa = a'a_X = a''a_Y$；空间点 A 到 V 面的距离 $Aa' = aa_X = a''a_Z$；空间点 A 到 W 面的距离 $Aa'' = a'a_Z = aa_Y$。

综上所述，得到点的三面投影规律：

① 点的正面投影和水平投影连线必垂直于 OX 轴，即 $a'a \perp OX$。

② 点的正面投影和侧面投影连线必垂直于 OZ 轴，即 $a'a'' \perp OZ$。

③ 点的水平投影到 OX 轴的距离等于其侧面投影到 OZ 轴的距离，即 $aa_X = a''a_Z$。

④ 点在任何投影面上的投影仍然是点。

⑤ 点的三个投影到相应投影轴的距离，分别代表空间点到相应的投影面的距离，如图 2 – 14 所示。

【例 2 – 1】 已知点 B 的两面投影 b，b'（图 2 – 15a），试作点 B 的侧面投影 b''。

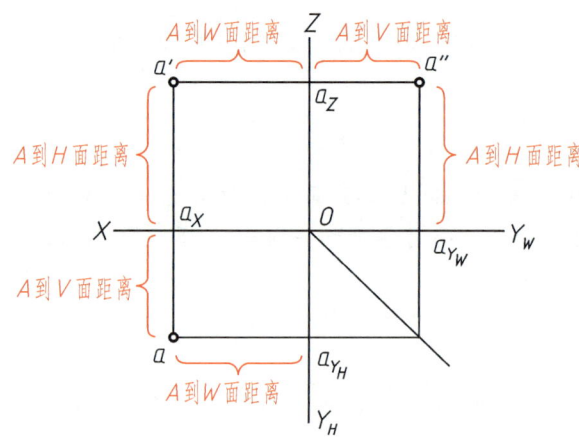

图 2 – 14 空间点到投影面的距离

解 分析：根据点的投影规律作图即可求出。

作图：

(1) 过 b' 作 OZ 轴的垂线 $b'b_z$，如图 2-15b 所示。

(2) 过 b 作 OY_H 轴的垂线，并与直角 Y_HOY_W 的角平分线相交于一点，过此点作 $b'b_z$ 的垂线，与 $b'b_z$ 延长线的交点即为 b''，如图 2-15c 所示。

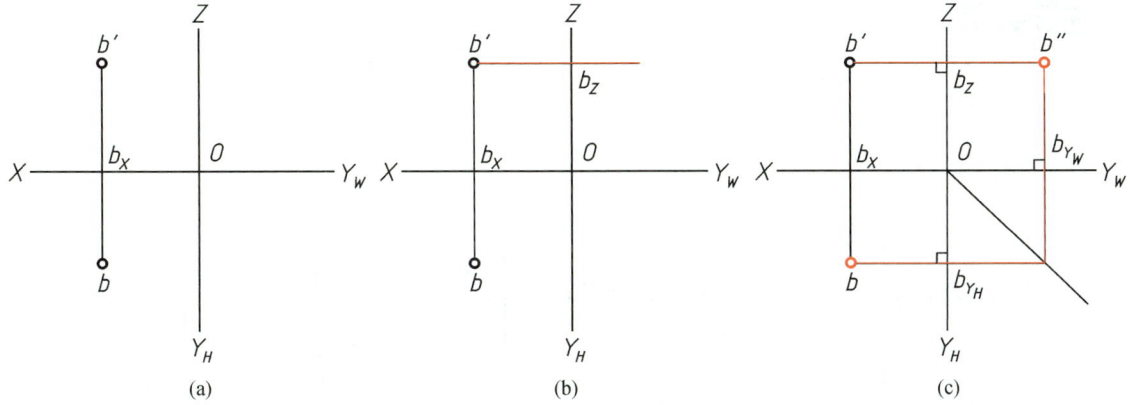

(a)　　　　　(b)　　　　　(c)

图 2-15　已知点的两面投影，作其第三面投影

2.2.3　点的坐标

若将三投影面体系视为空间直角坐标系，投影面即为坐标面，投影轴即为坐标轴，原点即为坐标原点，如图 2-16 所示。则：

点 A 的 x 坐标值＝点 A 到 W 面的距离 Aa''；

点 A 的 y 坐标值＝点 A 到 V 面的距离 Aa'；

点 A 的 z 坐标值＝点 A 到 H 面的距离 Aa。

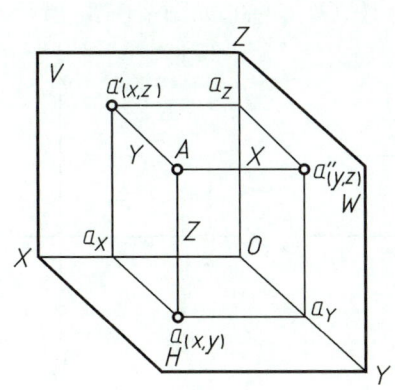

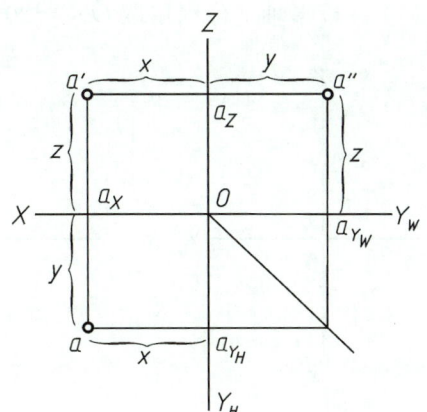

图 2-16　点的坐标

点 A 的坐标的规范书写形式为 $A(x,y,z)$。

可见,点的投影与其坐标值是一一对应的,因此,可以直接从点的三面投影图中量得该点的坐标值;反之,根据所给定的点的坐标值,可按点的投影规律画出其三面投影图。

微视频

点的坐标
例题讲解

【例 2 - 2】　已知点 A 的坐标为 $A(18,5,15)$,试作点 A 的三面投影。

解　(1) 在 OX 轴上量取 $Oa_X=18$,如图 2 - 17a 所示。

(2) 过 a_X 作 OX 轴的垂线,使 $aa_X=5$,$a'a_X=15$,得 a 和 a',如图 2 - 17b 所示。

(3) 根据 a 和 a' 求出 a'',如图 2 - 17c 所示。

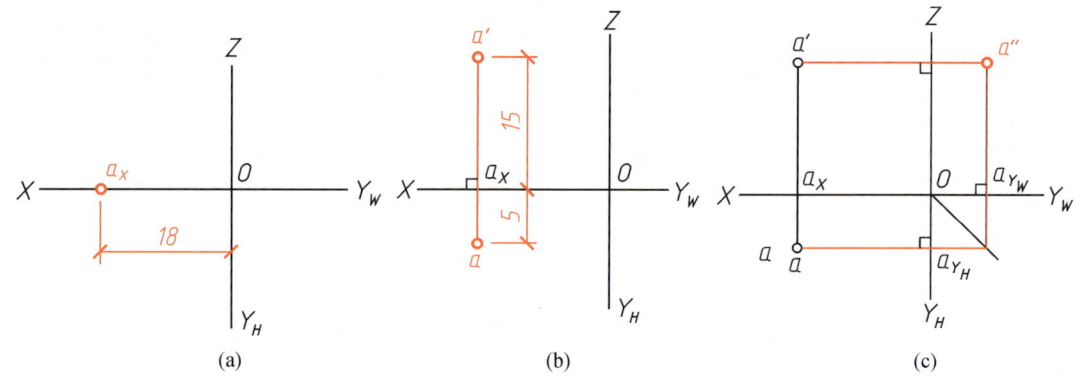

图 2 - 17　根据点的坐标作点的三面投影(一)

当空间点位于某一投影面上时,它的坐标必有一个为零,即 H 面上的点 $A(x,y,0)$,V 面上的点 $B(x,0,z)$,W 面上的点 $C(0,y,z)$,三个投影中必有两投影位于投影轴上;当空间点位于某一投影轴上时,它的坐标必有两个为零,即 OX 轴上的点 $D(x,0,0)$,OY 轴上的点 $E(0,y,0)$,OZ 轴上的点 $F(0,0,z)$,三个投影中必有一个投影位于原点,另两个投影位于投影轴上;当空间点位于原点时,它的坐标均为零,三个投影均位于原点。

【例 2 - 3】　已知点 B 的坐标为 $B(20,0,10)$,试作点 B 的三面投影。

解　(1) 在投影轴上分别量取 $Ob_X=20$,$Ob_Z=10$,$Ob_{YH}=0$,如图 2 - 18a 所示。

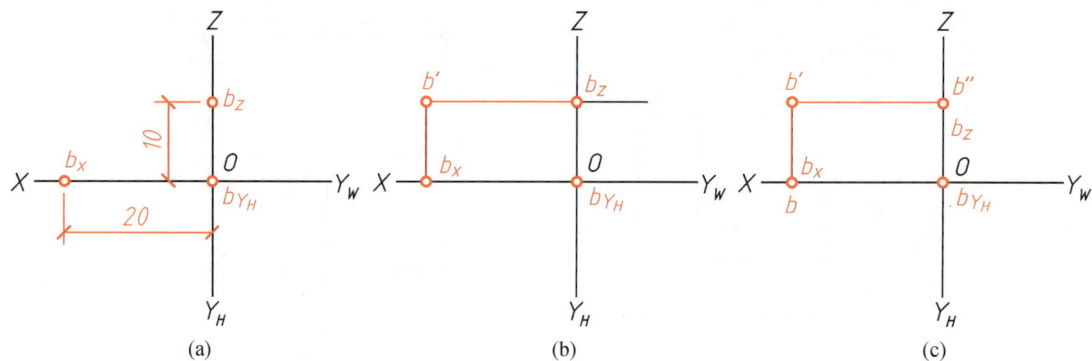

图 2 - 18　根据点的坐标作点的三面投影(二)

（2）过 b_X 作 OX 轴垂线，过 b_Z 作 OZ 轴垂线，得交点 b'，图 2 - 18b 所示。

（3）因为 $Ob_{Y_H}=Ob_{Y_W}=0$，所以 b 与 b_X 重合，b'' 与 b_Z 重合，如图 2 - 18c 所示。

2.2.4　两点的相对位置及重影点

1. 两点相对位置的判断

判断空间两点的相对位置，就是比较两点的上下、左右、前后的关系。在三投影面体系中规定：OX 轴向左，OY 轴向前，OZ 轴向上为空间坐标轴的正向。在投影图中，X 坐标的大小反映点在三投影面体系中的左右位置，Y 坐标的大小反映点的前后位置，Z 坐标的大小反映点的上下位置。只要将两点的同面投影坐标值加以比较，就可以判断出两点的左右、前后、上下位置关系，并得出两点的相对距离（即两点到相应投影面的距离差）。

如图 2 - 19 所示，通过 X，Y，Z 的坐标值可以看出，点 A 在点 C 的右后上方，点 E 在点 A 的左后下方，点 D 在点 E 的前下方，点 A 在点 B 的正左方等。

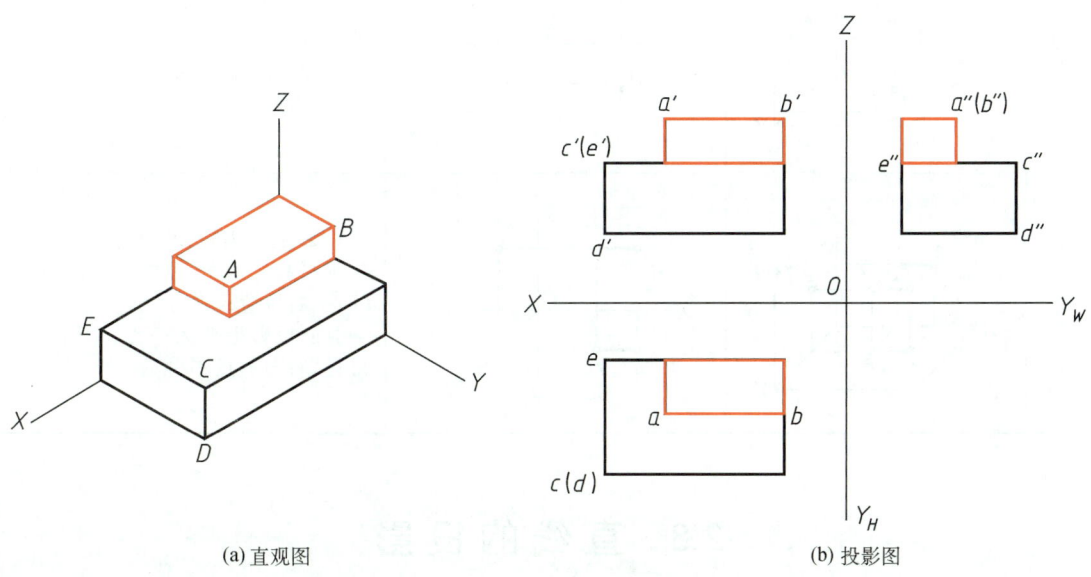

（a）直观图　　　　　　　　　　　　　（b）投影图

图 2 - 19　两点的相对位置及重影点

2. 重影点及其可见性

若空间两点位于某一投影面的同一条投射线上，则它们在这个投影面上的投影互相重叠，该投影称为重影，重影的空间两点称为对该投影面的重影点。距投影面较远的那个点是可见的，而另一个点则不可见。不可见点的投影用字母加圆括号表示。判别重影点可见性的方法为：一个投影中某重影点的可见性，必须依靠另外一个投影中点的位置关系来检查。如图 2 - 19 所示的 A、B 两点，因点 A 在点 B 的正左方而产生重影，点 A 在左可见，点 B 在右不可见,投影记为 $a''(b'')$。同理,点 C 在点 D 的正上方而产生重影 $c(d)$,点 C 在点 E 的正前方而产生重影 $c'(e')$。

表 2-1 为三种投影面的重影点投影图及其投影特性。

表 2-1　三种投影面的重影点投影图及其投影特性

名称	直 观 图	投 影 图	投 影 特 性
水平面的重影点			X、Y 坐标相同,Z 坐标不同; 　正面投影和侧面投影反映两点的上、下位置; 　水平投影重合为一点,上面一点可见,下面一点不可见
正立面的重影点			X、Z 坐标相同,Y 坐标不同; 　水平投影和侧面投影反映两点的前、后位置; 　正面投影重合为一点,前面一点可见,后面一点不可见
侧立面的重影点			Y、Z 坐标相同,X 坐标不同; 　水平投影和正面投影反映两点的左、右位置; 　侧面投影重合为一点,左面一点可见,右面一点不可见

2.3　直线的投影

2.3.1　直线的投影规律

微视频

直线的投影规律及各种位置直线

直线是点的集合。因此,直线的投影为直线上各点投影的集合。直线在某一投影面的投影即为通过该直线上各点的投射线形成的平面与投影面的交线。可见,直线的投影一般仍为直线。在三面投影中,直线的投影就是直线上两点的同名投影的连线,如图 2-20 所示。因此,在三面投影中,若已知直线上两点的坐标,即可作出直线的三面投影。同样,若已知直线任意两个投影,根据点的投影规律也可求出直线的第三面投影。

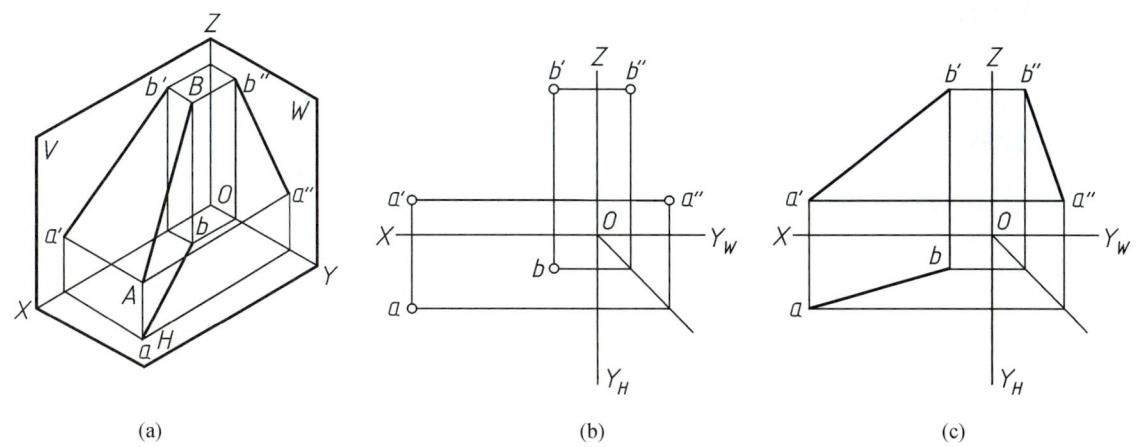

(a)　　　　　　　　　　(b)　　　　　　　　　　(c)

图 2 – 20　作直线的三面投影（投影面的倾斜线）

由投影基本知识和直线投影的形成,不难看出直线的投影具有如下规律。

1. 度量性（显示实长）

当直线段平行于投影面时,其投影与直线段本身平行且等长,如图 2 – 21a 所示。

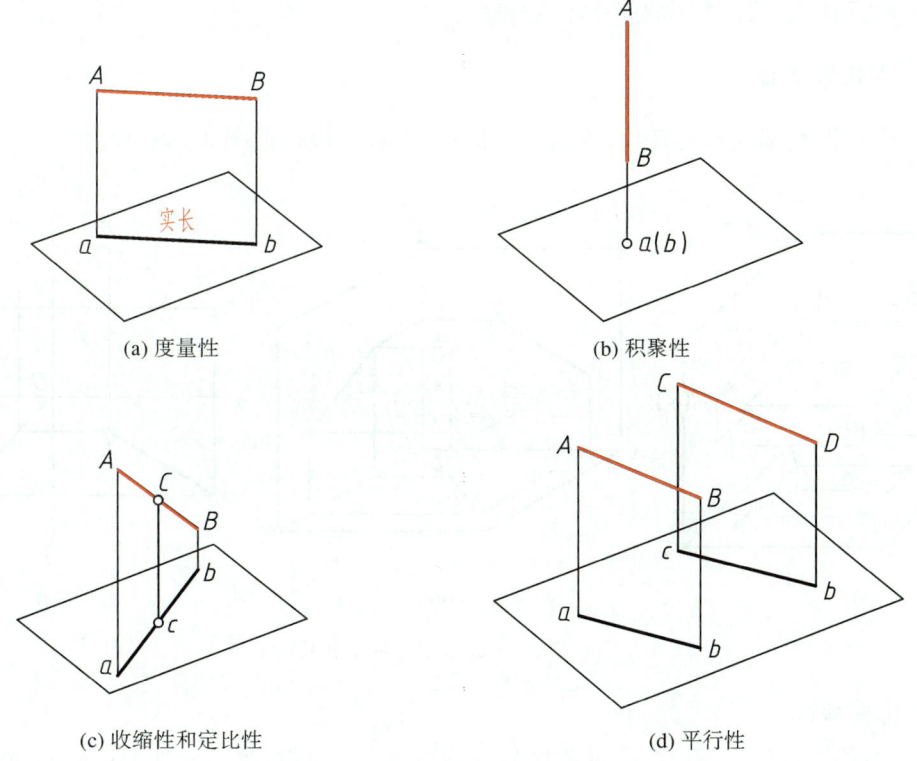

(a) 度量性　　　　　　　　　　(b) 积聚性

(c) 收缩性和定比性　　　　　　　　　　(d) 平行性

图 2 – 21　直线的投影规律

2. 积聚性

当直线垂直于投影面时,其投影积聚为一点,如图 2 – 21b 所示。

3. 收缩性

当直线段倾斜于投影面时,其投影仍为直线段,但其长度比实长短,如图 2 – 21c 所示。

4. 平行性

相互平行的两直线在同一投影面上的投影保持平行,如图 2 – 21d 所示,$AB \parallel CD$,则 $ab \parallel cd$。

5. 定比性

直线上各线段长度之比等于各线段的同名投影长度之比,如图 2 – 21c 所示,$AC : CB = ac : cb$。

2.3.2　各种位置直线的投影特性

空间直线按其相对于投影面的位置关系不同可分为三种:一般位置直线、投影面平行线和投影面垂直线,后两种称为特殊位置直线。

1. 一般位置直线

对三个投影面都倾斜的直线,称为一般位置直线,其投影如图 2 – 22 所示。

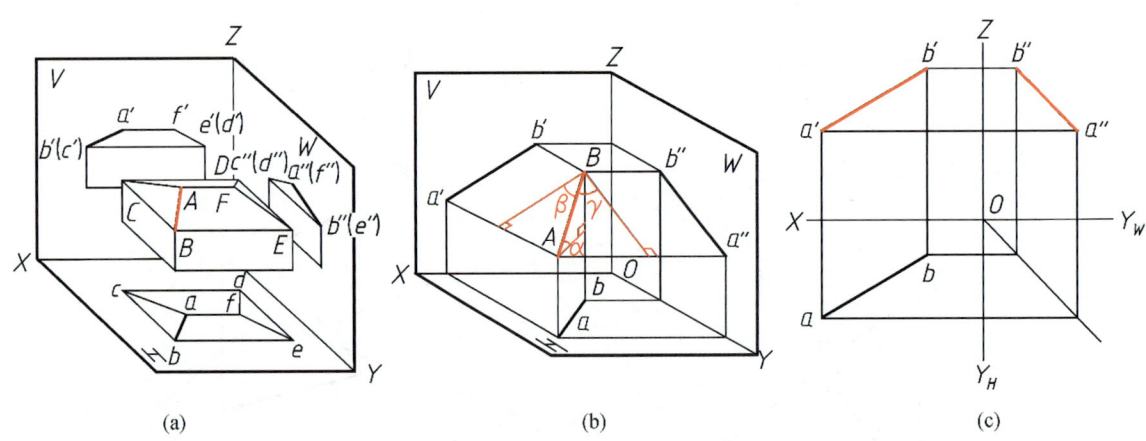

(a)　　　　　　　　　　(b)　　　　　　　　　　(c)

图 2 – 22　一般位置直线的投影

(1) 投影特性

① 一般位置直线对三个投影面都倾斜。它对各投影面的倾角分别为:对 H 面为倾角 α,对 V 面为倾角 β,对 W 面为倾角 γ,如图 2 – 22b 所示。

② 一般位置直线上的各点到同一投影面的距离都不相等，所以一般位置直线在各投影面上的投影都倾斜于投影轴，如图2-22c所示。

③ 一般位置直线段的各投影均不反映空间直线段的实长和对投影面的实际倾角。

（2）一般位置直线的判断

在投影图中，只要直线有两个投影倾斜于投影轴，那么它必定是一般位置直线。

2. 投影面平行线

仅平行于一个投影面，而倾斜于另外两个投影面的直线，称为投影面平行线。

（1）投影面平行线的分类

投影面平行线分为以下三种：

水平线——平行于 H 面，而倾斜于 V 面、W 面的直线；

正平线——平行于 V 面，而倾斜于 H 面、W 面的直线；

侧平线——平行于 W 面，而倾斜于 H 面、V 面的直线。

三种投影面平行线的直观图、投影图及投影特性见表2-2。

表2-2 三种投影面平行线的直观图、投影图及投影特性

名称	直观图	投影图	投影特性
水平线	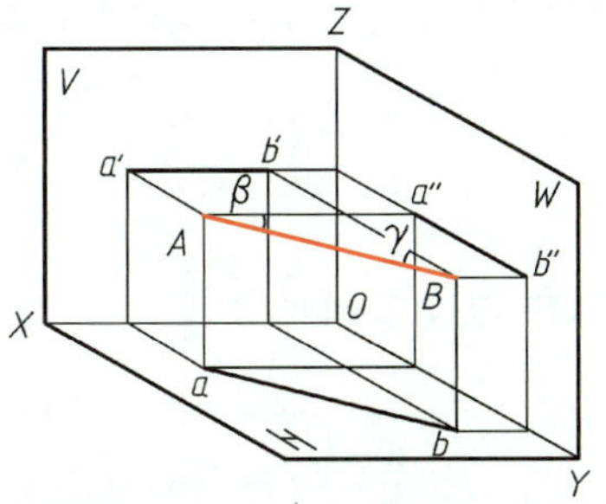	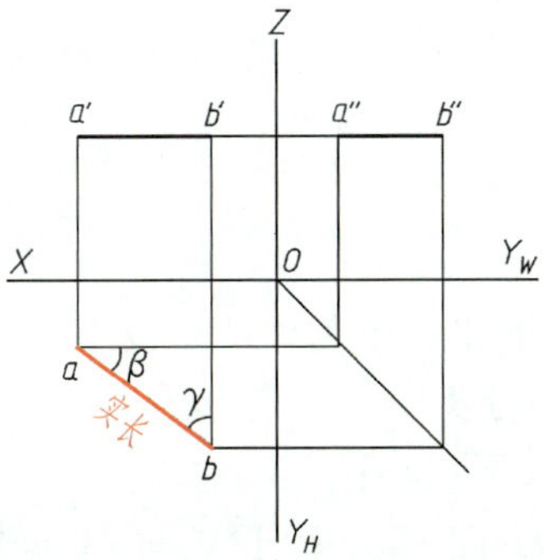	水平投影反映实长；水平投影与 OX 轴和 OY 轴的夹角，分别反映直线与 V 面和 W 面的倾角 β 和 γ；正面投影及侧面投影分别平行于 OX 轴及 OY 轴，但不反映实长
正平线	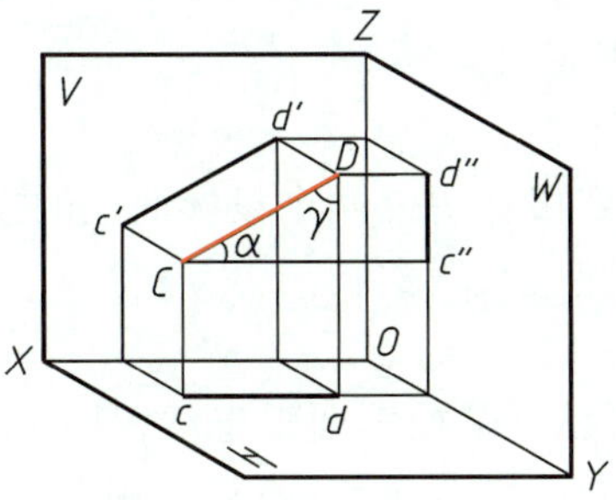	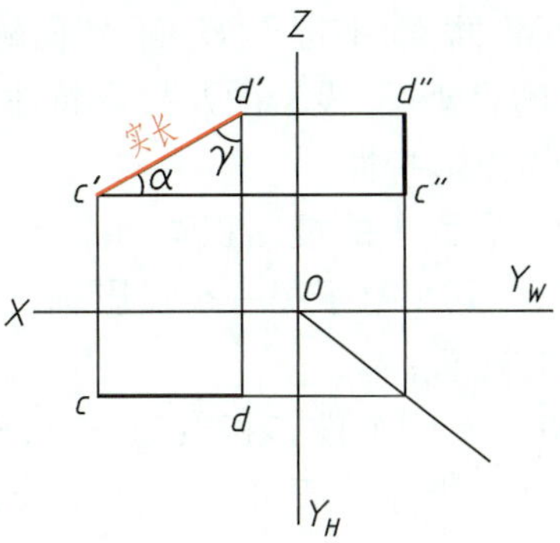	正面投影反映实长；正面投影与 OX 轴和 OZ 轴的夹角，分别反映直线与 H 面和 W 面的倾角 α 和 γ；水平投影及侧面投影分别平行于 OX 轴及 OZ 轴，但不反映实长

续　表

名称	直　观　图	投　影　图	投影特性
侧平线	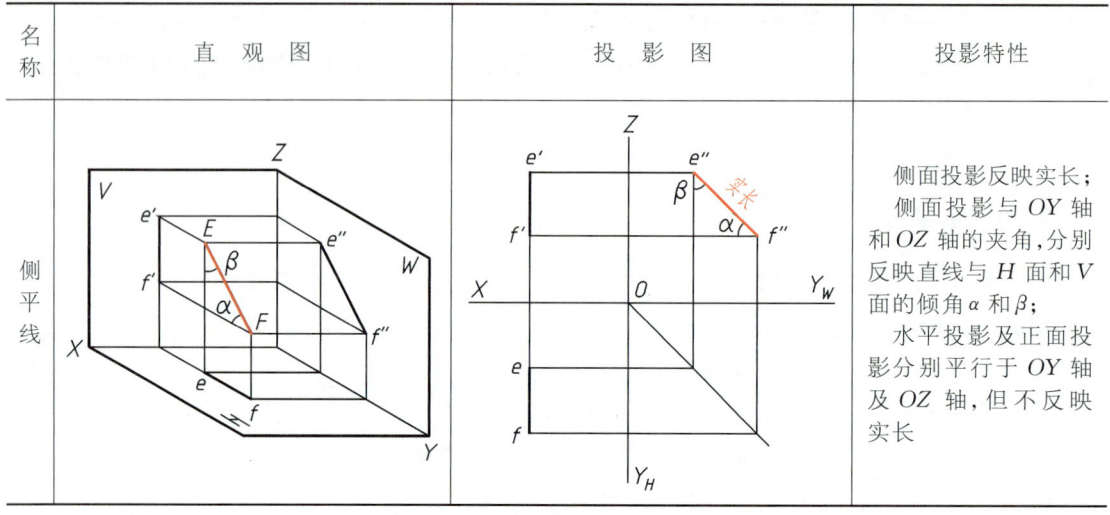		侧面投影反映实长； 侧面投影与 *OY* 轴和 *OZ* 轴的夹角，分别反映直线与 *H* 面和 *V* 面的倾角 α 和 β； 水平投影及正面投影分别平行于 *OY* 轴及 *OZ* 轴，但不反映实长

（2）投影面平行线的投影特性

直线段在它所平行的投影面上的投影倾斜于投影轴，且反映直线段的实长，该投影与投影轴的夹角分别等于空间直线对相应投影面的倾角。直线段在另外两个投影面上的投影分别平行于相应的投影轴，且共同垂直于另一个投影轴，投影长度比实长短。

（3）投影面平行线的判断

在投影图中，如果直线仅有一个投影倾斜于投影轴，则它必定是投影面平行线，且平行于这个倾斜投影所在的投影面。上述性质可归纳为"一斜两平线，定为平行线；斜在哪个面，直线就平行于哪个面"。

3. 投影面垂直线

垂直于一个投影面，而平行于另外两个投影面的直线，称为投影面垂直线。

（1）投影面垂直线的分类

投影面垂直线分为以下三种：

铅垂线——垂直于 *H* 面，而平行于 *V* 面、*W* 面的直线；

正垂线——垂直于 *V* 面，而平行于 *H* 面、*W* 面的直线；

侧垂线——垂直于 *W* 面，而平行于 *H* 面、*V* 面的直线。

三种投影面垂直线的直观图、投影图及投影特性见表 2 - 3。

（2）投影面垂直线的投影特性

直线在它所垂直的投影面上的投影积聚为一点。直线段在另外两个投影面上的投影分别垂直于相应的投影轴，共同平行于另一个投影轴，且反映直线段实长。

（3）投影面垂直线的判断

在投影图中，如果直线有一个投影积聚为一点，则它必定是投影面垂直线，且垂直于这个积聚投影所在的投影面。上述性质可归纳为"一点两平线，定为垂直线；点在哪个面，直线就垂直于哪个面"。

表 2-3　三种投影面垂直线的直观图、投影图及投影特性

名称	直 观 图	投 影 图	投影特性
铅垂线			水平投影积聚成一点； 正面投影及侧面投影分别垂直于 OX 轴及 OY 轴，且反映实长
正垂线			正面投影积聚成一点； 水平投影及侧面投影分别垂直于 OX 轴及 OZ 轴，且反映实长
侧垂线			侧面投影积聚成一点； 正面投影及水平投影分别垂直于 OZ 轴及 OY 轴，且反映实长

2.3.3　直线上的点

1. 直线上点的投影特性

直线上的点的投影必在该直线的同名投影上，且符合点的投影规律，如图 2-23 所示。

如果点的各个投影都在直线的同名投影上，则此点在直线上；否则，此点不在直线上。如图 2-23 中，点 E 在直线 AB 上，而点 F 不在直线 AB 上。

微视频

直线上的点

2. 点分直线段成定比

直线段上的点分割直线段,各线段的比值等于它们的同名投影的比值。如图 2-23 所示,$AE:EB=ae:eb=a'e':e'b'$。

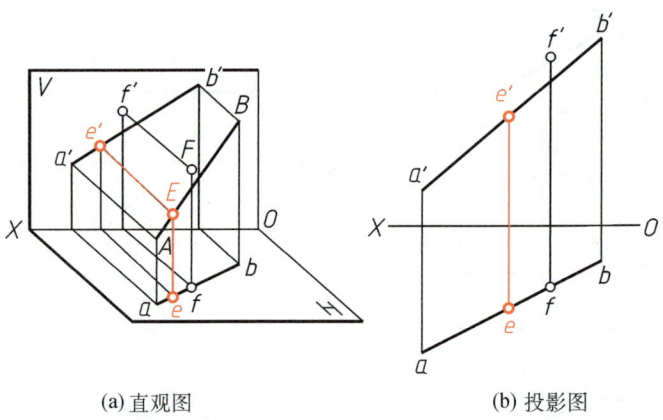

(a)直观图　　　　　　　　(b)投影图

图 2-23　直线上的点的投影

一般情况下,当直线为一般位置直线或投影面垂直线时,判别点是否在直线上通过两面投影即可;当直线为投影面平行线时,需根据投影情况通过两面(或三面)的投影或定比关系才能判别。

【例 2-4】　已知侧平线 EF 的 V 面、H 面投影及直线上一点 K 的 V 面投影 k'(图 2-24a),试作点 K 的 H 面投影。

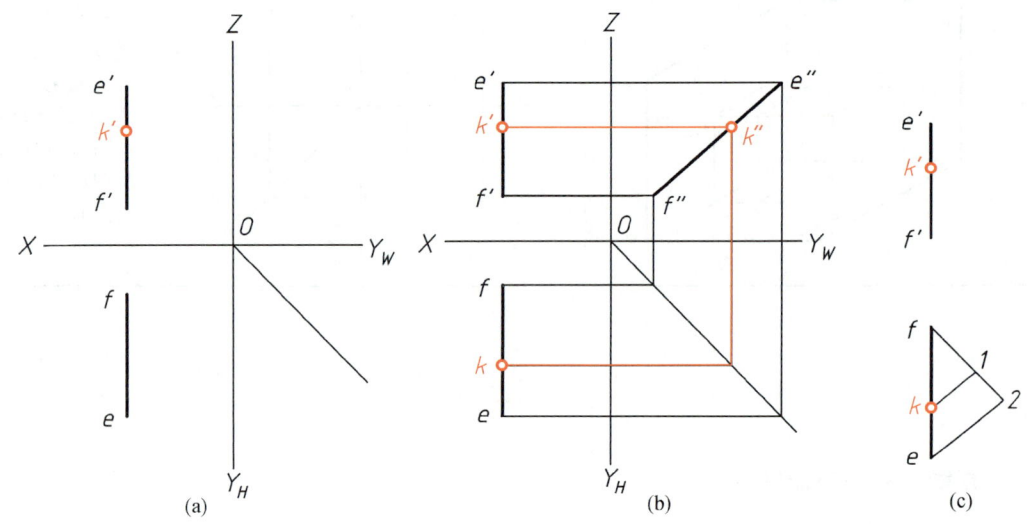

图 2-24　试作直线上点的投影

解　分析:由于已知条件 ef 和 $e'f'$ 在同一直线上,不能利用点的投影规律直接由 k' 求 k。其求解方法是:先求 EF 的 W 面投影 $e''f''$,由 k' 求 k'',再由 k'' 求 k;或利用定比关系求 k。

作图：

方法一：求 $e''f''$，利用"三等"关系求 k''，k，如图 2-24b 所示。

方法二：过 f 作任意直线，截取 $f1 = f'k'$，$12 = k'e'$，连接 $2e$，并过点 1 作直线 $1k // 2e$，交 ef 于 k 即为所求，如图 3-24c 所示。

【例 2-5】 已知侧平线 EF 和点 K 的 H 面、V 面投影（图 2-25a），试判断点 K 是否在直线 EF 上。

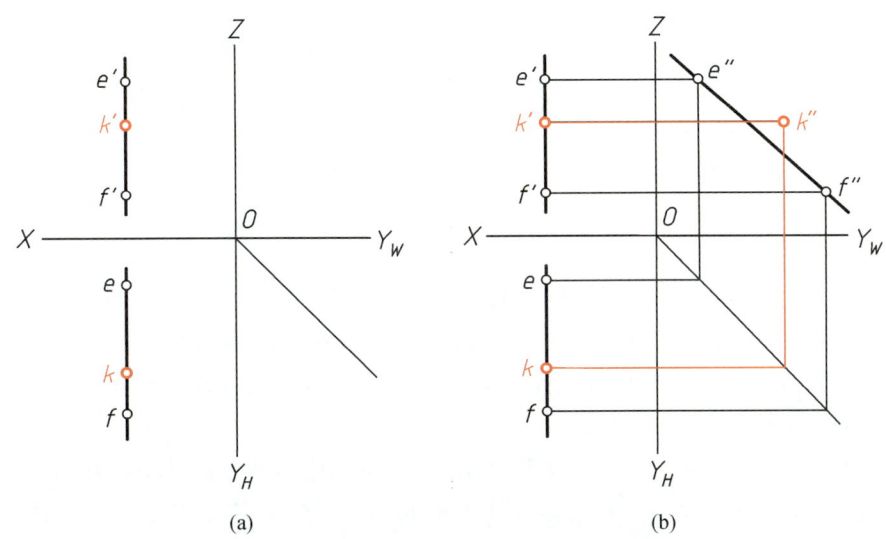

图 2-25 判断点是否在直线上

解 从 EF 的 H 面、V 面投影看（图 2-25b），虽然 k，k' 分别落在 ef 和 $e'f'$ 上，但 k'' 不在 $e''f''$ 上，故可以判定点 K 不在直线 EF 上。

注意，当投影面平行线的两投影中没有所平行的投影面的投影时（斜线），则需通过第三面投影来判别直线上点的投影；反之，可以由两面投影直接判别。

2.3.4 一般位置直线的实长和倾角

一般位置直线对于三个投影面的投影都是倾斜的，因此，三个投影均不反映该直线的实长及其对投影面的倾角。如何获得其实长和倾角呢？我们可以根据直线的投影，利用直角三角形法来求解。

例如，AB 为一般位置直线，求 AB 的实长和对 H 面、V 面的倾角。

首先对空间问题进行分析：如图 2-26a 所示，在 AB 与其水平投影 ab 所决定的平面 $ABba$ 内，过点 A 作 $AB_0 // ab$，与 Bb 相交于 B_0 点。由于 $Bb \perp ab$，所以 $AB_0 \perp BB_0$，$\triangle AB_0B$ 是直角三角形。$\triangle AB_0B$ 中有斜边 AB 是实长，$\angle BAB_0 = \alpha$（直线 AB 对 H 面的倾角），$AB_0 = ab$（直线 AB 的 H 面投影长度），$B_0B = Bb - Aa = Z_B - Z_A$（直线两端点 B、A 到 H 面的距离差）。因此，只要作出 $\triangle AB_0B$，便可以求出一般位置直线 AB 的实长和对 H 面的倾角 α。

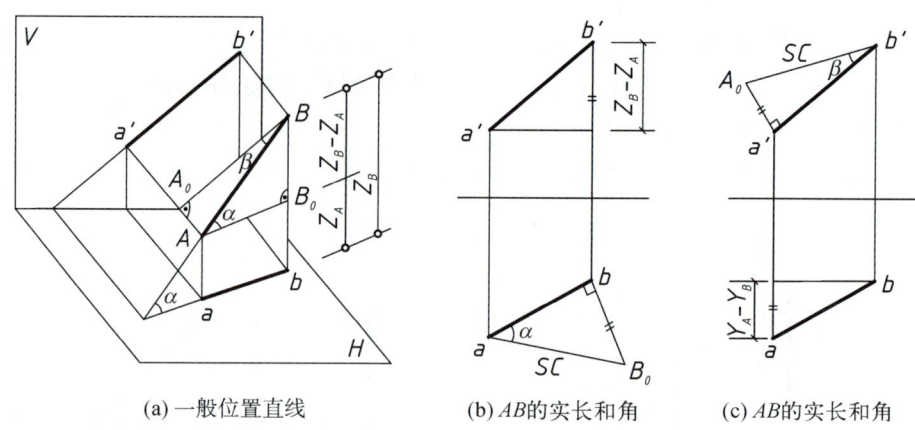

（a）一般位置直线　　　　　　（b）AB 的实长和角　　　　　（c）AB 的实长和角

图 2-26　一般位置直线 AB 的实长和倾角

同理，过点 B 作 BA_0 // $a'b'$，则 $\triangle AA_0B$ 也是直角三角形，同样：斜边仍是空间直线 AB，$\angle ABA_0 = \beta$（直线 AB 对 V 面的倾角），$BA_0 = a'b'$（直线的 V 面投影长度），$AA_0 = Y_A - Y_B$（A 直线两端点、B 到 V 面的距离差）。因此，只要作出 $\triangle AA_0B$，便可求出一般位置直线 AB 的实长和对 V 面的倾角 β。

根据上述分析，不难得出如下方法和结论，在投影图中以水平投影 ab 为一条直角边，然后过点 b（或点 a）引 ab 的垂线，并在该垂线上量取 $bB_0 = Z_B - Z_A$，连接 aB_0，aB_0 的长即为直线 AB 的实长，aB_0 与 ab 的夹角便是 AB 对 H 面的倾角 α，如图 2-26b 所示。

同理，以 $a'b'$ 为一条直角边，过点 a'（或点 b'）作 $a'b'$ 的垂线，在该垂线上量取 $a'A_0 = Y_A - Y_B$，连接 A_0b'，A_0b' 的长即为直线 AB 的实长，A_0b' 与 $a'b'$ 的夹角便是直线 AB 对 V 面的倾角 β，如图 2-26c 所示。

综上所述，在投影图上求直线的实长和倾角的方法为：以直线在某个投影面上的投影为一条直角边，以直线的两端点到该投影面的距离差为另一条直角边作直角三角形（距离差可从另一投影上直接作图得到），该直角三角形的斜边就是所求直线的实长，而此斜边与投影的夹角，就是该直线对该投影面的倾角。

> **提示：**
>
> 　　上述求一般位置直线的实长和倾角的方法，称为直角三角形法。该直角三角形中包含有实长、距离差、投影和倾角四个参数。如果任意知道其中的两个参数，就可以作出一个直角三角形，从而便可以求出其余两个参数。值得注意的是：距离差、投影和倾角三者是对同一投影面而言的。

课堂实作

　　分小组，以教室地面、墙面为三面投影面，取一根直线杆放一般位置，进行空间投影分析，理解直角三角形法求一般位置直线实长和倾角的方法。

2.4 平面的投影

2.4.1 平面的表示方法及其投影规律

微视频

平面的投影
规律

① 当平面倾斜于投影面时,其投影不反映实形,且缩小为与原平面图形类似的图形(相仿性),如图 2-27a 所示。

② 当平面垂直于投影面时,其投影积聚成一条直线(积聚性),如图 2-27b 所示。

③ 当平面平行于投影面时,其投影反映平面的真实形状和大小(实形性),如图 2-27c 所示。

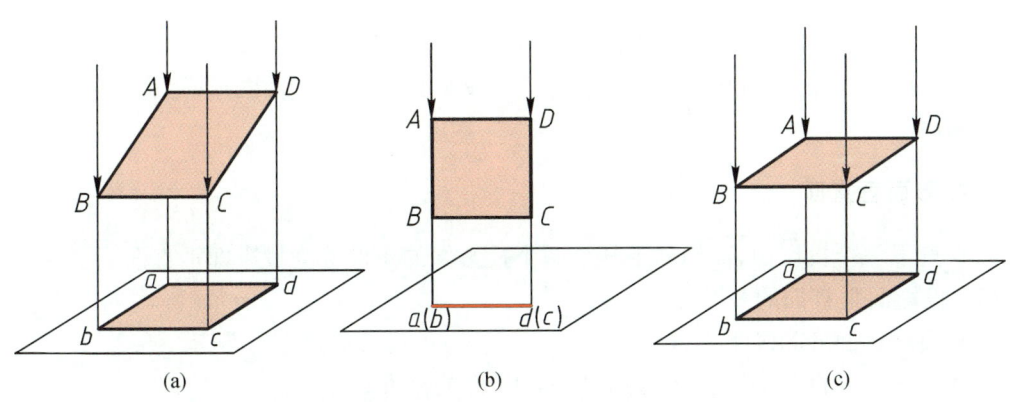

(a)   (b)   (c)

图 2-27 平面的投影

> **提示:**
> 平面图形 $ABCD$ 只表示在四边形 $ABCD$ 范围内的那一部分平面;平面 $ABCD$ 则应理解为通过四边形 $ABCD$ 的一个广阔无边的平面。

2.4.2 各种位置平面的投影特性

平面在三投影面体系中的位置有三种:一般位置平面、投影面垂直面及投影面平行面,后两种为特殊位置平面。

1. 一般位置平面

与三个投影面都倾斜的平面称为一般位置平面,如图 2-28a 所示。

① 投影特点。一般位置平面的三个投影都没有积聚性,而且都类似于原平面图形的几何形状,如图 2-28b 所示。

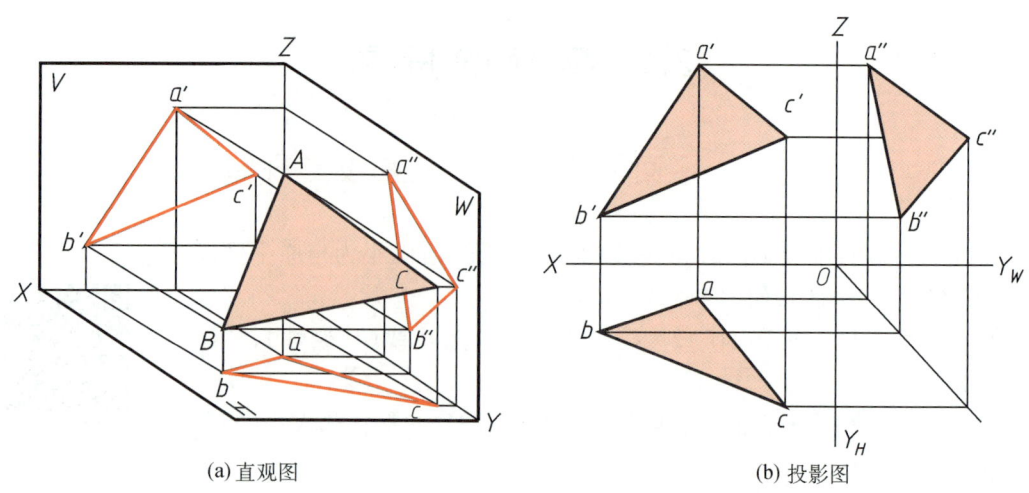

(a) 直观图　　　　　　　　　　　　　　(b) 投影图

图 2 - 28　一般位置平面

②　一般位置平面的判断。一个平面的三个投影如果都是平面图形,那么它必然是一般位置平面。

2. 投影面垂直面

只垂直于一个投影面,而倾斜于其余两个投影面的平面称为投影面垂直面。

(1) 投影面垂直面的分类

投影面垂直面分为以下三种:

铅垂面——垂直于 H 面而倾斜于 V 面、W 面的平面;

正垂面——垂直于 V 面而倾斜于 H 面、W 面的平面;

侧垂面——垂直于 W 面而倾斜于 H 面、V 面的平面。

三种投影面垂直面的直观图、投影图及投影特性见表 2 - 4。

表 2 - 4　三种投影面垂直面的直观图、投影图及投影特性

名称	直　观　图	投　影　图	投影特性
铅垂面			水平投影积聚成一直线; 水平投影与 OX 轴和 OY 轴的夹角,分别反映平面与 V 面和 W 面的倾角 β 和 γ; 正面投影及侧面投影为平面的类似形

名称	直 观 图	投 影 图	投影特性
正垂面			正面投影积聚成一直线； 正面投影与 *OX* 轴和 *OZ* 轴的夹角，分别反映平面与 *H* 面和 *W* 面的倾角 α 和 γ； 水平投影及侧面投影为平面的类似形
侧垂面			侧面投影积聚成一直线； 侧面投影与 *OY* 轴和 *OZ* 轴的夹角，分别反映平面与 *H* 面和 *V* 面的倾角 α 和 β； 水平投影及正面投影为平面的类似形

（2）投影面垂直面的投影特性

平面在它所垂直的投影面上的投影，积聚为一条与投影轴倾斜的直线，且直线与投影轴之间的夹角分别反映平面对另两个投影面的倾角。平面在其余两个投影面上的投影均为平面图形的类似图形。

（3）投影面垂直面的判断

一个平面只要有一个投影积聚为一倾斜直线，它必然垂直于积聚投影所在的投影面。上述性质可归纳为"两框一斜线，定是垂直面；斜线在哪个面，平面就垂直于哪个面"。

3. 投影面平行面

平行于一个投影面，而垂直于另两个投影面的平面称为投影面平行面。

（1）投影面平行面的分类

投影面平行面分为以下三种：

水平面——平行于 *H* 面，而垂直于 *V* 面、*W* 面的平面；

正平面——平行于 *V* 面，而垂直于 *H* 面、*W* 面的平面；

侧平面——平行于 *W* 面，而垂直于 *H* 面、*V* 面的平面。

三种投影面平行面的直观图、投影图及投影特性见表 2－5。

表 2－5　三种投影面平行面的直观图、投影图及投影特性

名称	直观图	投影图	投影特性
水平面	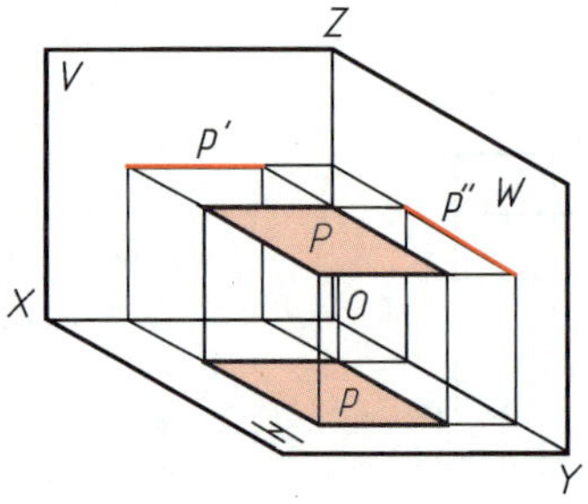	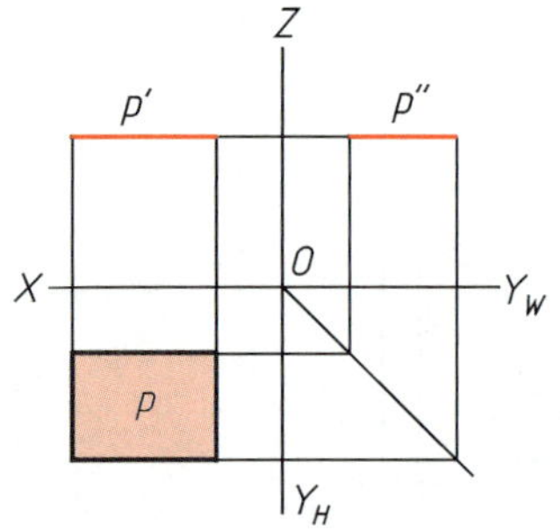	水平投影反映实形； 正面投影及侧面投影积聚成一直线，且分别平行于 OX 轴及 OY 轴
正平面	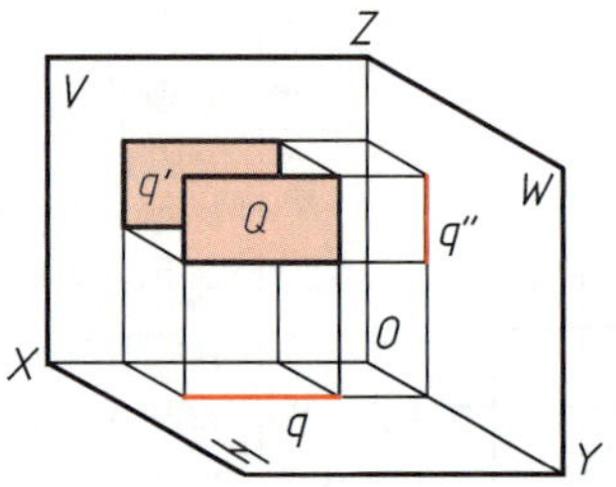	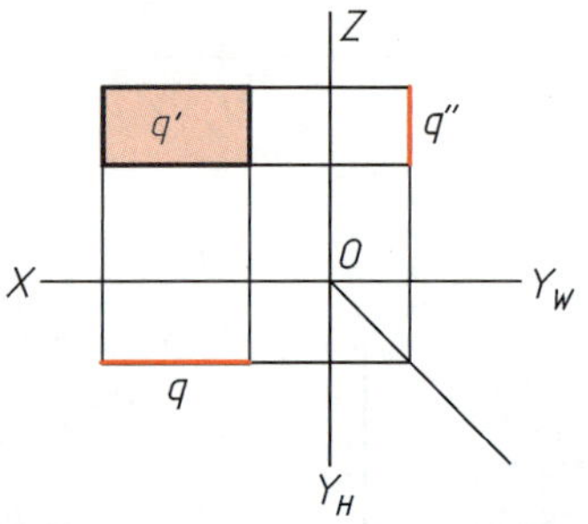	正面投影反映实形； 水平投影及侧面投影积聚成一直线，且分别平行于 OX 轴及 OZ 轴
侧平面	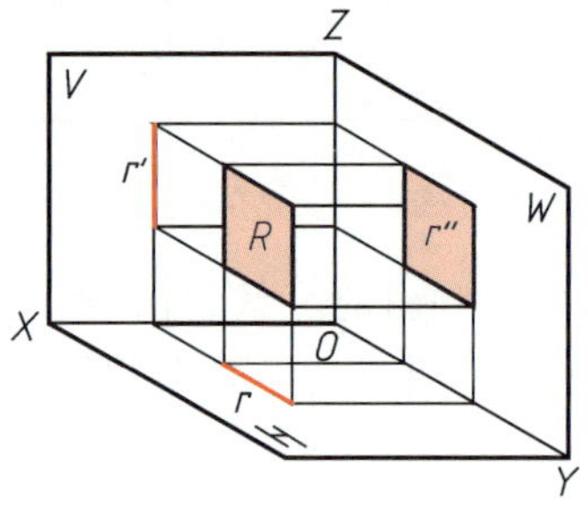	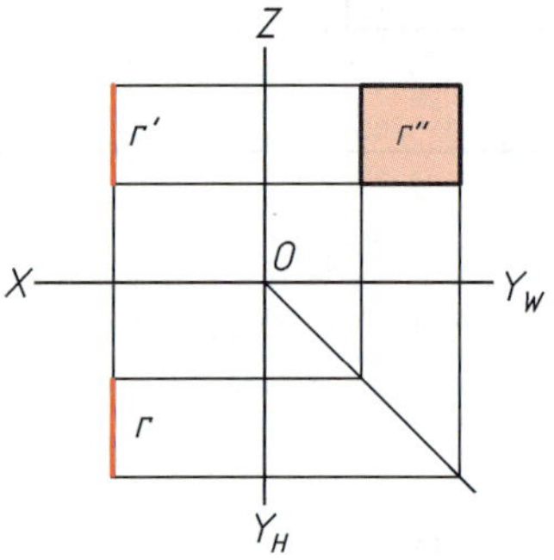	侧面投影反映实形； 水平投影及正面投影积聚成一直线，且分别平行于 OY 轴及 OZ 轴

（2）投影面平行面的投影特性

平面在它所平行的投影面上的投影反映平面的实形。平面在另两个投影面上的投影都积聚为直线，且分别平行于相应的投影轴。

（3）投影面平行面的判断

一个平面只要有一个投影积聚为一条平行于投影轴的直线，该平面就平行于非积聚投影所在的投影面，且非积聚投影反映平面的实形。归纳为"一框两平线，定是平行面；框在哪个面，平面就平行哪个面"。

【例 2－6】　试判断图 2－29 所示立体表面上直线和平面的空间位置。

解　立体表面上的直线和平面的空间位置可以根据直线、平面的投影特性判定。其判断结果见表 2－6。

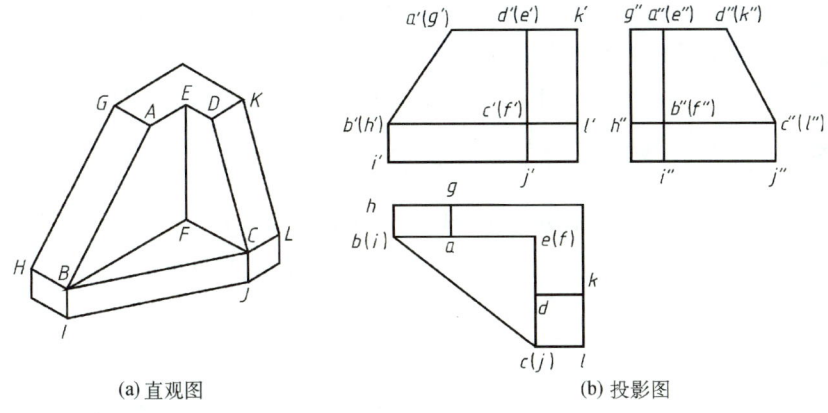

(a) 直观图   (b) 投影图

图 2-29　判断立体表面上直线和平面的空间位置

表 2-6　判　断　结　果

直线	AB 是正平线	平面	ABEF 是正平面
	BC 是水平线		BCF 是水平面
	CD 是侧平线		EFCD 是侧平面
	CF 是正垂线		ABHG 是正垂面
	EF 是铅垂线		BCJI 是铅垂面
	BF 是侧垂线		DCLK 是侧垂面

课堂实作

　　以所在教室为例,判断教室各墙面、教室内设备设施各表面属于哪一类平面,判断墙面上的门、窗、开关、顶棚上的灯具等点线的位置;实测某一墙面,绘出投影图。

2.4.3　平面上的直线和点

1. 平面上的直线

　　如果一直线通过平面上的两个点或通过平面上一个点且平行于平面上另一直线,则直线在该平面上。

2. 平面上的点

　　如果一点在平面内的一直线上,则该点在该平面上。因此,在平面上取点,首先要在平面上取线,而在平面上取线,又离不开在平面上取点。

微视频

平面上线的投影

微视频

平面上点的
投影例题讲解

【例 2 - 7】　已知平面 ABC 及其上一点 M 的投影 m'（图 2 - 30a），求作点 M 的另一投影 m。

解　分析：求平面上点的投影，可以首先在平面 ABC 上过点 M 取线，再求点 M 的另一投影。

作图：

（1）连接 $a'm'$，作辅助线交 $b'c'$ 于 d'，并求得 d，如图 2 - 30b 所示；

（2）连接 ad，并在 ad 上求得 m，m 即为所求，如图 2 - 30c 所示。

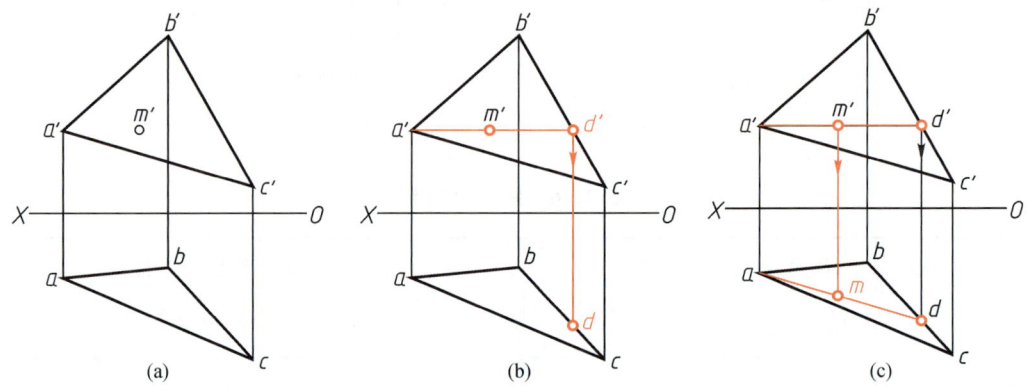

图 2 - 30　求平面上点的投影

微视频

直线与平面
相交

* 3. 平面上的投影面平行线

平面上的投影面平行线除了符合平面上直线的条件外，还应符合投影面平行线的投影特性。

【例 2 - 8】　已知平面 DEF（图 2 - 31a），试通过点 D 在该平面上作一条水平线。

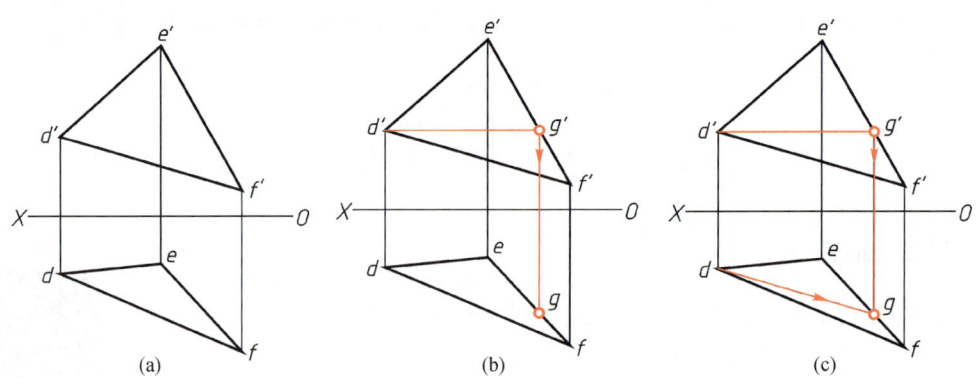

图 2 - 31　作平面上的水平线

解　作图：

（1）过 d' 作水平线交 $e'f'$ 于 g'（$d'g'\ /\!/OX$），并求得 g，如图 2 - 31b 所示。

（2）连接 dg，则 $DG(dg, d'g')$ 即为平面上的水平线，如图 2-31c 所示。

复习思考题

1. 点的三面投影规律是什么？

2. 根据点的两面投影，如何求该点的第三面投影？

3. 根据点的坐标，如何作该点的三面投影图？

4. 什么叫重影点？怎样判别其可见性？

5. 各种位置直线的投影特性分别是什么？

6. 直线上点的投影特性是什么？

7. 各种位置平面的投影特性是什么？

拓展阅读

有趣的正
投影图：正
投影图与建筑设计

学习任务 3　工程立体投影图的识读与绘制

学 习 要 点

　　建筑工程实践中有许多立体的表现,如教学楼、住宅、体育馆等。这些空间形体无论形状多么复杂,总可以将其分解成简单的几何体。所以立体相关知识的学习是掌握复杂工程图纸的关键。工程中常见的几何形体分为平面立体和曲面立体。我们必须掌握各种立体的形成及其投影,以及立体表面上的点、线及其可见性等。

　　在建筑制图中,有一种投影可以生动形象地表现出建筑物的立体感,这就是轴测投影,轴测投影所画出的图样为轴测图。另外,我们用假想的剖切平面剖开物体,形成的正投影图为剖面图和断面图。我们要重点掌握轴测图、剖面图和断面图的形成、画法及相关规定。

3.1　平面立体的投影

　　表面由平面围成的立体称为平面立体,其表面称为棱面,棱面与棱面的交线称为棱线。由于形状不同,平面立体可分为棱柱体、棱锥体及棱台体等,如图 3-1 所示。作平面立体的投影,就是作出围成平面立体的各棱面的投影。

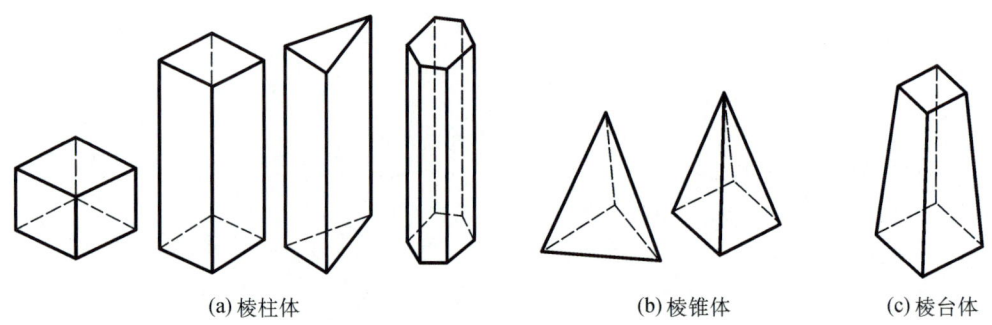

(a) 棱柱体　　　　　　　　　　　　(b) 棱锥体　　　　　(c) 棱台体

图 3-1　平面立体种类

3.1.1　棱柱体的投影

　　底面为多边形、棱线垂直于底面的棱柱称为直棱柱体。当棱柱体底面为正多边形时,称为正棱柱体,如正三棱柱、正四棱柱等。下面以正三棱柱为例分析其投影特性。

图 3-2a 所示是横放的正三棱柱,棱线 AD,BE,CF 为侧垂线,两底面 ABC 和 DEF 为侧平面,棱面 $ADFC$ 为水平面,棱面 $ADEB$ 和 $BEFC$ 为侧垂面,图 3-2b 所示为该三棱柱的三面投影图。

微视频

棱柱体的投影

1. H 面投影

水平棱面 $ADFC$ 投影为矩形线框 $adfc$,反映实形;侧垂棱面 $ADEB$ 和 $BEFC$ 投影为矩形线框 $adeb$ 和 $befc$;两底面 ABC 和 DEF 投影分别积聚为直线 abc 和 def。

2. V 面投影

水平棱面 $ADFC$ 投影积聚为直线;侧垂棱面 $ADEB$ 和 $BEFC$ 投影为矩形,且两者重影;两底面 ABC 和 DEF 投影分别积聚为直线。

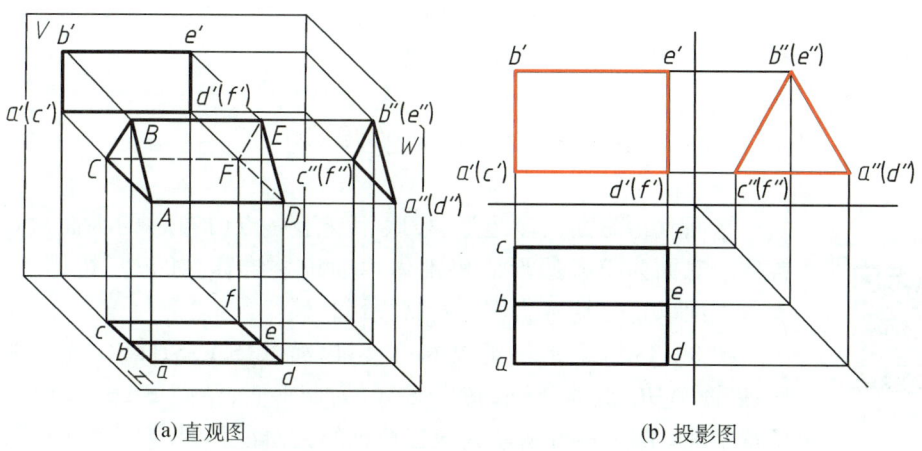

(a) 直观图   (b) 投影图

图 3-2   正三棱柱的三面投影

3. W 面投影

水平棱面 $ADFC$ 及两侧垂棱面 $ADEB$,$BEFC$ 分别积聚为直线;两底面 ABC 和 DEF 投影为等边三角形,反映实形,且两者重影。

上述投影图同样可以用直线的投影特点来分析。图 3-2 所示的 AD,BE,CF 和 AC,DF 分别为侧垂线和正垂线,它们在与其垂直的投影面上的投影积聚为一点,在另两个投影面上的投影反映实长;AB,DE,BC,EF 为侧平线,它们在 W 面上的投影都反映实长,在另两个投影面上投影都比实长短。

通过以上分析,可以得出正棱柱体的投影特征:

① 正棱柱体在与底面平行的投影面上的投影反映底面实形,另两个投影为一个或几个矩形,如图 3-3 所示为正六棱柱的三面投影。

② 棱面由棱线围成,棱线又由两点确定,因此,只要确定各个顶点,棱面也就确定了。同理,棱面确定了,棱线的投影和其各个顶点的投影也就明确了。

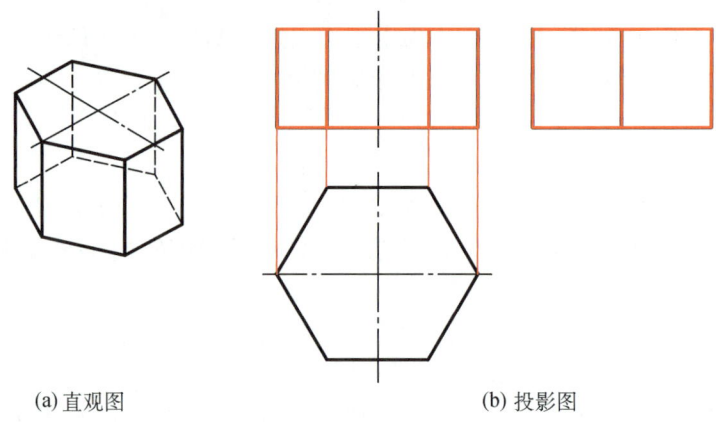

(a) 直观图   (b) 投影图

图 3 – 3 正六棱柱的三面投影

由此可见,作棱柱体(或基本体)的投影,实质上是作点、线、面的投影。为了投影图清晰,投影轴可以省略,但投影图必须符合三面投影规律。

3.1.2 棱锥体的投影

微视频

棱锥体的投影

平面立体底面为多边形、棱线相交于一点(锥顶)的平面立体称为棱锥体。底面为正多边形的棱锥体称为正棱锥体,如正三棱锥,正四棱锥等。下面以正三棱锥为例分析其投影特性。

图 3 - 4a 所示是一正放的三棱锥,棱线 SA, SB, SC 为一般位置直线,底面 ABC 为水平面,棱面 SAC 为侧垂面,棱面 SAB 和 SBC 为一般位置平面,图 3 - 4b 所示为该三棱锥的三面投影图。

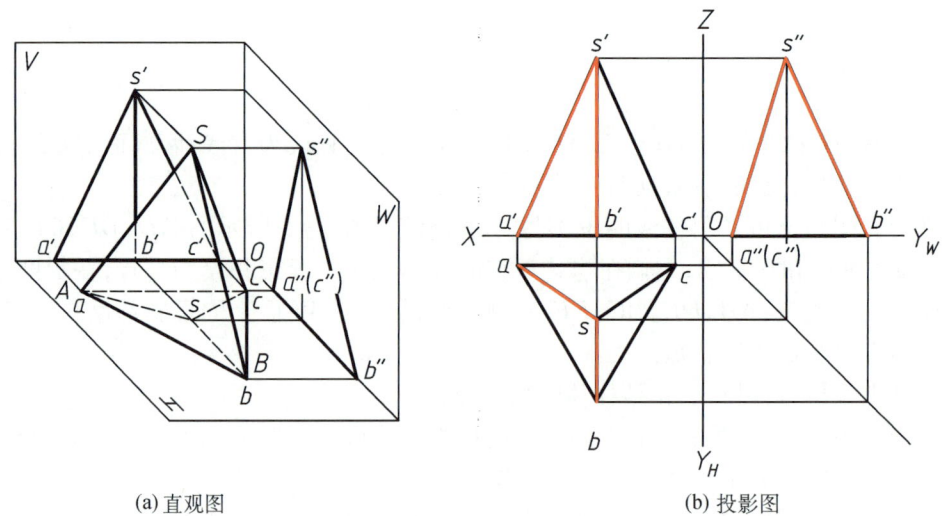

(a) 直观图   (b) 投影图

图 3 – 4 正三棱锥的三面投影

提示：

这里所指的辅助线并不一定都要过锥顶，我们还可以作底边的平行线、棱面上过已知点的任意斜线等。

1. H 面投影

底面 ABC 的投影三角形 abc 反映实形，三个棱面的投影为三个三角形 sab，sbc 和 sca。

2. V 面投影

底面 ABC 投影积聚为直线，三个棱面的投影为三个三角形 $s'a'b'$，$s'b'c'$ 和 $s'c'a'$。

3. W 面投影

底面 ABC 与侧垂棱面 SAC 投影分别积聚为直线，另两个棱面 SAB 和 SBC 投影为两个三角形 $s''a''b''$ 和 $s''b''c''$，且两者重影。

通过以上分析，可以得出正棱锥体投影特征：当正棱锥体底面平行于某一投影面时，正棱锥体在该投影面上的投影为反映其实形的正多边形及其内部的 n 个共顶点的等腰三角形，另外两个投影面上的投影为一个或若干个三角形，如图 3-5 为正六棱锥的三面投影。

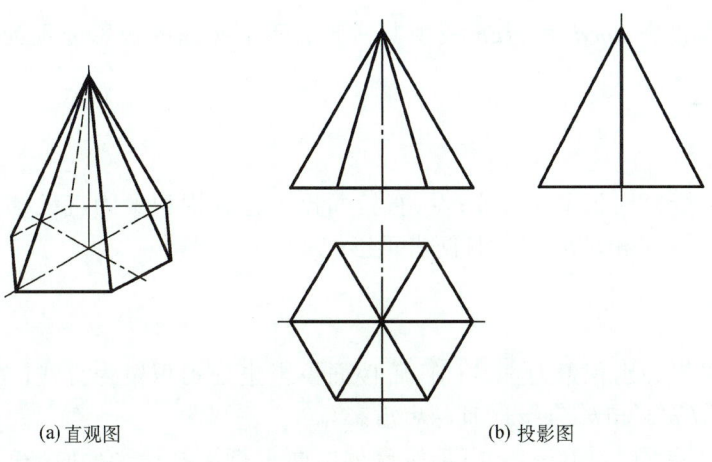

(a)直观图   (b)投影图

图 3-5　正六棱锥的三面投影

3.1.3　棱台体的投影

用一平行于底面的平面切割棱锥，移去该平面以上的形体后形成的形体称为棱台。棱台的两个底面为相互平行的相似平面图形，所有的棱线延长后应汇交于一公共顶点（锥顶）。

图3-6a所示为一正放的四棱台,棱线 AE,BF,CG,DH 均为一般位置直线,上、下底面 ABCD 和 EFGH 为水平面,前、后棱面 ABFE 和 DCGH 为侧垂面,左、右棱面 ADHE 和 BFGC 为正垂面;图3-6b所示为该四棱台的三面投影图。

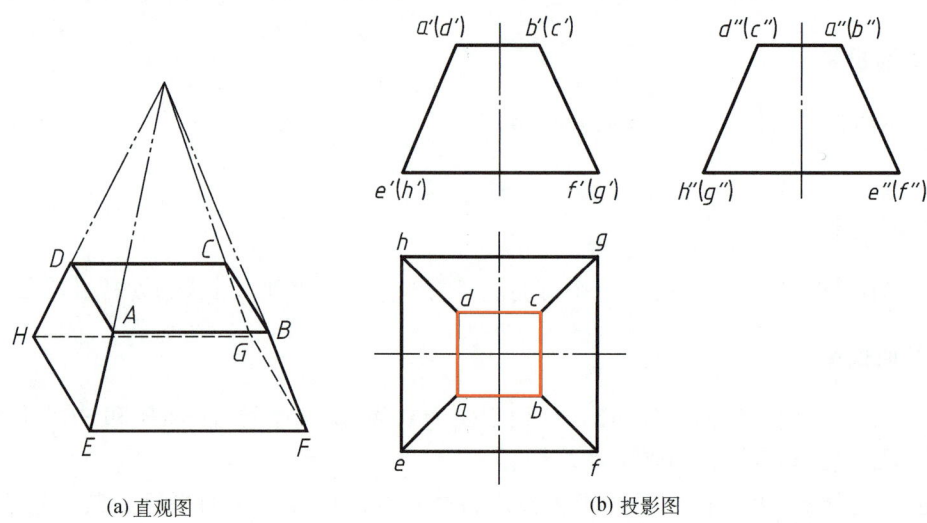

(a)直观图   (b)投影图

图3-6   正四棱台的三面投影

1. H 面投影

上、下底面的投影 abcd 和 efgh 反映其实形;四个棱面的投影分别为等腰梯形 abfe,bcgf,dcgh 和 adhe。

2. V 面投影

上、下底面投影分别积聚为直线;左、右棱面投影也分别积聚为直线;前、后棱面投影分别为等腰梯形 a'e'f'b' 和 d'h'g'c',且两者重影。

3. W 面投影

上、下底面投影分别积聚为直线;前、后棱面投影也分别积聚为直线;左、右棱面投影分别为等腰梯形 a″d″h″e″ 和 b″c″g″f″,且两者重影。

由此可得正棱台体投影特征:当正棱台体底面平行于某投影面时,在该投影面上的投影为反映上、下底面实形的内外两个正多边形,且正多边形对应顶点相连;另外两个投影为同一高度的1个或若干个等腰梯形。

综上所述,平面立体的投影特性:

① 平面立体的投影,实质上是点、直线和平面投影的集合;

② 投影图中的线条,可能是棱线的投影,也可能是面的积聚投影;

③ 投影图中的交点,可能是一点的投影,也可能是棱线的积聚投影;

④ 投影图中任何一条封闭的线框都表示立体上某平面的投影。

3.1.4　平面立体投影图的画法

1. 投影图作法

① 棱线方向确定，或棱面投影积聚时，可以直接作它们的投影，如棱柱体投影图（图 3 - 3）。

② 可以先作出平面立体各顶点的投影，再将其连线，如正六棱锥的投影图（图 3 - 5b）。

③ 投影图中各投影的作图顺序和步骤，一般视具体情况而定。有的可以先画完一个投影再画另两个投影，如图 3 - 3 所示；有的则应先画某一投影的某一部分，就能方便地画该部分的其他投影，如图 3 - 5 所示，先画底面的 H 面投影，然后定出六边形上各顶点的 V 面、W 面投影；对于复杂的立体，则需要将各投影相互穿插进行绘制。

2. 可见性判断

① 当向某一投影面作投射时，凡可见的棱线投影用粗实线表示；不可见的棱线投影用细虚线表示；两条棱线投影重合，仍用粗实线。

② 棱面的可见性取决于棱线的可见性。而棱线的可见性由棱线与其他棱面的上下、左右、前后的位置关系确定。投影中，棱面的所有边线都可见，棱面才可见；反之，不可见。

3. 投影数量

除各面平行于投影面的长方体以外，棱柱体和棱锥体只要两个投影就可以表达完全，但是其中一个投影必须是反映底面形状的投影，如图 3 - 3 和图 3 - 5 所示。

3.1.5　平面立体投影图的识读

① 在平面立体三个投影中，只要其中一个投影为多边形，另两个投影为一个或若干个矩形，则它必定是棱柱体的投影。

② 在平面立体三个投影中，只要其中一个投影为多边形，另两个投影为一个或若干个有公共顶点的三角形，则它必定是棱锥体的投影。

③ 在平面立体三个投影中，只要其中一个投影是两个相似的多边形（顶点相连），另两个投影为一个或若干个梯形，则它必定是棱台体的投影。

3.1.6　平面立体的尺寸注法

① 平面立体要标注出它的长、宽和高的尺寸，尺寸既要齐全，又不重复。

② 尺寸应注写清晰，便于识读，尺寸一般应注在反映实形的投影图上，正多边形的尺寸可标注其外接圆的直径长度。

基本平面立体的尺寸标注见表 3-1。

表 3-1　基本平面立体的尺寸标注

四 棱 柱 体		三 棱 柱 体

正 三 棱 锥 体	正 五 棱 锥 体	四 棱 台 体

3.1.7　平面立体表面上的点和直线

微视频

平面立体表面上的点和直线

平面立体表面上的点和直线的问题,实质上是平面上点和直线以及直线上点的问题,所不同的是平面立体表面上的点和直线的投影存在可见性的问题,投影特性如下:

① 平面立体表面上的点和直线的投影应符合平面上点和直线的投影特点;

② 凡是可见棱面上的点和直线,以及可见棱线上的点,都是可见的,否则,是不可见的。

【例 3-1】　已知五棱柱(双坡屋面建筑)表面 $HGJI$ 和 $ADFE$ 上点 M 和 N 的正面投影(m')和 n'(图 3-7a,b),试作点 M,N 的其他两面投影。

解　表面 $HGJI$ 为正平面,它在 V 面上的投影为一个反映实形的矩形线框,且为不可见面;在 H 面、W 面上的投影积聚为直线段。因此点 M 的 H 面、W 面投影在表面 $HGJI$ 的

· 62 ·

积聚投影上,如图 3-7c 所示。

表面 ADFE 为侧垂面,其 W 面投影积聚成直线;H 面、V 面投影分别为矩形线框。因此,点 N 的 W 面投影在表面 ADFE 的积聚投影上,而 H 面的投影在矩形线框内,如图 3-7c 所示。

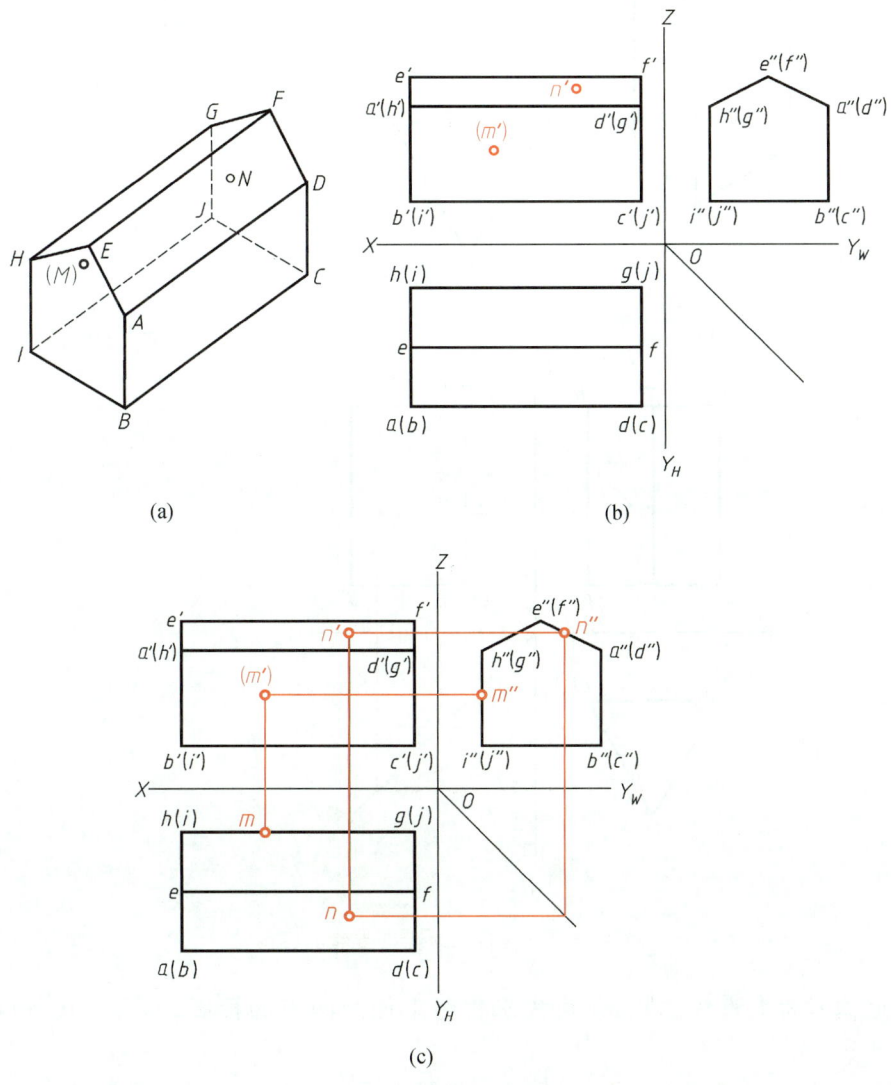

图 3-7 棱柱体表面上点的投影

【例 3-2】 已知正三棱柱侧面 ABCD 上的直线 MN(图 3-8a)的正面投影(图 3-8b),试作 MN 的其他两面投影图。

解 侧面 ABCD 为铅垂面,其 H 面投影积聚为直线;V 面、W 面投影分别为矩形线框。因此,直线 MN 的 H 面投影 mn 在侧面 ABCD 的积聚投影上,V 面、W 面投影分别在矩形线框内。由于侧面 ABCD 的 W 面投影不可见,故 MN 的 W 面投影 m″n″ 亦不可见,用细虚线表示。

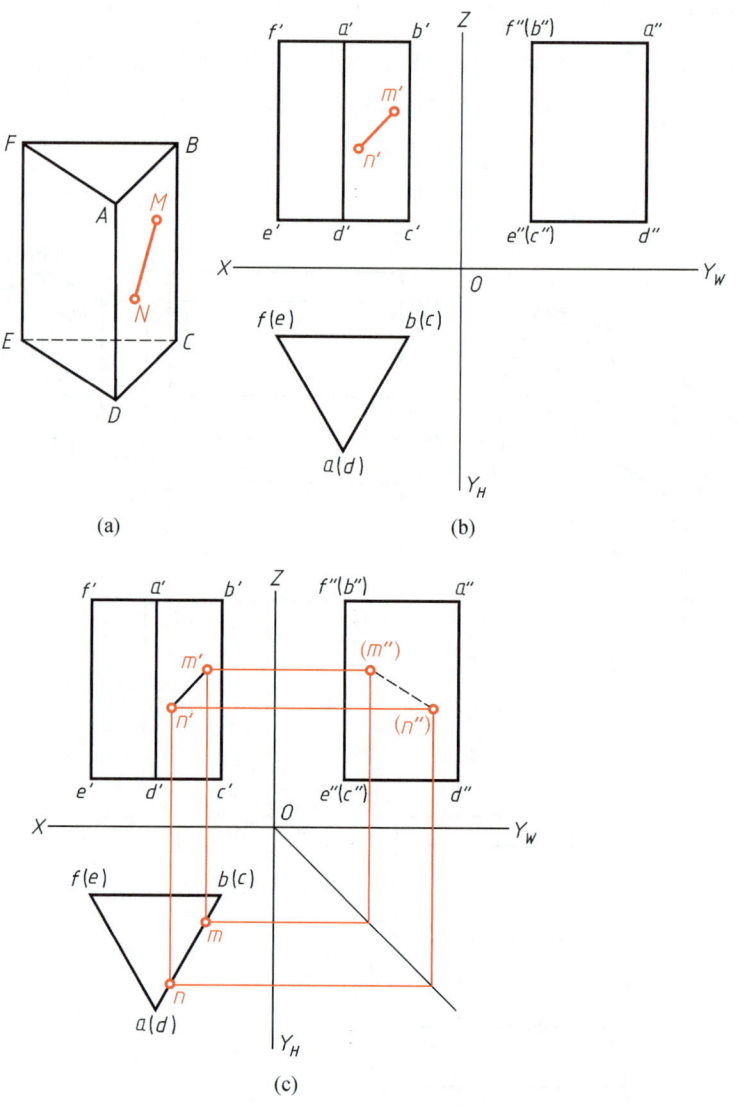

(a)　　　　　　　　　　　　(b)

(c)

图 3 - 8　三棱柱体表面上直线的投影

求平面体表面上直线的投影,可先求直线上任意两点的投影,然后连接其同名投影即可。

微视频

棱锥上点的
投影例题讲解

【例 3 - 3】　已知正三棱锥表面 SAC 上一点 M(图 3 - 9a)的水平投影 m,试作点 M 的其他两面投影。

　　解　分析:平面 SAC 为一般位置面,其三面投影均为三角形。因为点 M 在平面 SAC 上,所以点 M 的三面投影必定在平面 SAC 上过点 M 的直线 SD 的投影上,如图 3 - 9b 所示。这种方法称为辅助线法。

　　作图:

(1) 连接 sm,交 ca 于 d,分别求得 d',d''。

(2) 连接 $s'd'$,$s''d''$,则 m',m'' 必在 $s'd'$,$s''d''$ 上。

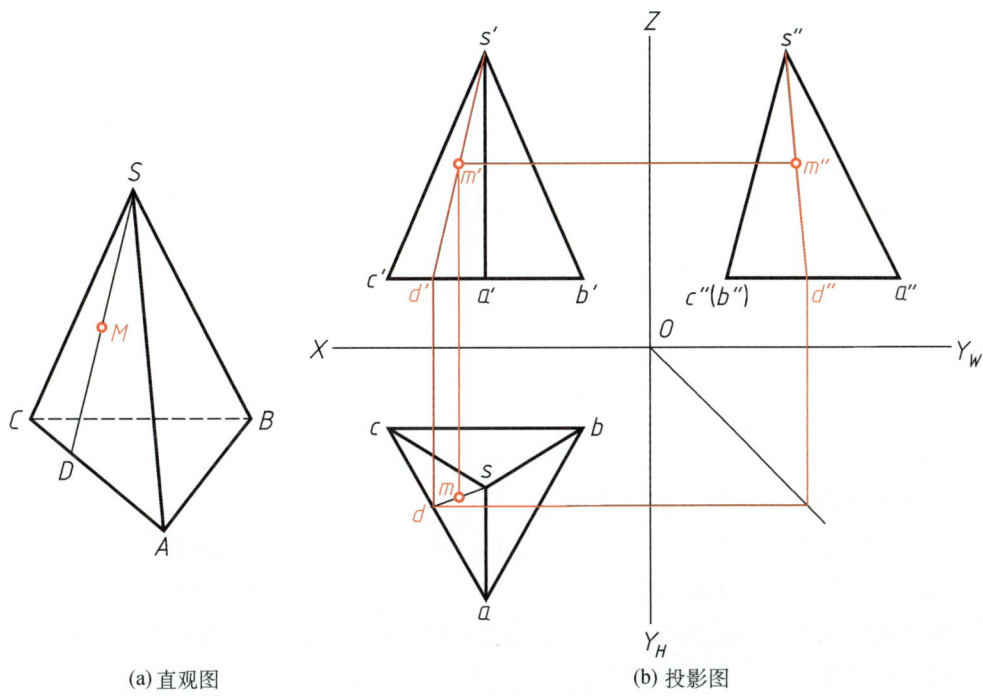

(a) 直观图   (b) 投影图

图 3 - 9　三棱锥体表面上点的投影

【**例 3 - 4**】　已知三棱台表面上点 K 的 H 面投影 k 和线段 MN 的 V 面投影 $m'n'$（图 3 - 10a），试作点 K 和线段 MN 的其他两面投影。

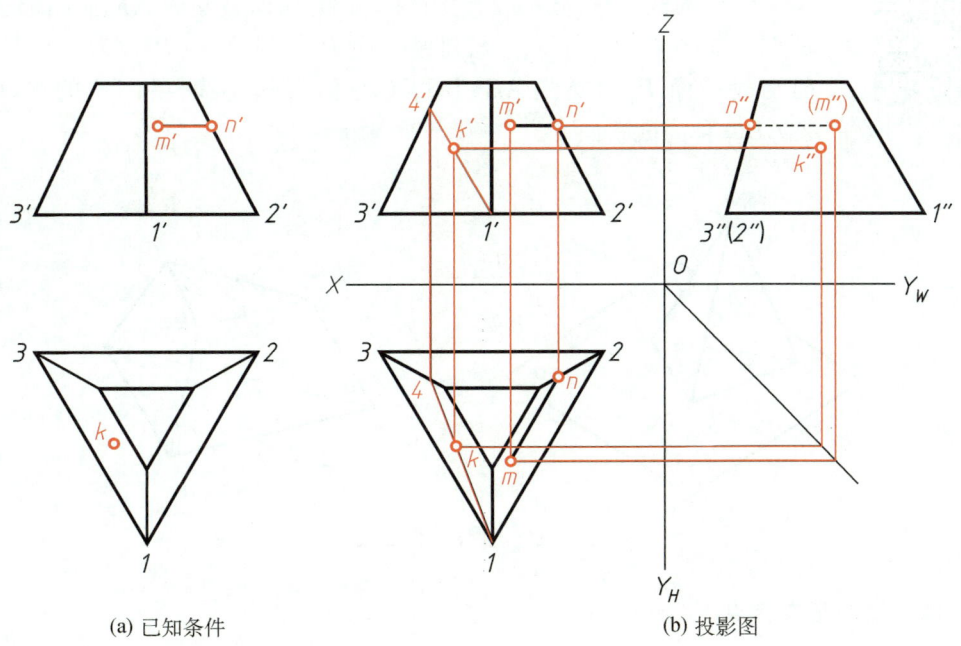

(a) 已知条件   (b) 投影图

图 3 - 10　三棱台表面上点和线的投影

解 分析：三棱台的上、下底面均为水平面，左、右棱面均为一般位置面，后棱面为侧垂面。点 K 位于左棱面上，线段 MN 位于右棱面上，它们的三面投影都没有积聚性，可用辅助线法求解。

作图：

（1）过点 K 在左棱面上作辅助线，连接 $1k$，延长至左棱线上交棱线于点 4，利用"三等"关系求 $1'4'$ 从而得点 k' 和点 k''，三面投影均可见，如图 $3-10b$ 所示。

（2）由于 $m'n'$ 平行于底边 $1'2'$，点 n 在右棱线上，因此可由点 n' 向下作投影连线交右棱线于点 n，再过点 n 作 12 的平行线，由点 m' 向下作投影连线交于点 m，则 mn 即为 H 面投影，最后由投影关系求得 $m''n''$。因线段 MN 在右棱面上，故 $m''n''$ 不可见，画成细虚线，如图 $3-10b$ 所示。

由以上各例可以看出，要根据平面立体表面上点或线段的一个投影，确定第二个投影的作图，必须从以下几个方面着手：

① 分析平面立体的性质，以及各个表面与投影面的相对位置。

② 分析所给点或线段位于哪个表面上。

③ 若点或线段所在表面有积聚性，则先求点或线段在此表面积聚投影上的投影；若点或线段所在表面是一般位置面，则利用过已知点并在该表面上作辅助线来求解。

④ 由点或线段的已知投影和求得的第二个投影，按投影规律求出其第三个投影。

⑤ 判别点或线段投影的可见性。

3.1.8 平面立体的截交线

微视频

平面立体的截交线

平面与平面立体相交，可视为平面截割形体。此平面称为截平面，所得交线称为截交线，截平面与立体接触部分，即截交线围成的图形称为截断面。如图 $3-11$ 所示，三棱锥被平面 P 截割，平面 P 称为截平面，三棱锥与截平面 P 的交线 AB，BC，CA 称为截交线，所围成的平面图形 $\triangle ABC$ 称为截断面。

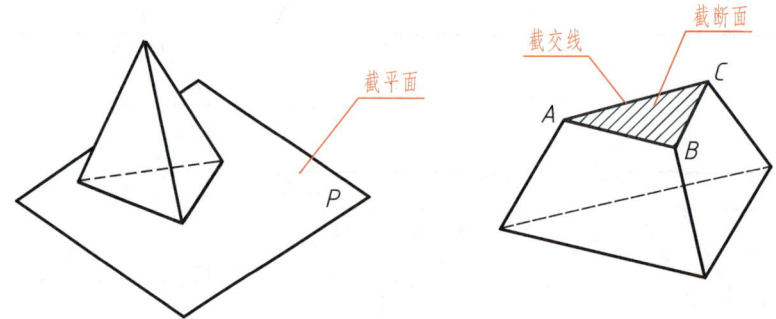

图 3-11　立体的截交线

1. 截交线的基本特点

平面立体的截断面都是多边形，其各边（即截交线）为各棱面与截平面的交线，各顶点

(即截交点)为各棱线与截平面的交点。因此,任何截交线都有下列两个基本特点:

① 封闭性。因为建筑形体有一定的范围,所以截交线是闭合的。

② 集合性。截交线是由那些既在截平面上,又在立体表面上的点集合而成的。

2. 截交线的作法

① 分析。弄清立体未被截割前的形状是怎样的,它是怎样被截割的,截交线有何特点等。

② 作图步骤。求截交线的实质是求直线与平面的交点或求两平面的交线,其作图步骤有以下两种:

a. 先求出各棱线与截平面交得的截交点,然后把位于同一个棱面上的两截交点连成截交线段,即可得所求的截交线;

b. 直接求出各棱面与截平面交得的截交线段即可得所求的截交线。

③ 截交线的求法。当截平面或平面立体的棱面或棱线有积聚投影时,其截交点及截交线段在这个积聚投影上的位置即为已知,其余投影可借助于棱面或截平面上的直线作出;当截平面和棱面分别垂直于两个投影面时,则截交点及截交线的两个投影为已知,根据投影规律便可得到截交线的第三个投影。这种方法称为积聚投影法。

④ 截交线投影的可见性。位于可见棱面上的截交线段是可见的,否则为不可见。

立体截断后,在投影图中如要画出被截掉的部分,应用双点画线表示。

【例 3−5】 已知正五棱柱被一正垂面 *P* 截断(图 3−12a),求其截交线的投影。

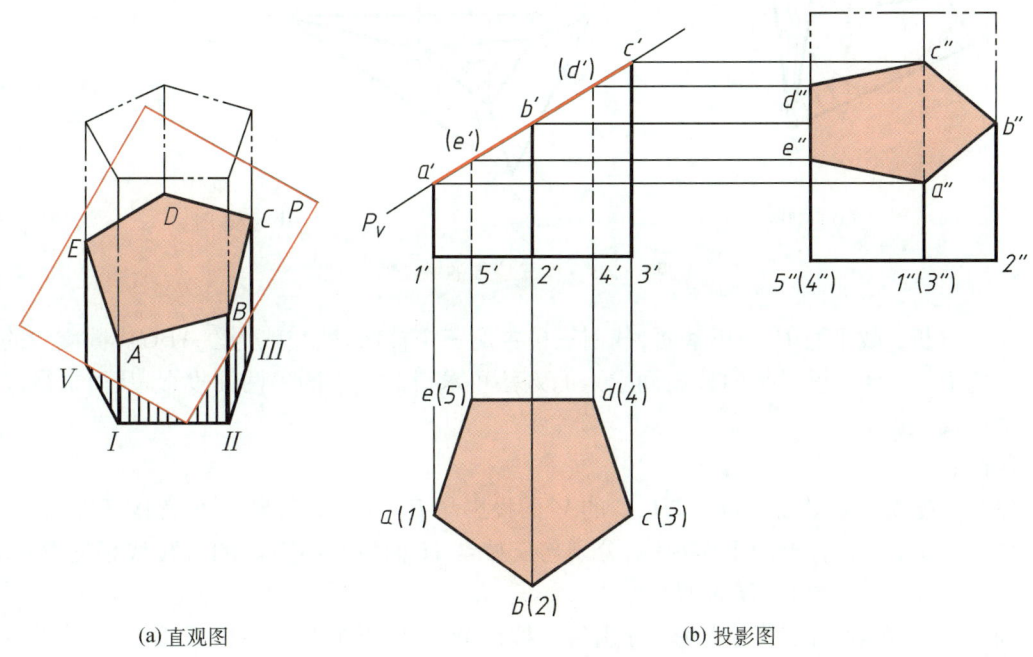

(a) 直观图   (b) 投影图

图 3−12 作正五棱柱的截交线

解 分析:五棱柱的棱线均为铅垂线,左、右 4 个棱面为铅垂面,后棱面为正平面,且截平面 *P* 为正垂面,截割五棱柱的 5 个棱面,所以截交线为五边形 *ABCDE*。截交线的 *H* 面投影与五棱柱投影重合，V 面投影与 P_v① 重合。根据投影原理可直接求出截交线的 W 面投影。

作图：

（1）各棱线与截平面交点 A,B,C,D,E 的 H 面投影与五棱柱投影重合，a,b,c,d,e 直接标出。

（2）交点 A,B,C,D,E 的 V 面投影与 P_v 重合，$a',b',c',(d'),(e')$ 亦可直接标出。

（3）根据投影关系作出截交线的 W 面投影，自 $a',b',c',(d'),(e')$ 各点作水平线，分别与五棱柱的 W 面投影中对应的各棱线相交，得 a'',b'',c'',d'',e''，连接各点即为截交线的 W 面投影。

【例 3-6】　已知三棱锥被一正垂面 P 截断（图 3-13a），求截交线的投影。

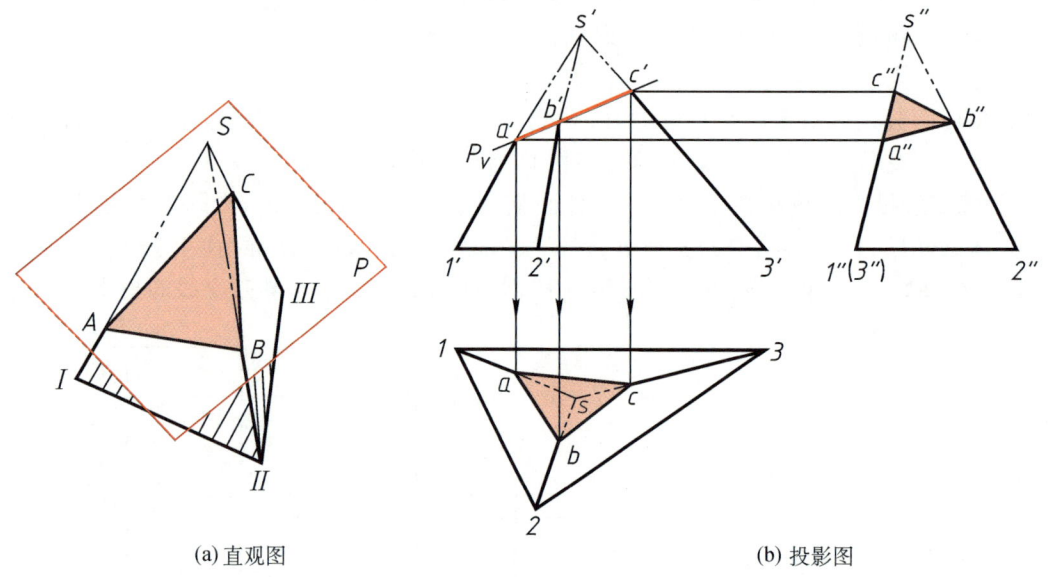

（a）直观图　　　　　　　　（b）投影图

图 3-13　作三棱锥的截交线

解　分析：截平面 P 为正垂面，截割三棱锥的三个棱面，截交线为 $\triangle ABC$。截交线的 V 面投影与 P_v 重合。根据平面体表面求点的方法可求得截交点的另两面投影，从而求得截交线的另两面投影。

作图：

（1）各棱线与截平面交点 A,B,C 的 V 面投影与 P_v 重合，a',b',c' 可直接标出。

（2）自 a',b',c' 各点向下作垂线，分别与三棱锥 H 面投影中对应的各棱线相交得 a,b，c，连接各点即为截交线的 H 面投影。

（3）自 a',b',c' 各点作水平线，分别与三棱锥 W 面投影中对应各棱线相交得 a'',b'',c''，连接各点即为截交线的 W 面投影。

---

①　P_v 表示平面 P 在 V 投影面上的积聚投影。

知识拓展：

【例 3－7】 已知三棱锥被两个平面所截断(图 3－14a)，求其截交线的投影。

解 分析：由图 3－14a、b 可知，三棱锥被两个相交正垂面截断，截交线为空间图形 $ABDCE$。截交线 V 面投影与两正垂面积聚投影重合为两段直线，而 H、W 面投影为类似的四边形和三角形。

① P_V 表示平面 P 在 V 投影面上的积聚投影。

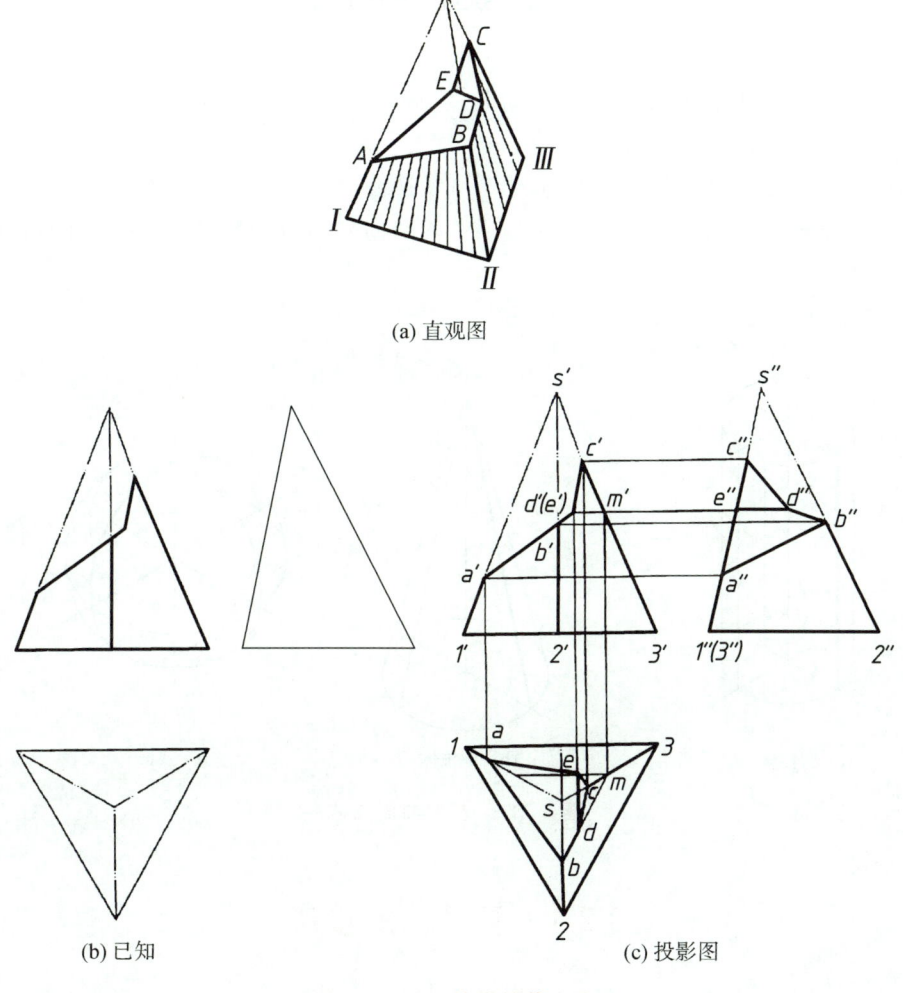

(a) 直观图

(b) 已知   (c) 投影图

图 3－14 三棱锥的截交线

作图：

(1) 各棱线与两截平面的交点 A、B、C 及两截平面的交线 DE 的 V 面投影可直接求得(积聚投影)。截交线的投影为两直线段。

(2) A、B、C 三点在棱线上，根据投影规律，可直接求得 H 面投影 a、b、c 和 W 面投影 a''、b''、c''。

（3）DE 为正垂线，其端点 D、E 在三棱锥表面上。H 面投影可利用辅助线求解，即过 $d'(e')$ 作一水平线交 $s'3'$ 于 m'，过 m' 作连线交 $s3$ 于 m，过 m 分别作平行于三棱锥底边 13、23 的直线交过 $d'(e')$ 的投影连线于 d、e。

（4）由点的投影规律，可求得 D、E 的 W 面投影 d''、e''。

（5）按顺序分别将 H、W 面投影上的各点相连。由于有两个截平面，而截交线又是两个封闭多边形，其公共边即为两个截平面的交线。

3.2　曲面立体的投影

　　由曲面或曲面与平面围成的立体称为曲面立体。作曲面立体的投影，就是作出组成曲面立体的曲面和平面图形的投影。

　　曲面可以看成是一条母线运动的轨迹。母线在曲面上的任一位置称为曲面的素线。用来约束母线运动的直线或曲线称为导线。基本的曲面立体有圆柱体、圆锥体、圆台体和球体等，如图 $3-15$ 所示。

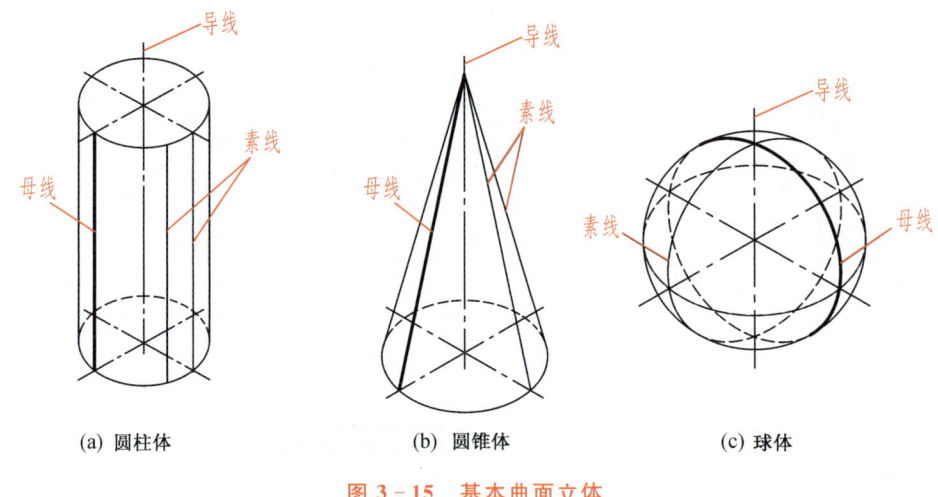

（a）圆柱体　　　　　　　（b）圆锥体　　　　　　　（c）球体

图 3 - 15　基本曲面立体

3.2.1　圆柱体的投影

微视频

圆柱体的投影

　　一条直母线以一条与其平行的导线为轴回转一周所形成的曲面称为圆柱面。圆柱面与垂直于轴线的两平行平面所围成的立体，称为正圆柱体。图 $3-16$a 所示是一立放的正圆柱体，上、下底面为水平面，圆柱面垂直于 H 面。图 $3-16$b 所示为该正圆柱体的三面投影图。为了方便作图，通常在投影圆内过圆心作两条相互垂直的中心线（用细点画线表示）。

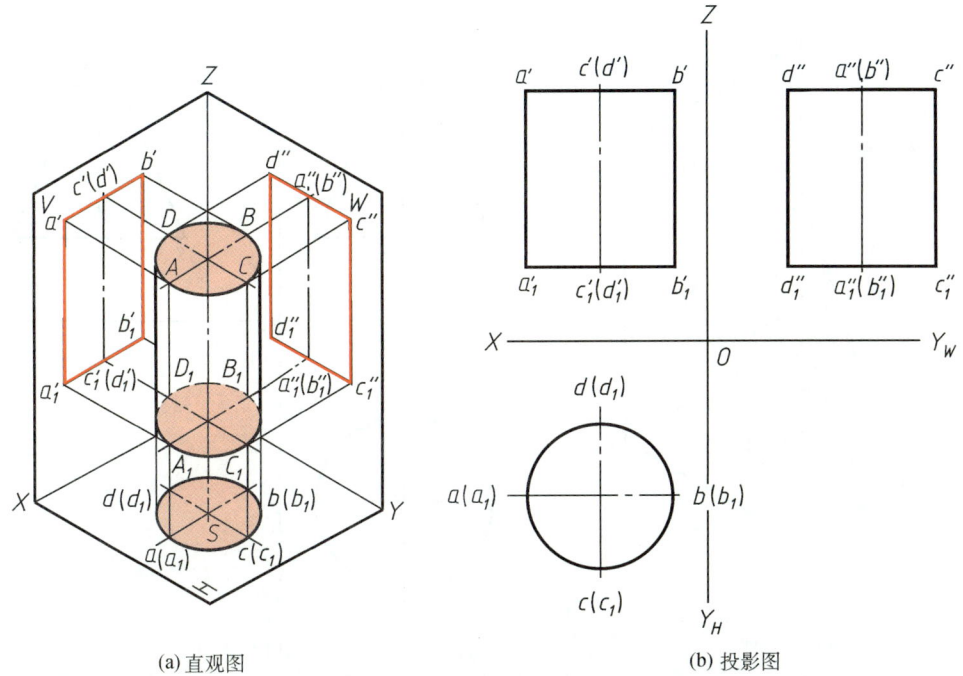

(a) 直观图　　　　　　　　　　　(b) 投影图

图 3 - 16　正圆柱体的投影

1. H 面投影

水平投影是一个圆,它是圆柱面及上、下底面投影的重合,且反映实形,圆心是轴线的积聚投影,圆的半径等于底面圆半径。

2. V 面投影

正面投影是一矩形线框,为可见的前半圆柱面和不可见的后半圆柱面的投影重合,上、下两条水平线是上、下底面的积聚投影,左右两边线 $a'a'_1$,$b'b'_1$ 分别为圆柱面上最左和最右两条轮廓素线 AA_1,BB_1 的投影。矩形线框的高度等于圆柱体的高度,宽度等于圆柱体的直径。

3. W 面投影

侧面投影也是一个矩形线框,为可见的左半圆柱面和不可见的右半圆柱面投影的重合,前后两边线 $c''c''_1$,$d''d''_1$ 分别为圆柱面上最前和最后两条轮廓素线 CC_1,DD_1 的投影。矩形线框的高度和宽度同 V 面投影。

3.2.2　圆锥体的投影

一条直母线以一条与其相交的直导线为轴回转一周所形成的曲面称为圆锥面。圆锥面与垂直于轴线的平面围成的立体,称为正圆锥体。

图 3 - 17a 是立放的正圆锥体,底面为水平面,图 3 - 17b 为该正圆锥体的三面投影图。

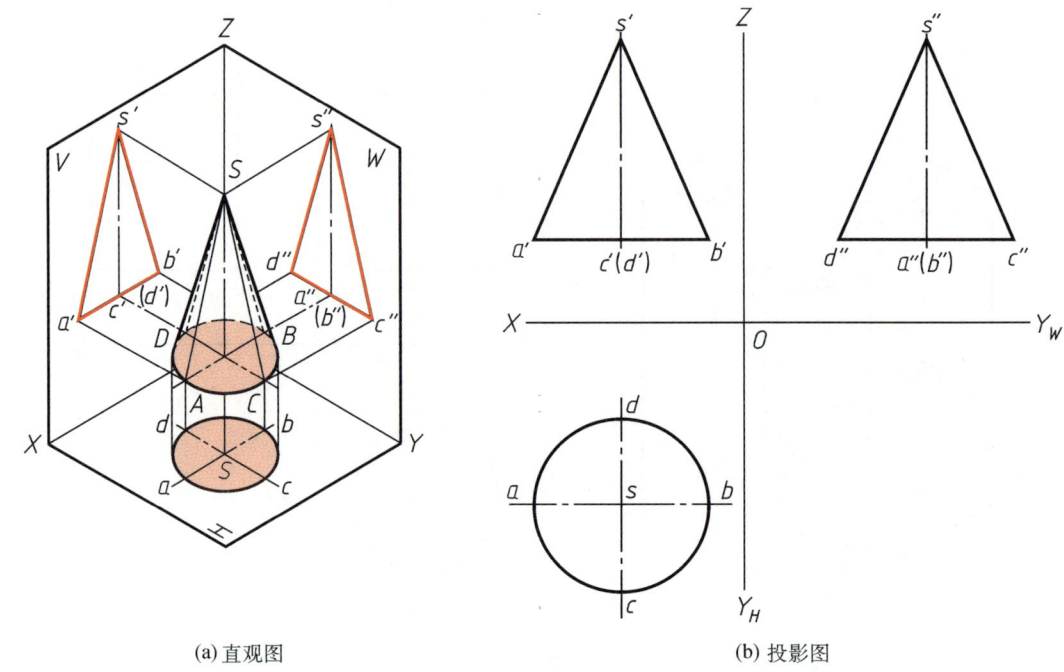

(a) 直观图 　　　　　　　　　　　　　(b) 投影图

图 3 - 17　正圆锥体的投影

1. *H* 面投影

水平投影是一个圆，它是圆锥面与圆锥体底面投影的重合，且反映底面实形。该圆的圆心是轴线的积聚投影，半径等于底圆的半径。

2. *V* 面投影

正面投影是一等腰三角形线框，是可见的前半个圆锥面和不可见后半个圆锥面投影的重合，底边是圆锥底面的积聚投影，两腰 $s'a'$、$s'b'$ 分别为圆锥面上最左和最右两条轮廓素线 SA、SB 的投影。等腰三角形的高度等于圆锥的高度，底边长度等于底面圆的直径。

3. *W* 面投影

侧面投影也是一等腰三角形线框，是可见的左半个圆锥面和不可见的右半个圆锥面投影的重合，底边是圆锥底面的积聚投影，两腰 $s''c''$、$s''d''$ 分别为圆锥面上最前和最后两条轮廓素线 SC、SD 的投影。等腰三角形的高度和底边长度同 *V* 面投影。

3.2.3　球体的投影

圆母线以其本身的直径为轴旋转一周形成的曲面称为球面。球面所围成的立体称为球体。如图 3 - 18 所示，在三投影面体系中，球体的三个投影均为直径相等并等于球径的圆。

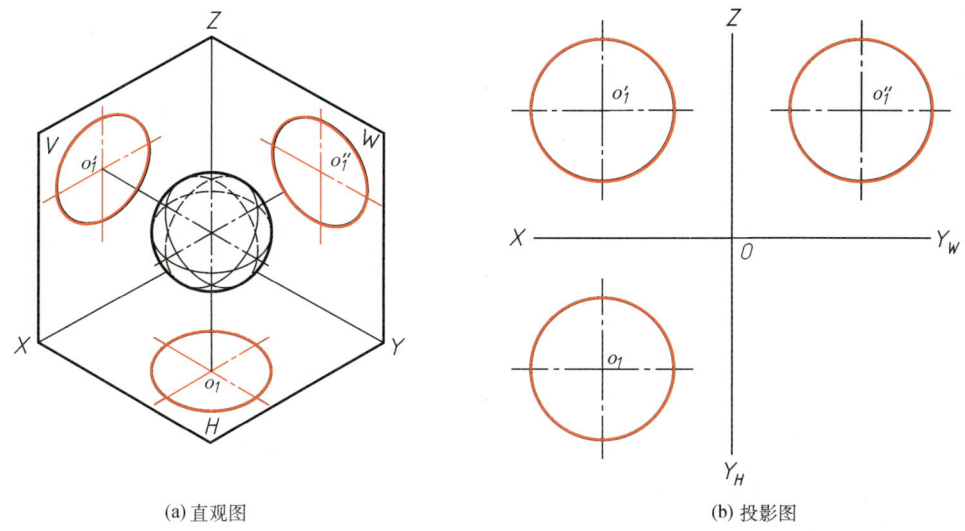

(a) 直观图　　　　　　　　　　　　　(b) 投影图

图 3−18　球体的投影

1. H 面投影

投影圆为可见的上半球面和不可见的下半球面投影的重合。圆周是球面上平行于 H 面的最大圆(即赤道圆)的投影,球体的平行于正面的最大圆和平行于侧面的最大圆的 H 面投影分别与该圆的两中心线重合,仍用细点画线表示。

2. V 面投影

投影圆为可见的前半球面和不可见的后半球面投影的重合。圆周是球面上平行于 V 面的最大圆(即子午圆)的投影,球体的平行于水平面的最大圆和平行于侧面的最大圆的 V 面投影分别与该圆的中心线重合,仍用细点画线表示。

3. W 面投影

投影圆为可见的左半球面和不可见的右半球面投影的重合。圆周是球面上平行于 W 面的最大圆的投影,球体的平行于水平面的最大圆和平行于正面的最大圆的 W 面投影分别与该圆的中心线重合,仍用细点画线表示。

3.2.4　曲面立体投影图的识读

曲面立体只要有两个投影即可表达完整,但是其中一个投影必须反映底面形状,如图 3−16 和图 3−17 所示。

1. 曲面立体的判断

① 在曲面立体的三面投影中,只要其中一个投影是圆,另两个投影为全等的矩形,则它必定是圆柱体的投影。

② 在曲面立体的三面投影中,只要其中一个投影是圆,另两个投影为全等的等腰三角形,则它必定是圆锥体的投影。

③ 在曲面立体的三面投影中,三个投影均为等大的圆,则它必定是球体的投影。

2. 曲面立体投影可见性判别

当向某一投影面作投影时,轮廓素线的投影为该投影中曲面立体可见部分与不可见部分的分界线。

3.2.5　曲面立体的尺寸标注

① 一般曲面立体只需标注其底圆的直径和高,直径的标注方法是在数字前面加注"ϕ"。

② 球体只需要注出它的直径,且投影图可只画一个,但应在直径数字前面加注"$S\phi$"。

基本曲面立体的尺寸标注见表 3-2。

表 3-2　基本曲面立体的尺寸标注

圆　柱　体	圆　锥　体
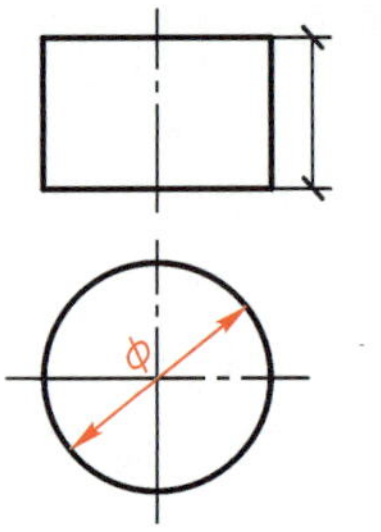	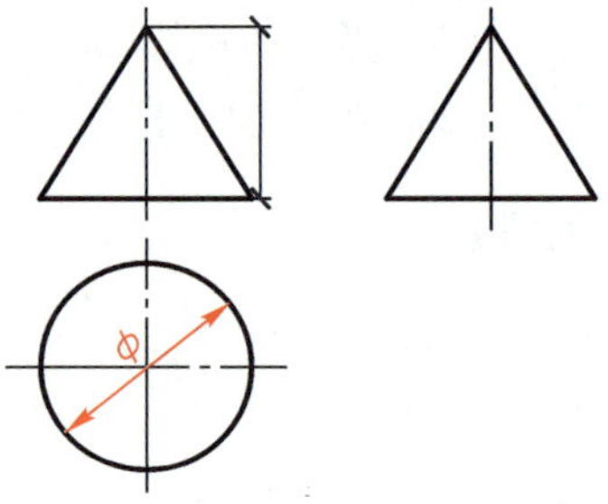
圆　台　体	球　体
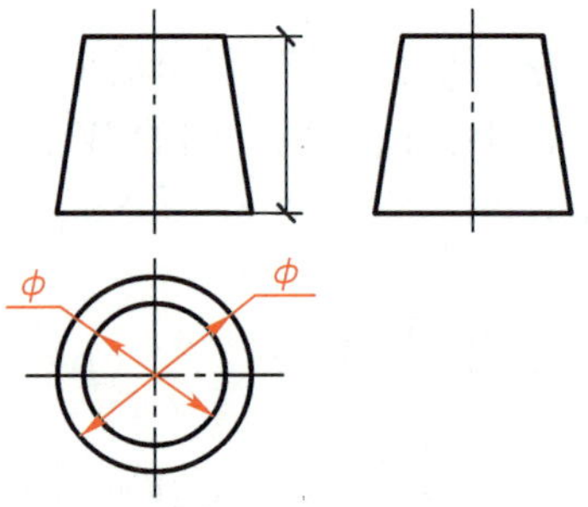	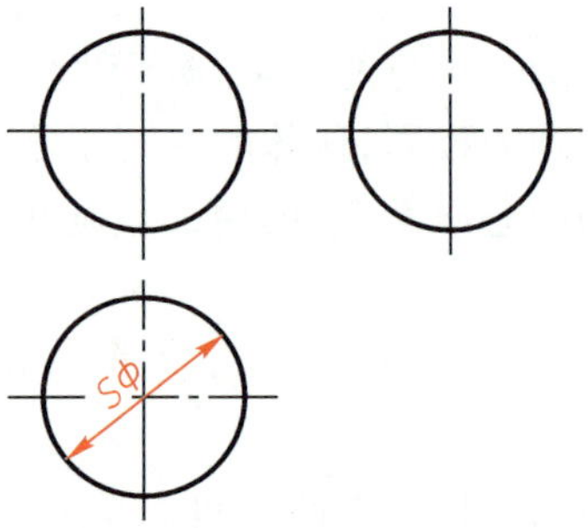

3.2.6　曲面立体表面上的点和线

在曲面立体表面上取点,与在平面立体表面上取点类似,即通过该点在曲面上作辅助

线,然后利用线上点的投影原理,作出该点的投影。具体作法是:

① 处于特殊位置的点,如圆柱和圆锥的最前、最后、最左、最右素线,底边圆周以及球体平行于三个投影面的最大圆周等位置的点,可直接利用轮廓线上求点的投影方法求得;

② 处于其他位置的点,可利用曲面立体投影的积聚性、素线法或纬圆法求得。

作曲面立体表面上线的投影时,可先作出线段首尾点及中间若干点的三面投影,再用光滑曲线连接起来即可。

曲面立体上点和线的可见性与曲面的可见性有关,可见曲面上的点和线,是可见的;否则,是不可见的。

1. 圆柱体表面的点和线

圆柱体表面上点的投影,可利用柱面的积聚投影或在圆柱面上作辅助线(素线)的方法求得,圆柱体表面上线的投影即为线上各点投影的连线(光滑连接)。

微视频

圆柱体表面的点和线

【例 3 - 8】 已知圆柱体表面上点 A 的 V 面投影 a'(图 3 - 19b),求点 A 的其他投影。

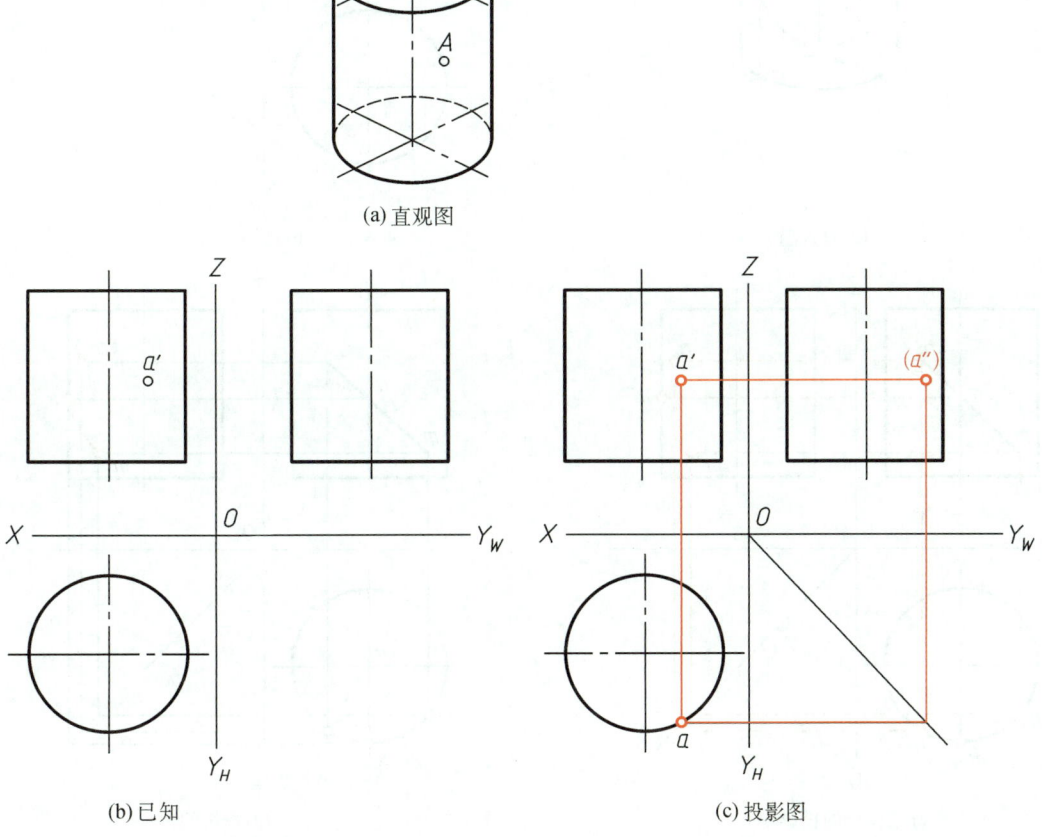

(a) 直观图

(b) 已知

(c) 投影图

图 3 - 19 圆柱体表面上点的投影

解　分析：圆柱面在 H 面投影积聚，因此点 A 的 H 面投影在该积聚投影上，又因 V 面投影可见，故在前半个圆柱面上，再根据点的投影规律求第三面投影。

作图：

(1) 过 a' 作投影连线与 H 面投影前半圆周相交于 a，即为 A 的水平投影。

(2) 由 a，a' 可求得点 A 的 W 面投影 a''（图 3 - 19c）。

【例 3 - 9】　已知圆柱体上线段 MKN 的正面投影 $m'k'n'$（图 3 - 20b），试作其另两面投影。

解　分析：利用圆柱面在 H 面投影的积聚性求出线段上各点的 H 面投影，再根据点的投影规律得到各点的 W 面投影，最后依次光滑连接其同面投影，并判别其可见性。

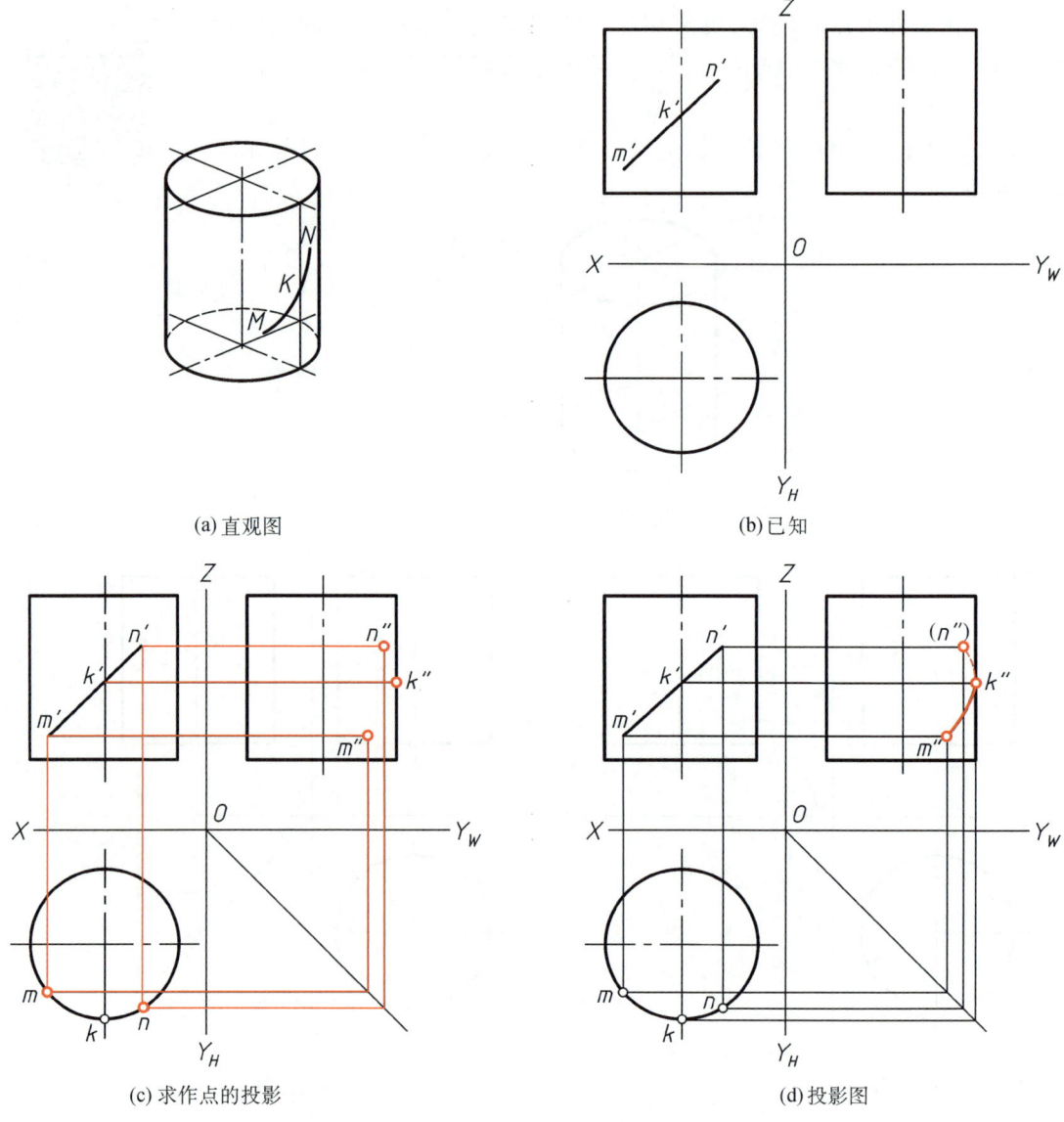

(a) 直观图　　　　　　　　　　　　　(b) 已知

(c) 求作点的投影　　　　　　　　　　(d) 投影图

图 3 - 20　圆柱体表面上线段的投影

作图：

（1）求出 M,K,N 点的 H,W 面投影 m,k,n 及 m'',k'',n''，如图 3-20c 所示。

（2）用光滑曲线将 $m''k''n''$ 连成曲线。

（3）由于点 K 在圆柱面最前的素线上，所以 k'' 为 W 面投影 $m''k''n''$ 可见与不可见部分的分界点，n'' 不可见，因此 $k''n''$ 不可见，用细虚线表示，如图 3-20d 所示。

2. 圆锥体表面的点和线

求圆锥体表面上点的投影时，由于圆锥面的三个投影都没有积聚性，因此可以利用素线法或纬圆法求得。求圆锥体表面上线的投影与求圆柱体表面上线的投影方法相同。

① 素线法。已知圆锥体上一点时，可以过该点作素线，先作出该素线的三面投影，再利用直线上点的投影求得该点的其他投影，这种方法称为素线法。

微视频

圆锥体表面的点和线

② 纬圆法。圆锥体母线上任意一点的运动轨迹称为纬圆。纬圆所在的平面垂直于轴线，所以其水平投影为圆锥底圆的同心圆，正面投影为平行于 OX 轴的直线。当已知圆锥体上一点时，可以过该点作纬圆，先作该纬圆的三面投影，再利用线上点的投影原理求该点的其他投影，这种方法称为纬圆法。

【例 3-10】 已知圆锥体表面上点 K,M 的 V 面投影 k',m'（图 3-21a），求点 K,M 的其他两面投影。

解 分析：点 M 在圆锥的最右素线上，另外两个投影在该素线的同面投影上，可直接求得。点 K 在圆锥的一般位置上，另两个投影可用素线法或纬圆法求得。

方法一：素线法作图（图 3-21b）。

（1）连接 $s'k'$，交底圆于 e'，$s'e'$ 即为过点 K 素线 SE 的正面投影，作 SE 的另两个投影 $se,s''e''$。

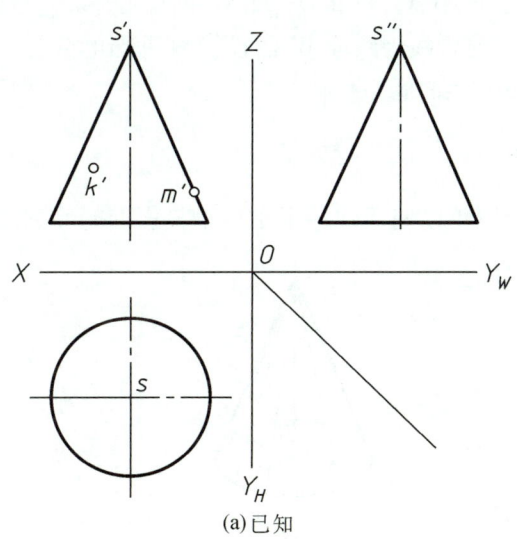

(a) 已知

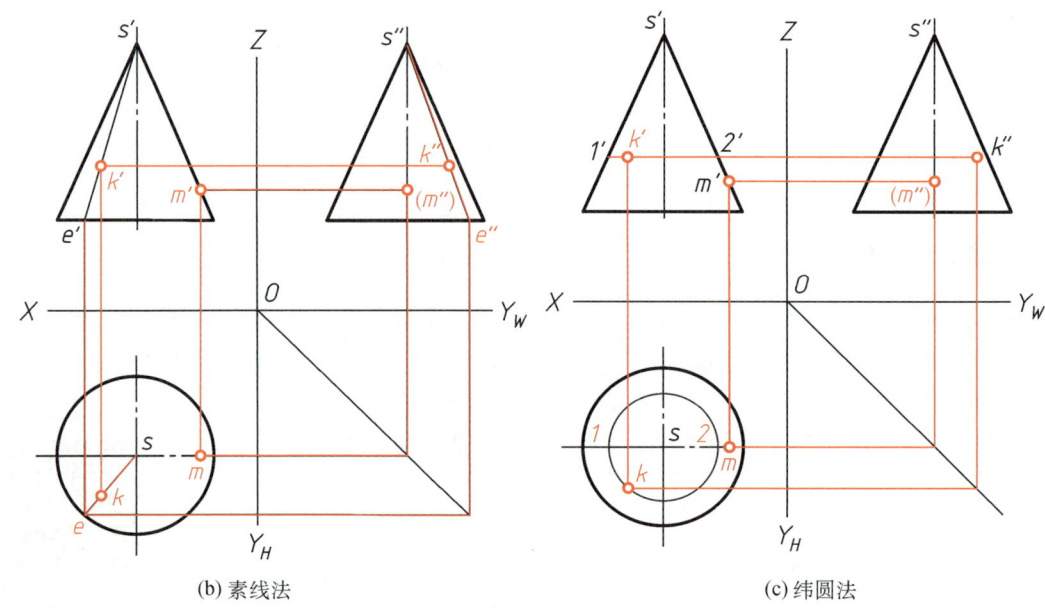

(b) 素线法   (c) 纬圆法

图 3 - 21 圆锥体表面上点的投影

(2) 根据直线上点的投影原理,由 k' 求出 k 和 k'',同理可求 m,m''。

方法二:纬圆法作图(3 - 21c)。

(1) 过 k' 作一水平线与圆锥面 V 面投影的两轮廓线分别交于 $1'$ 和 $2'$,$1'2'$ 即为纬圆的 V 面投影。然后在 H 面上以 s 为圆心,$1'2'$ 为直径作圆,即得纬圆的 H 面投影。自 k' 向下引垂线,与纬圆的 H 面投影相交于 k(因为 k' 为可见点,所以 k 位于纬圆的前半部)。

(2) 根据 k' 和 k,即可求得 k'',由 m' 亦可求出 m,m'',判断 m'' 为不可见点。

【例 3 - 11】 已知圆锥体上线段 $ABCD$ 的 V 面投影(图 3 - 22b),求其另两面投影。

解 利用素线法求出 A,B,C,D 的 H 和 W 面的投影,再依次光滑连接其同面投影 $abcd$ 和 $a''b''c''d''$,以圆锥最前素线为线段 W 面投影可见性的分界,如图 3 - 22c 所示,$a''b''c''$ 段为可见,$c''d''$ 段为不可见,用细虚线表示。

3. 球体表面的点和线

球体表面上点和线投影可以利用球面上平行于投影面的纬圆法求得。

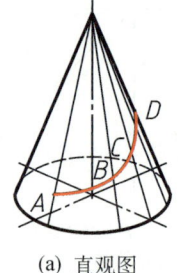

(a) 直观图

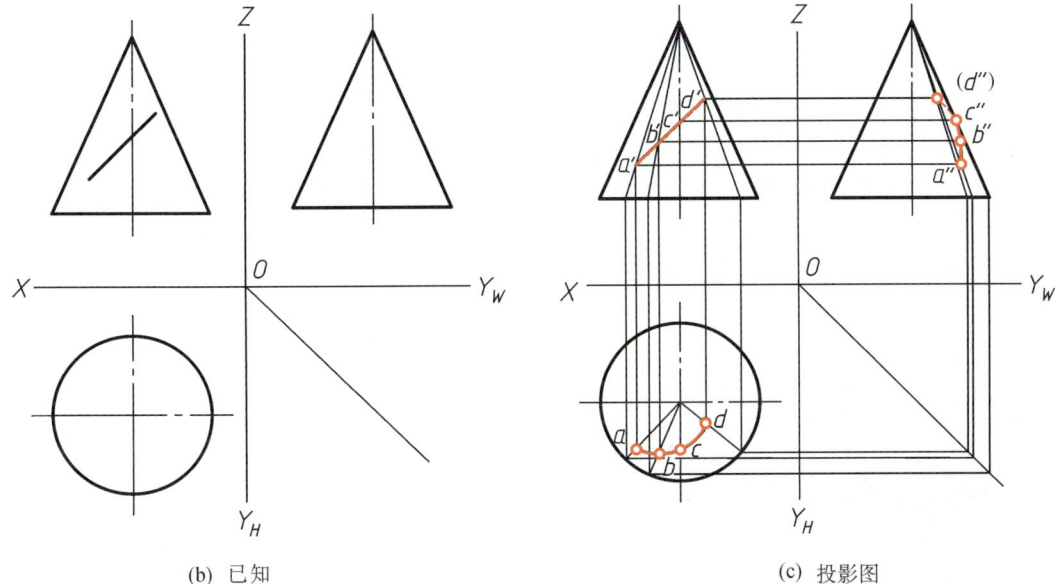

(b) 已知　　　　　　　　　(c) 投影图

图 3 - 22 圆锥体表面上线段的投影

【例 3 - 12】 已知球体表面上点 A 和 B 的 V 面投影(图 3 - 23a)，求其另两面投影。

解 分析：点 B 在赤道圆周上，其另两个投影仍在该圆周的同面投影上，可直接求得；点 A 在一般位置上，可利用纬圆法求另两个投影。

作图：

(1) 过 a′作水平线交圆周于 1′2′，即为纬圆的 V 面投影；以 1′2′ 为直径在 H 面上作球体投影最大水平圆的同心圆，即为纬圆的 H 面投影，如图 3 - 23b 所示。

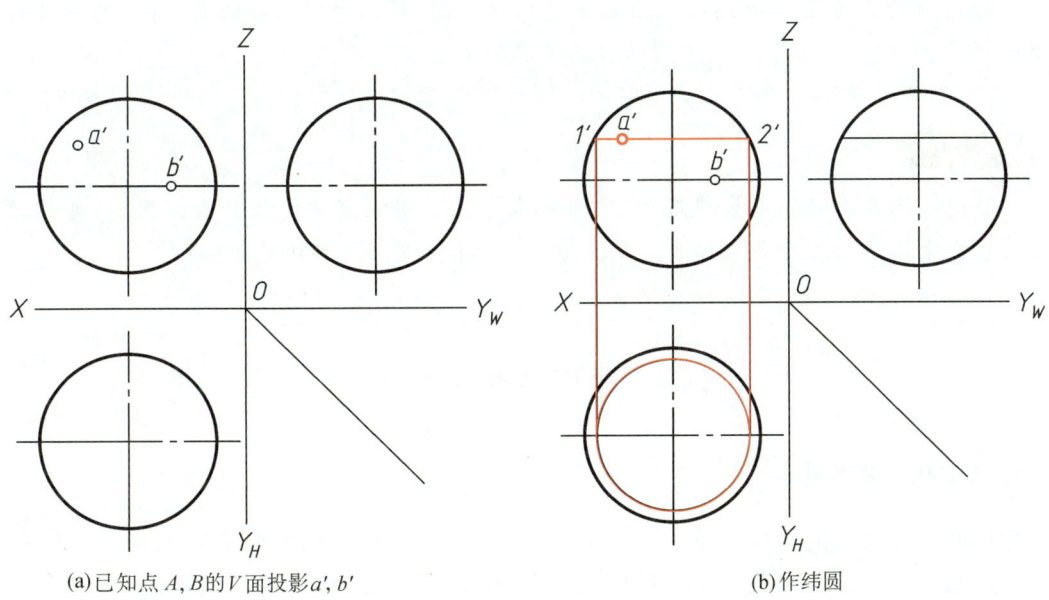

(a)已知点 A,B的V面投影a′, b′　　　　　　　(b)作纬圆

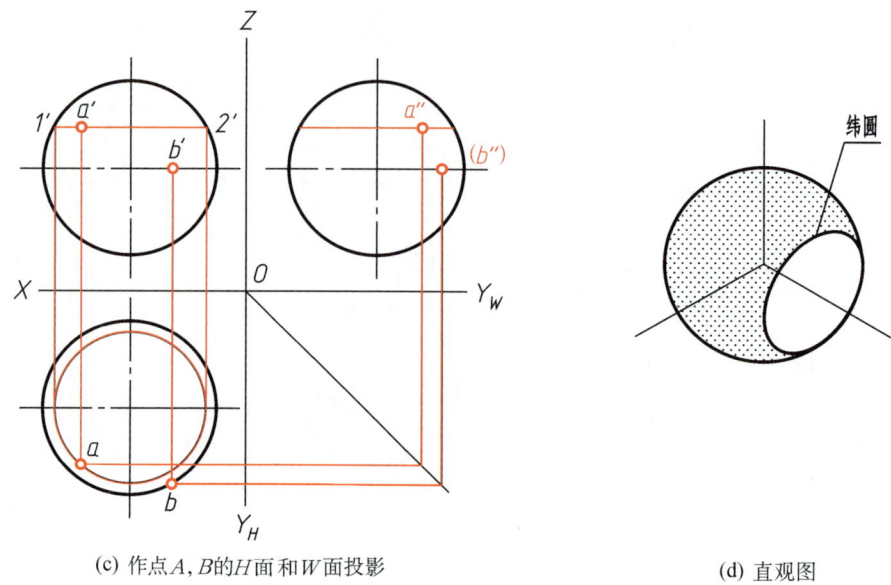

(c) 作点 A, B 的 H 面和 W 面投影　　　　　　　(d) 直观图

图 3-23　球体表面上点的投影

（2）过 a' 引垂线，与纬圆的 H 面投影交于 a（因为 a' 为可见点，故 a 位于纬圆的前半部），如图 3-23c 所示。

（3）根据 a'，a 求得 a''，根据 b' 直接求得 b 和 b''，如图 3-23c 所示。

（4）由于点 A 位于前上左四分之一球面上，故其 H，W 面投影 a，a'' 均可见；点 B 位于赤道圆的前右部分，故其 H 面投影 b 可见，而 W 面投影 b'' 不可见。

> **提示：**
>
> 　　按同样的方法在 a' 处还可以用正平圆作辅助圆，用侧平圆作辅助圆，得到的结果都是一样的。

课堂实作

　　分组实测或者目测学校建筑物，作为基本立体。根据测试的结果作投影图，并将建筑物表面上的附着物作为立体表面的点和线，以此作这些点和线的投影。

3.2.7　曲面立体的截交线

1. 截交线的基本特点

　　根据曲面体表面的性质以及平面与曲面体的相对位置不同，平面切割曲面立体的截交线一般是封闭的平面曲线或由平面曲线与直线组成的平面图形。截交线上的每一点，都是截平面与曲面体表面上的公有点。

2. 截交线的求法

求曲面立体截交点(公有点)和截交线,可通过素线法和纬圆法求出若干个公有点,依次连接成光滑曲线得曲面立体的截交线。

曲面立体截交线的可见性与曲面体表面的可见性有关,位于可见曲面上的截交线是可见的;反之,则不可见。

可见与不可见部分的分界点,为曲面最外轮廓线上的截交点。

3. 圆柱体的截交线

由于截平面与圆柱体轴线相对位置不同,圆柱体的截交线有椭圆、圆、矩形三种形状,见表 3－3。

表 3－3　圆柱上的截交线

截平面位置	倾斜于圆柱轴线	垂直于圆柱轴线	平行于圆柱轴线
截交线形状	椭圆	圆	矩形
直观图	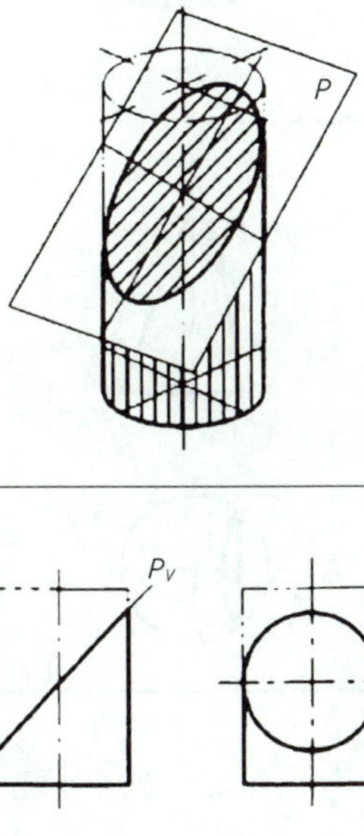	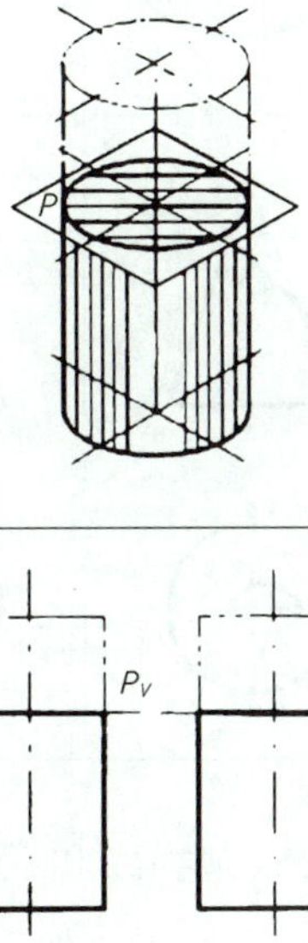	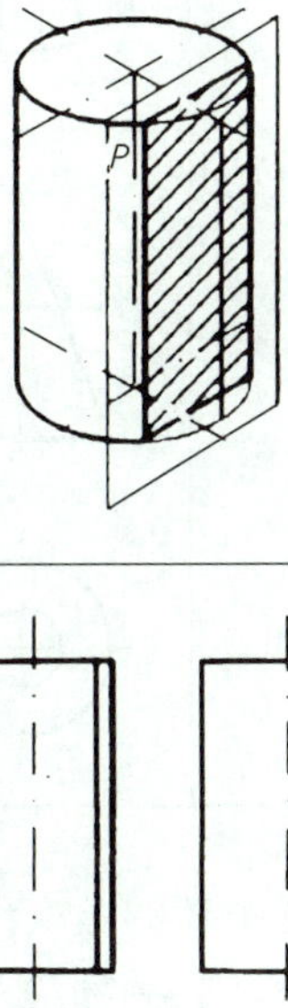
投影图	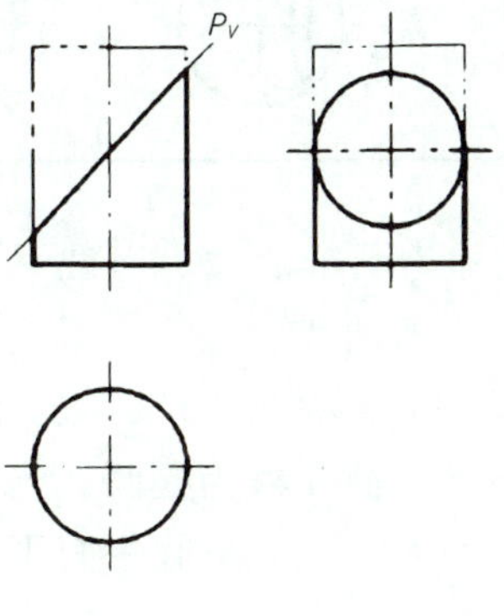	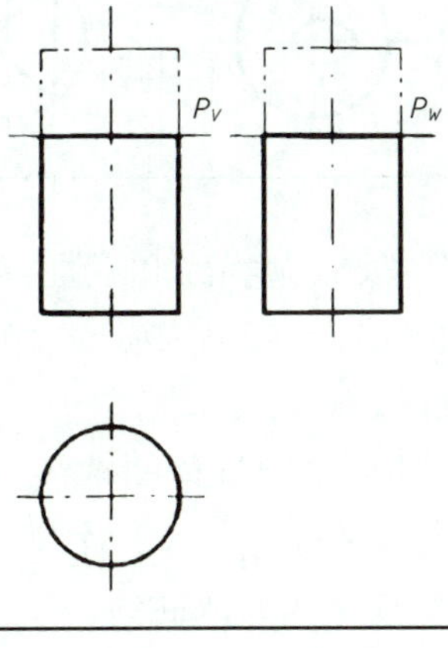	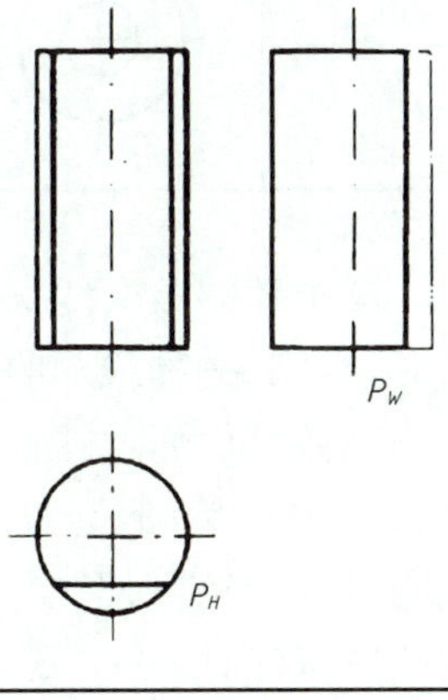

当截平面倾斜于圆柱体的轴线时,截交线必为椭圆,其短轴长度等于圆柱的直径,长轴的长度随着截平面轴线的倾角不同而变化。当截平面垂直于圆柱体的轴线时,截交线为圆。当截平面平行于(或通过)圆柱体的线时,截交线为矩形。

4.圆锥体的截交线

由于截平面与圆锥体轴线相对位置不同,圆锥体截交线有三角形、圆、椭圆、抛物线和双曲线等五种形状,见表 3－4。

表 3－4　圆锥上的截交线

截平面位置	垂直于圆锥轴线	与锥面上所有素线相交 $(\alpha < \varphi < 90°)$	平行于圆锥面上一条素线 $(\varphi = \alpha)$	平行于圆锥面上两条素线 $(0 \leqslant \varphi < \alpha)$	通过圆锥顶点
截交线形状	圆	椭圆	抛物线	双曲线	三角形
直观图					
投影图					

圆锥体的截交线——圆、椭圆、抛物线和双曲线,统称为圆锥曲线。当截平面倾于投影面时,椭圆、抛物线双曲线的投影,一般仍为椭圆、抛物线和双曲线。

当截平面通过圆锥顶点时,截交线为三角形。当截平面垂直于圆锥体的轴线时 $(\varphi = 90)$,截交线为圆。当截平面倾斜于圆锥体的轴线 $(\varphi > \alpha)$,截交线为椭圆。当截平面倾斜于圆锥体的轴线,但与一条素线平行 $(\varphi = \alpha)$ 时,截交线为抛物线。当截平面平行于圆锥体的两条素线时 $(0 \leqslant \varphi < \alpha)$,截交线为双曲线。

5. 球体的截交线

平面切割球体时,不论截平面的位置如何,截交线都是圆。当截平面平行于投影面时,截交线在该面上的投影,反映圆的实形;当截平面倾斜于投影面时,则在该面上的投影为椭圆。

3.3 基本体轴测投影

3.3.1 轴测投影基本知识

1. 轴测投影的形成

如图 3-24 所示,将物体放置于两个相互垂直的投影面之间,用两组分别垂直于各投影面的平行投射线进行投影而得到的 V 面投影和 H 面投影,能准确表达建筑形体一个方向面的形状和大小,但缺乏立体感。

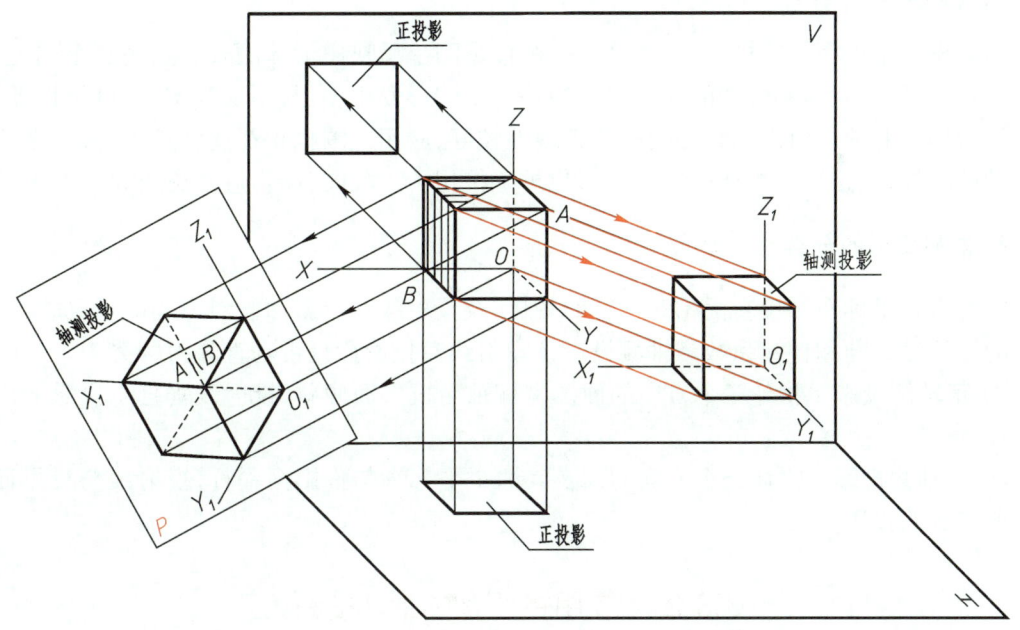

图 3-24 正方体的正投影和轴测投影

若仍用平行投影的方法,但改变形体对投影面的相对位置,或者改变投射线的方向,则能得到富有立体感的平行投影。如图 3-24 所示,假设有一个投影面 P,同时倾斜于物体的长、宽、高三个向度,然后沿垂直于 P 面的方向作投射,所得到的投影图就能反映形体三个向度的情况。如果形体与 V 面的相对位置关系不变,而投射线方向与 V 面倾斜成一定角度,所得的投影图也能反映出形体三个向度的情况。这种将物体连同确定它在空间位置的直角坐标轴(OX,OY,OZ)一起,沿着不平行于这三条坐标轴和由这三条坐标轴组成的任一坐标面的方向投射到一个投影面(称为轴测投影面)上,所得到投影叫轴测投影。应用轴测投影的方法绘制的投影图,称为轴测投影图,简称轴测图。

在轴测投影中,三个坐标轴 OX,OY,OZ 的轴测投影 O_1X_1,O_1Y_1,O_1Z_1 称为轴测投影轴,简称轴测轴。两相邻轴测轴之间的夹角 $\angle X_1O_1Z_1$,$\angle X_1O_1Y_1$,$\angle Y_1O_1Z_1$ 称为轴间角。轴测轴上某段长度与它的实长之比称为该轴的轴向伸缩系数。X,Y,Z 三个方向的轴向伸缩系数分别用 p,q,r 表示。

2. 轴测投影的特性

轴测投影图是根据平行投影原理作出的一种立体图,因此它必定具有平行投影的一切特性。

① 空间平行直线的轴测投影仍然相互平行。因此,形体上平行于三个坐标轴的线段,其轴测投影都分别平行于相应的轴测轴。

② 空间平行两直线段长度之比,等于它的轴测投影的长度之比。因此,只有与坐标轴平行的线段,才会与轴测轴发生相同的变形,其长度才会按伸缩系数 p,q,r 来确定和测量,这即是"轴测"的含义。

3. 轴测投影的优缺点和用途

轴测投影是单面平行投影,也就是在一个投影图上反映出形体的长、宽、高三个向度,因此具有直观易懂、立体感较强的优点。它的缺点是图形发生变形,不反映实长,度量性差,且比正投影作图麻烦。但由于轴测投影的直观性较好,应用范围也正在逐渐扩大,其主要用途包括辅助图样,表达局部构造。轴测投影也可直接用于工程图,如管道系统图等。

4. 轴测投影的分类

空间直角坐标系对投影面相对位置的变化,及投射线对投影面倾斜方向的不同,会产生不同的轴测轴方向和伸缩系数。轴测投影按投射线对投影面是否垂直分为两类。

① 正轴测投影。物体三个方向的面及坐标轴与投影面倾斜,投射线垂直于投影面所得到的投影。

② 斜轴测投影。物体一个方向的面及其两个坐标轴与投影面平行,投射线与投影面倾斜于所得到的投影。

3.3.2　常用的几种轴测投影

1. 正等轴测投影

当确定形体空间位置的三个坐标轴与轴测投影面的倾角相等,投射线与轴测投影面垂直时,所得到的轴测投影称为正等轴测投影,简称正等测图,如图3-25所示。

由于三个直角坐标轴与轴测投影面夹角相等,因此三个轴间角相等,均为120°,三个轴向伸缩系数均约等于0.82。为了作图方便,取 $p=q=r=1$,称为简化伸缩系数。用简化伸缩系数作出的轴测投影图比实际轴测投影沿轴向分别放大了1.22倍。

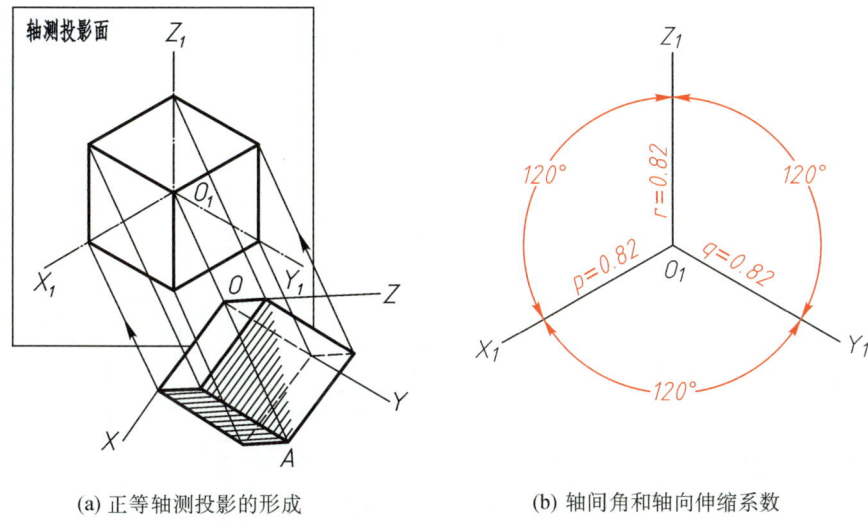

(a) 正等轴测投影的形成　　　　　　　(b) 轴间角和轴向伸缩系数

图 3 - 25　正等轴测投影

2. 斜二等轴测投影

当确定形体空间位置的直角坐标轴 OX 和 OZ 与轴测投影面平行,投射线与轴测投影面倾斜成一定的角度时,所得到的轴测投影称为正面斜二等轴测投影,简称斜二轴测图,如图 3 - 26 所示。

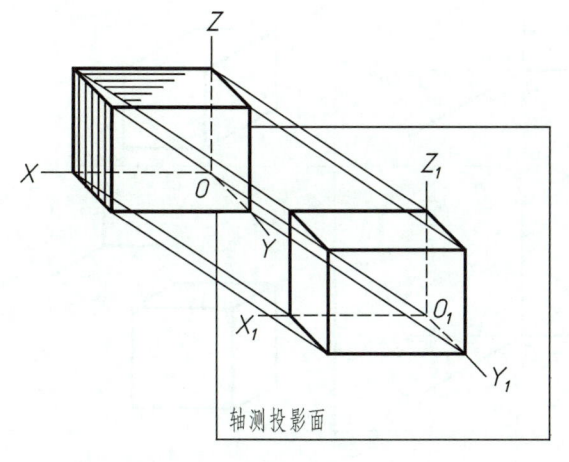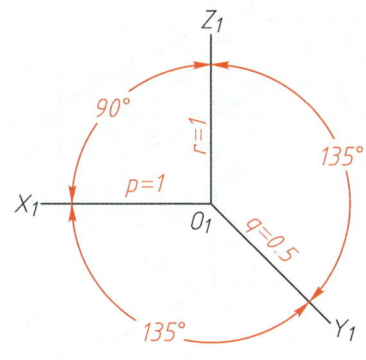

(a) 斜二等轴测投影的形成　　　　　　(b) 斜二等轴测投影的轴间角和轴向伸缩系数

图 3 - 26　斜二等轴测投影

斜二轴测图的轴间角 $\angle X_1 O_1 Z_1 = 90°$,$\angle X_1 O_1 Y_1$ 和 $\angle Y_1 O_1 Z_1$ 常取 135°。由于 OX 与 OZ 平行于轴测投影面,因此其轴测投影沿 $O_1 X_1$ 与 $O_1 Z_1$ 轴的长度不发生变化,即 $p = r = 1, q = 0.5$。

常用的几种轴测投影见表 3-5。

表 3-5　常用的几种轴测投影

种类	轴间角和轴向伸缩系数	轴测轴画法	正方体的投影
正等轴测图			
正面斜二等轴测图			
水平斜等轴测图			

3.3.3 基本体轴测投影的画法

基本体轴测投影的绘制方法主要采用坐标法,即根据形体表面上各点的坐标,画出各点的轴测图,然后依次连接各点,就得到该形体的轴测图。

平面立体轴测图画法如下:

① 读懂正投影图,并确定原点和坐标轴的位置;

② 选择轴测图种类,画轴测轴;

③ 作出各顶点的轴测投影;

④ 连接各顶点,完成轴测图。

1. 正等轴测图

确定正等测轴测轴时,将 O_1Z_1 轴画成铅垂位置,再用丁字尺画一条水平线,在其下方用 $30°$ 三角板作出 O_1X_1 轴和 O_1Y_1 轴,如图 3 – 27 所示。画正等测时,三个轴测轴的轴向伸缩系数均是 1,即按实长量取。

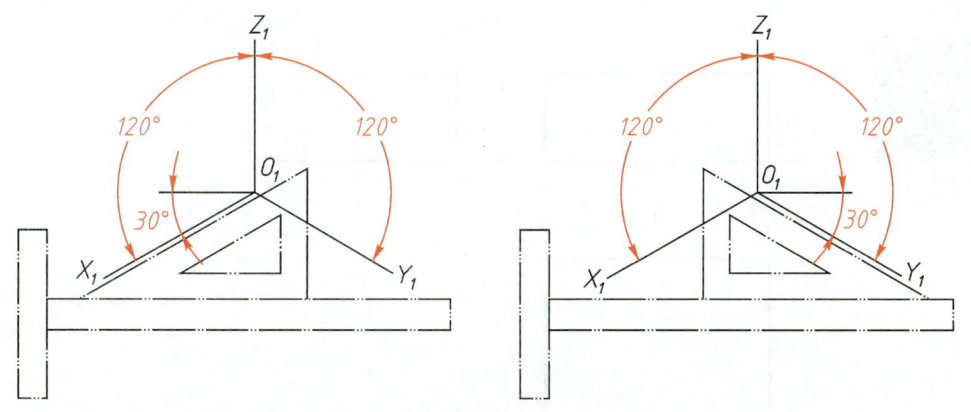

图 3 – 27　正等测轴测轴的画法

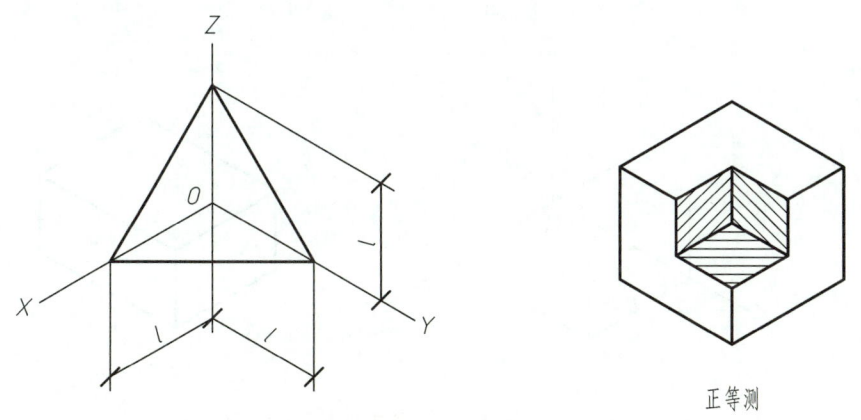

正等测

图 3 – 28　轴测图断面图例线画法

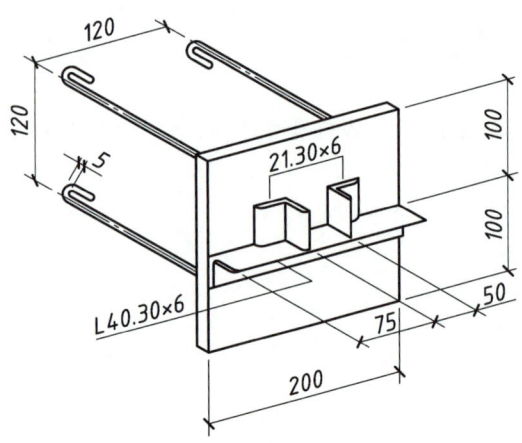

图 3-29　轴测图线性尺寸的标注方法

轴测图的可见轮廓线宜用中实线绘制，断面轮廓线宜用细实线绘制。不可见轮廓线一般不绘出，必要时，可用细虚线绘出所需表达的部分。

轴测图的断面上应画出材料图例线，图例线应按其断面所在坐标面的轴测方向绘制。如以 45°斜线为材料图例线时，应按图 3-28 的规定绘制。

轴测图线性尺寸应标注在各自所在的坐标面内，尺寸线应与被注长度平行，尺寸界线应平行于相应的轴测轴，尺寸数字的方向应平行于尺寸线。出现字头向下倾斜时，应将尺寸线断开，在尺寸线断开处水平方向注写尺寸数字。轴测图线性尺寸的标注方法如图 3-29 所示。

【例 3-13】 根据正投影图(图 3-30a)，作长方体的正等轴测图。

微视频

正等轴测图的画法

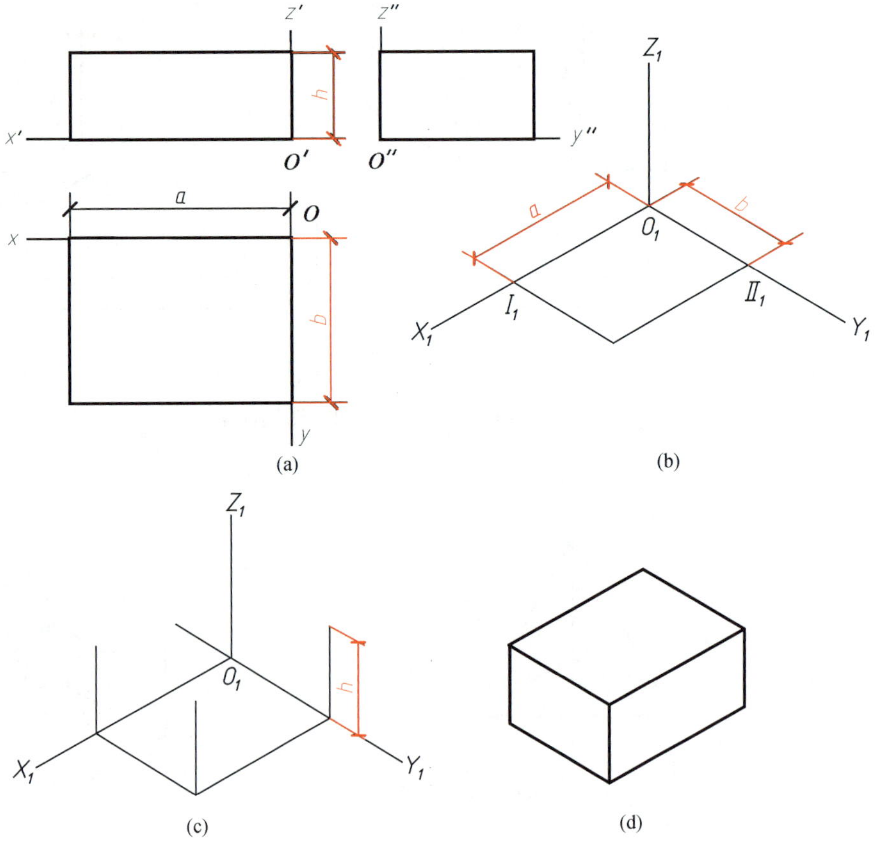

图 3-30　长方体正等轴测图的画法

解 （1）在正投影图上定出原点和坐标轴的位置。

（2）画轴测轴，并在 O_1X_1 轴和 O_1Y_1 轴上分别量取 a 和 b，过 I_1，II_1 作 O_1Y_1 轴和 O_1X_1 轴的平行线，得长方体底面的轴测图，如图 3-30b 所示。

（3）过底面各顶点作 O_1Z_1 轴的平行线，量取高度 h，得长方体顶面各顶点的轴测投影，如图 3-30c 所示。

（4）连接各顶点，擦去多余的线并描深，即得长方体的正等轴测图，如图 3-30d 所示。

【例 3-14】 根据正投影图（图 3-31a），作四坡房屋的正等轴测图。

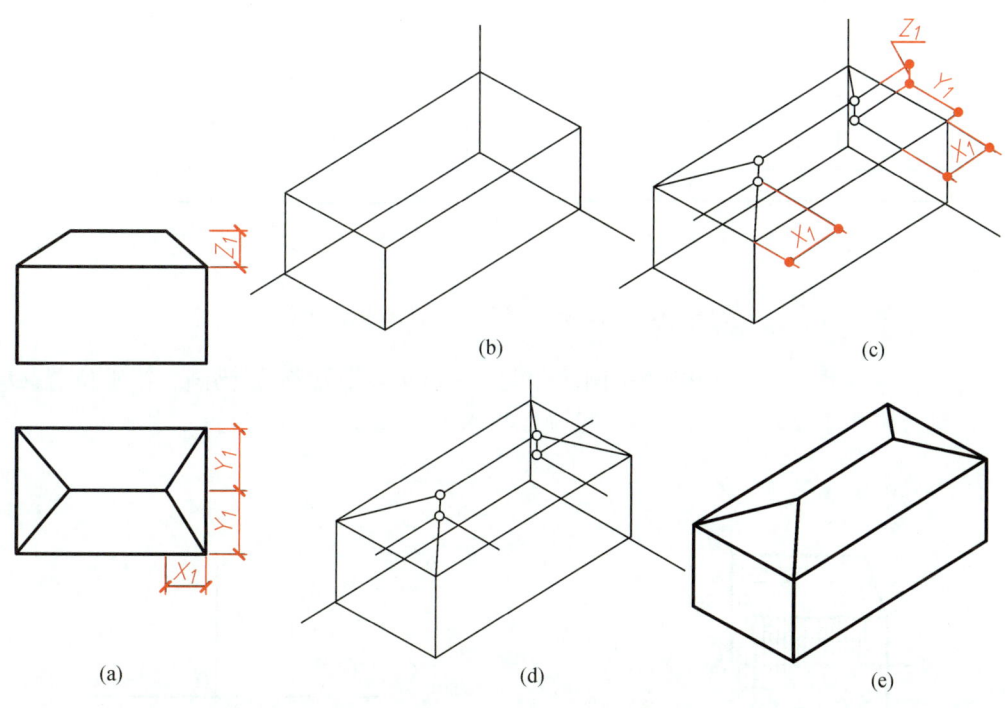

图 3-31　用坐标法画正等轴测图

解　分析：该四坡房屋可分为上、下两个部分，即下部的四棱柱（墙身）和上部倾斜表面的屋顶。

作图：

（1）作下部四棱柱的轴测图，如图 3-31b 所示。

（2）在四棱柱上表面，沿轴向分别量取 X_1 和 Y_1 得交点，过交点作垂线，在垂线上量取 Z_1，如图 3-31c 所示。

（3）连中央脊线和四条斜脊线，如图 3-31d 所示。

（4）擦去多余图线，加深即得四坡房屋的正等轴测图，如图 3-31e 所示。

2. 斜轴测图

斜轴测图主要有正面斜二等轴测图和水平斜等轴测图两种。

正面斜二等轴测图轴测轴的画法如图 3-32 所示。将 O_1Z_1 轴画成铅垂位置，O_1X_1 轴画成水平位置，O_1Y_1 轴用丁字尺配合 45°三角板画成与水平线成 45°位置。

画正面斜二等轴测图的方法与画正等轴测图方法基本相同，但应注意 O_1Y_1 轴的伸缩系数为 0.5。

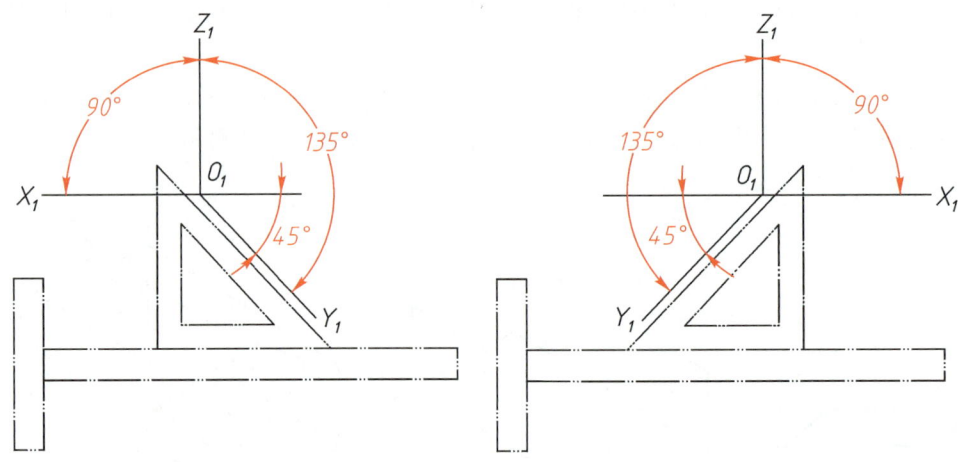

图 3 - 32　正面斜二等轴测图轴测轴的画法

水平斜等轴测图的形成和轴测轴画法如图 3 - 33 所示，O_1Z_1 轴仍画成铅垂位置，O_1X_1 和 O_1Y_1 轴分别用丁字尺配合 30°三角板画成与水平线成 30°和 60°位置。

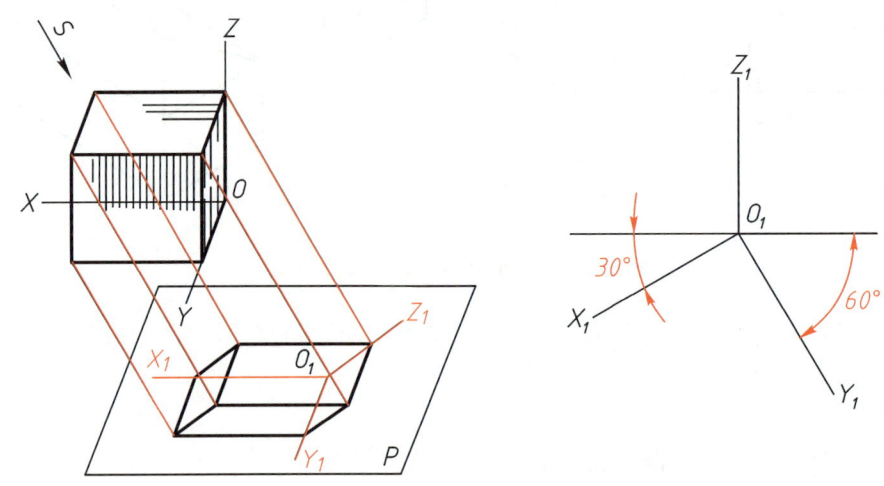

图 3 - 33　水平斜等轴测图的形成和轴测轴画法

微视频

正面斜二等
轴测图的画法

画水平斜等轴测图时，其三个轴的伸缩系数均为 1。这种水平斜等轴测图，常用于绘制建筑小区的总体规划图。作图时只需将小区总平面图转动一个角度（30°），然后在各建筑平面的转角处画垂线，再量出各建筑物的高度，即可得小区规划图，如图 3 - 34 所示。

【例 3 - 15】　根据台阶的正投影图（图 3 - 35a），作它的正面斜二等轴测图。

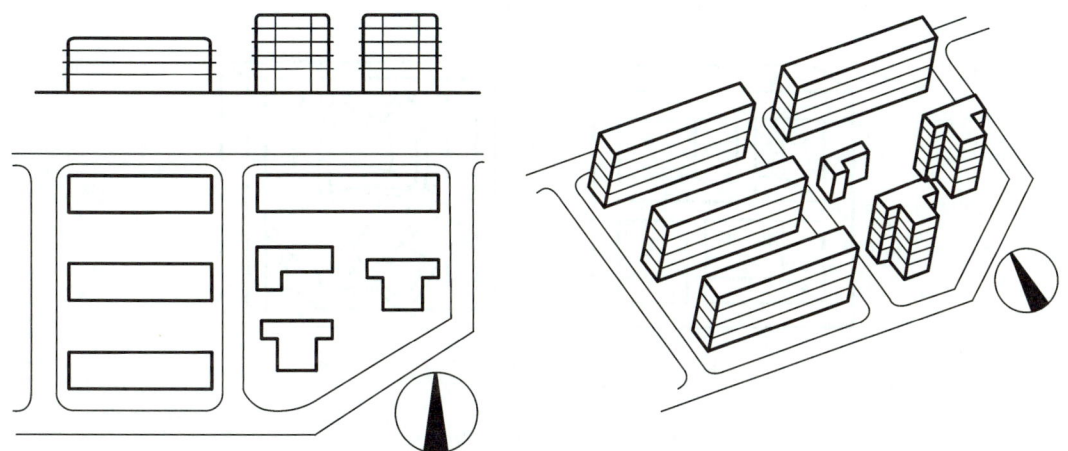

图 3-34 建筑小区的水平斜等轴测图

解 分析：利用正面斜二等轴测图中 OX 和 OZ 轴不发生伸缩的特点，将形体轮廓比较复杂或有特征的那个面放在与轴测投影面平行的位置，作图比较方便。

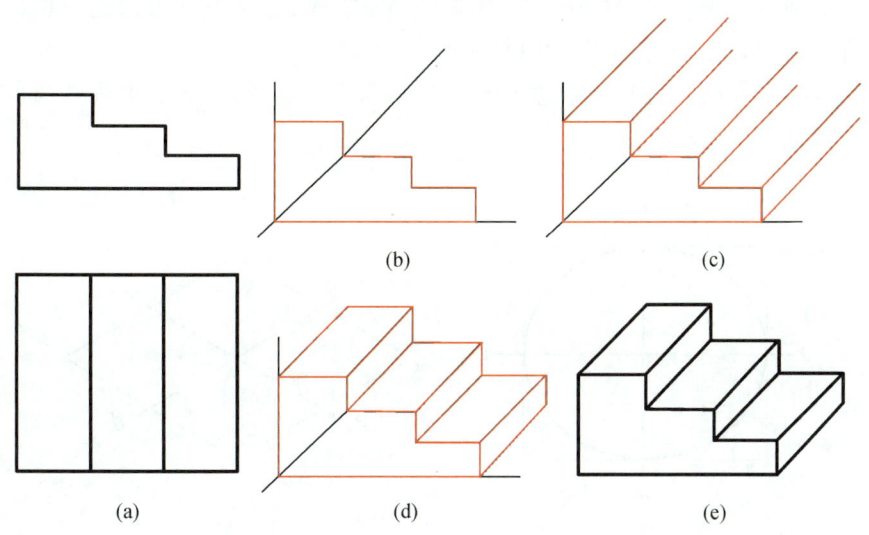

图 3-35 正面斜二等轴测图画法

作图：

（1）画轴测轴，并按正投影中的 V 面投影作出台阶侧面的轴测图，如图 3-35b 所示。

（2）过台阶侧面轮廓线的各转折点，作 45°斜线，如图 3-35c 所示。

（3）按轴向伸缩系数量取，并连接各端点，如图 3-35d 所示。

（4）擦去多余线条，加深图线，完成全图，如图 3-35e 所示。

利用正面斜二等轴测图中有一个面不发生变形的特点来画轴测图，绘制方法比较简便,故在绘制工程管道系统和小型建筑装饰构件时常采用正面斜二等轴测图,如图3-36所示。

图3-36　预制混凝土花饰的正面斜二等轴测图

3.曲面立体的轴测图画法

作曲面体的轴测投影,首先要掌握平面上圆的轴测投影画法。根据正投影原理,当圆所在的平面平行于投影面时,它在该投影面上的投影仍为圆,而当圆所在的平面倾斜于投影面时,它在该投影面上的投影为椭圆。在轴测投影中,除斜二等轴测投影中一个面不发生变形外,一般情况下圆的轴测投影是椭圆。作圆的轴测投影时,通常先作出圆的外切正四边形的轴测投影,再在其中作出圆的轴测投影(椭圆)。

平行于坐标面的圆,其外切正四边形的正等轴测图为菱形,在菱形中画椭圆可用近似画法——四心法作图(图3-37)。

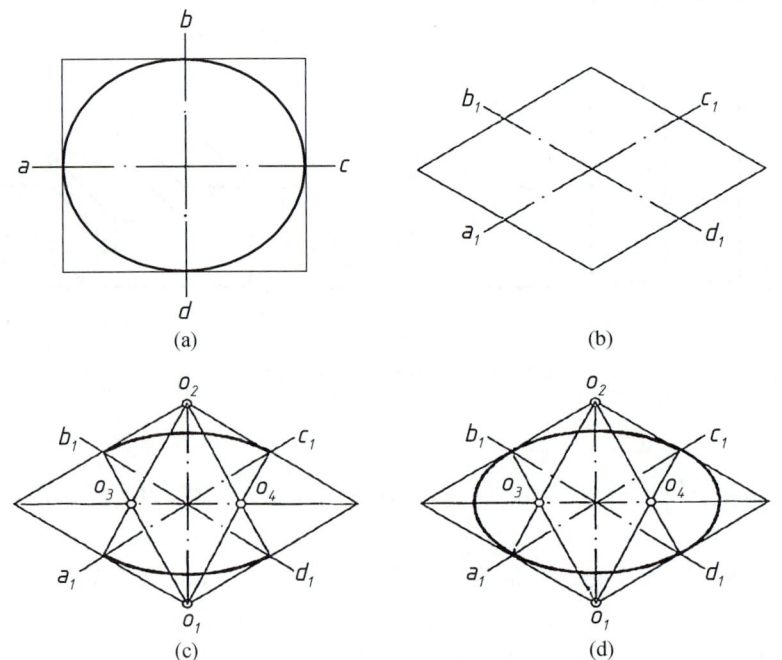

图3-37　正等轴测图中椭圆的近似画法

图 3－38a 为三个方向圆的正等轴测图。图 3－38b 为三个方向圆的斜轴测图。掌握了平面上圆的轴测图画法,就可以作简单曲面体的轴测图。

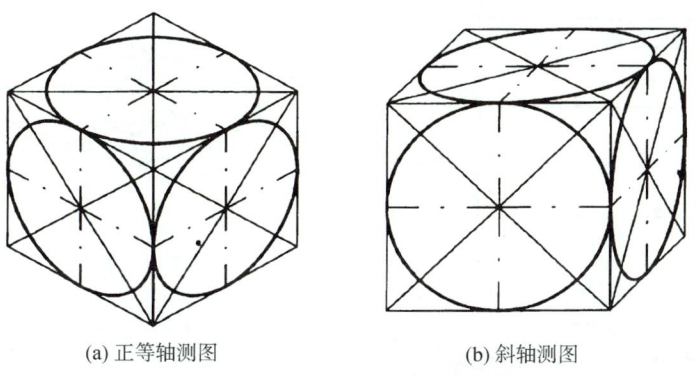

(a) 正等轴测图　　　　　　　　(b) 斜轴测图

图 3－38　三个方向圆的轴测图

【例 3－16】　根据正投影(图 3－39a),作圆柱体的正等轴测图。

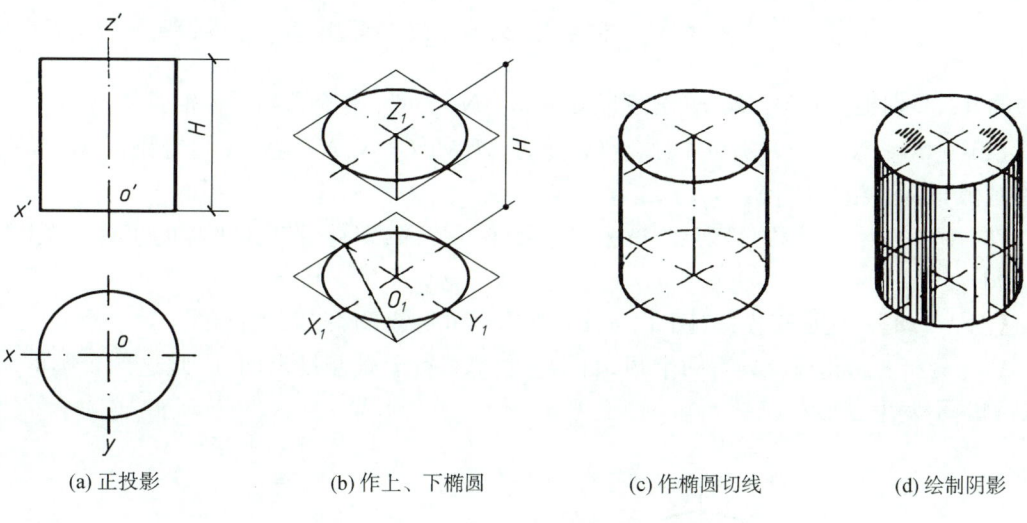

(a) 正投影　　　　(b) 作上、下椭圆　　　(c) 作椭圆切线　　　(d) 绘制阴影

图 3－39　圆柱体的正等轴测图画法

解　分析:圆柱体轴测图,可先作上、下底面圆的轴测图,然后再作轮廓素线。作图:

(1) 作上下底圆的轴测图(椭圆)(图 3－39b)。

(2) 作两椭圆的最左、最右切线,即为圆柱正等轴测图的轮廓线(图 3－39c)。

(3) 擦去多余线条,加深图线并绘制阴影(图 3－39d)。

【例 3－17】　根据正投影(图 3－40a),作带圆角平板的正等轴测图。

解　分析:圆角为四分之一圆周,作图时不必画出整个圆的轴测图,可根据画圆的正等轴测图原理,直接定出圆心,画出相应的圆弧。

作图:

(1) 作平板的轴测图,由角点沿两边分别量取圆角半径 R 得点 I_1、II_1、III_1、IV_1,过各点作所

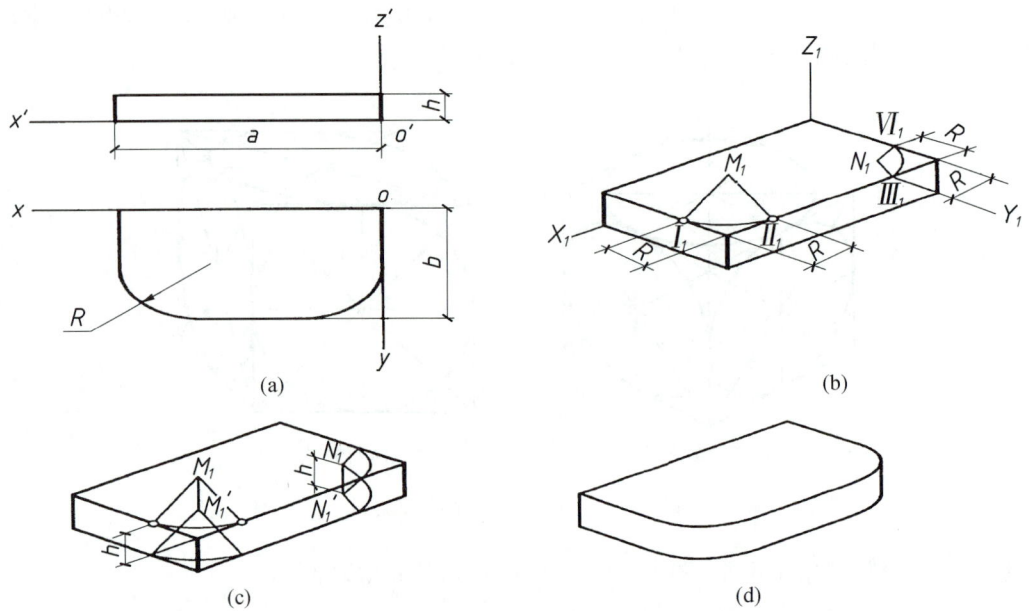

图 3 - 40　带圆角平板的正等轴测图画法

在边的垂线分别相交于 M_1、N_1，再分别以交点 M_1、N_1 为圆心作圆弧与两边相切(图 3 - 40b)。

(2) 过 M_1、N_1 沿 O_1Z_1 方向作直线，量取 $M_1M_1'(=N_1N_1'=h)$，再分别以 M、N 为圆心作圆弧与两边相切(图 3 - 40c)。

(3) 作右边上、下两圆弧切线，擦去多余线条并描深，即得带圆角平板的正等轴测图(图 3 - 40d)。

【例 3 - 18】　根据正投影(图 3 - 41a)，作带通孔圆台的斜二等轴测图。

解　分析：通孔圆台具有四个圆，由于它们都平行于轴测投影面，因此这四个圆的斜二等轴测图不发生变形。

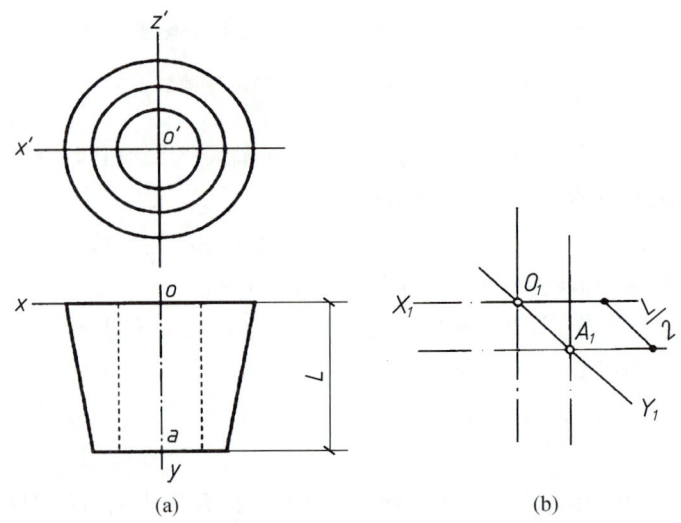

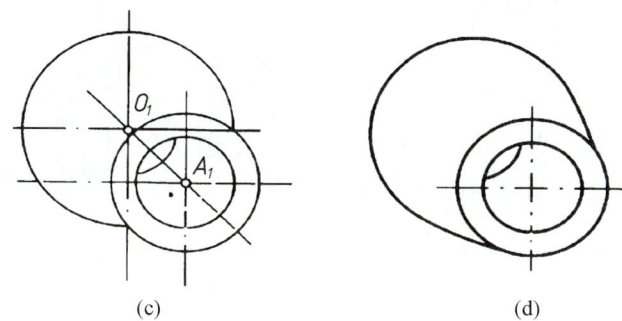

(c)　　　　　　　　　　　(d)

图 3 - 41　带通孔圆台的斜二等轴测图

(1) 画轴测轴,在 O_1Y_1 轴上取 $O_1A_1 = L/2$(图 3 - 41b)。

(2) 分别以 O_1、A_1 为圆心,以相应半径的实长为半径画两底圆及圆孔(图 3 - 41c)。

(3) 作两底圆公切线,擦去多余线并加深,完成全图(图 3 - 41d)。

3.4　组合体的投影

日常生活中见到的建筑物或其他工程形体,都是由简单的基本形体组成的。由基本形体组合而成的立体称为组合体。

3.4.1　组合体投影图的画法

1. 组合体的组合形式

从空间形态看,组合体一般比较复杂。但是,仔细分析后,发现它们都存在一定的构成规律,大致上可以归纳为下列 3 种。

(1) 叠加式

叠加式组合体可以看作是由若干个基本形体堆砌或拼合而成的,如图 3 - 42a 所示。

(2) 切割式

切割式组合体可看作是由一个基本形体切除了某些部分而成的,如图 3 - 42b 所示。

(3) 混合式

混合式组合体既有叠加又有切割,如图 3 - 42c 所示。

2. 组合体表面的连接关系

组合体由基本形体组合而成,而它们之间由于相对位置关系的不同,必然带来各基本体表面间连接形式的多样。弄清这些表面的连接关系,对于完整、准确地绘制组合体投影图十分重要,同时也是识读的基础。各基本形体表面间的连接关系,一般有表面平齐、相错、相交和相切等。

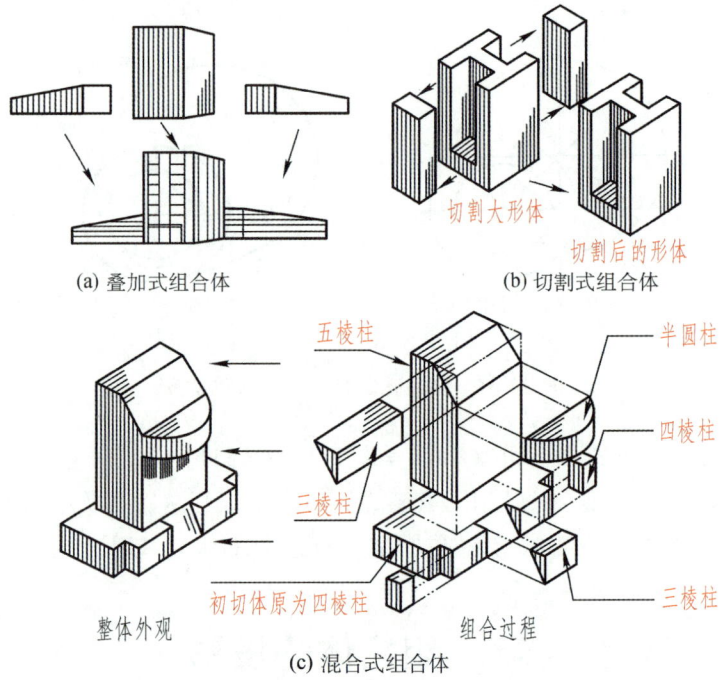

(a) 叠加式组合体　　　(b) 切割式组合体

(c) 混合式组合体

图 3 - 42　组合体的组合形式

（1）表面平齐与相错

如图 3 - 43 所示为上、下两个四棱柱的组合体。如图 3 - 43a 所示，两个四棱柱前表面结合以后表面平齐，称为共面，正投影图中此处不画线；如图 3 - 43b 所示，两个四棱柱前表面结合以后表面相错，正投影图中此处必须画线。

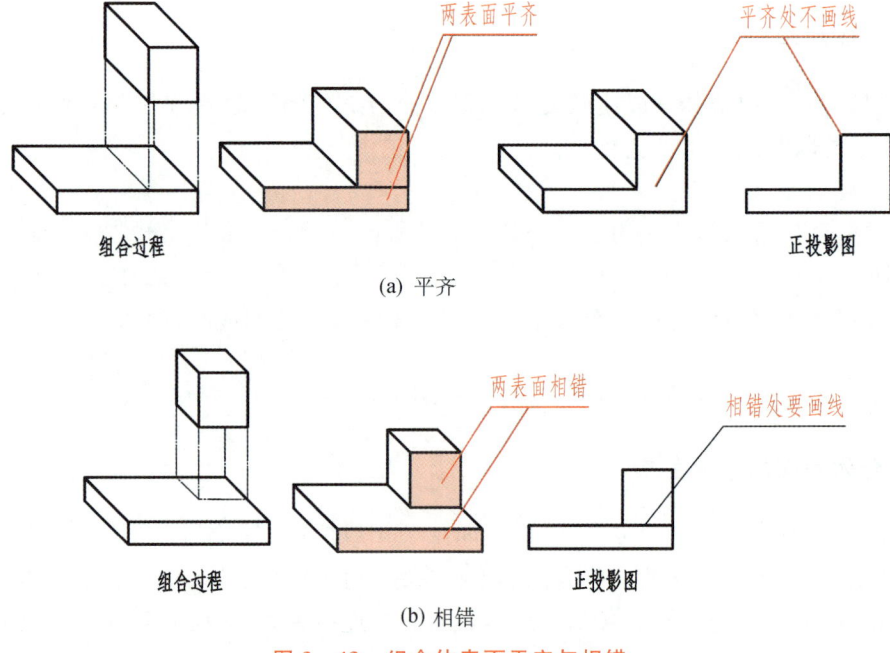

图 3 - 43　组合体表面平齐与相错

（2）表面相交与相切

如图 3－44a 所示为四棱台与四棱柱的上、下组合体，两个基本体前表面相交，正投影图中此处要画线；如图 3－44b 所示为半圆柱与四棱柱的上、下组合体，两个基本体前表面相切，正投影图中此处不能画线。

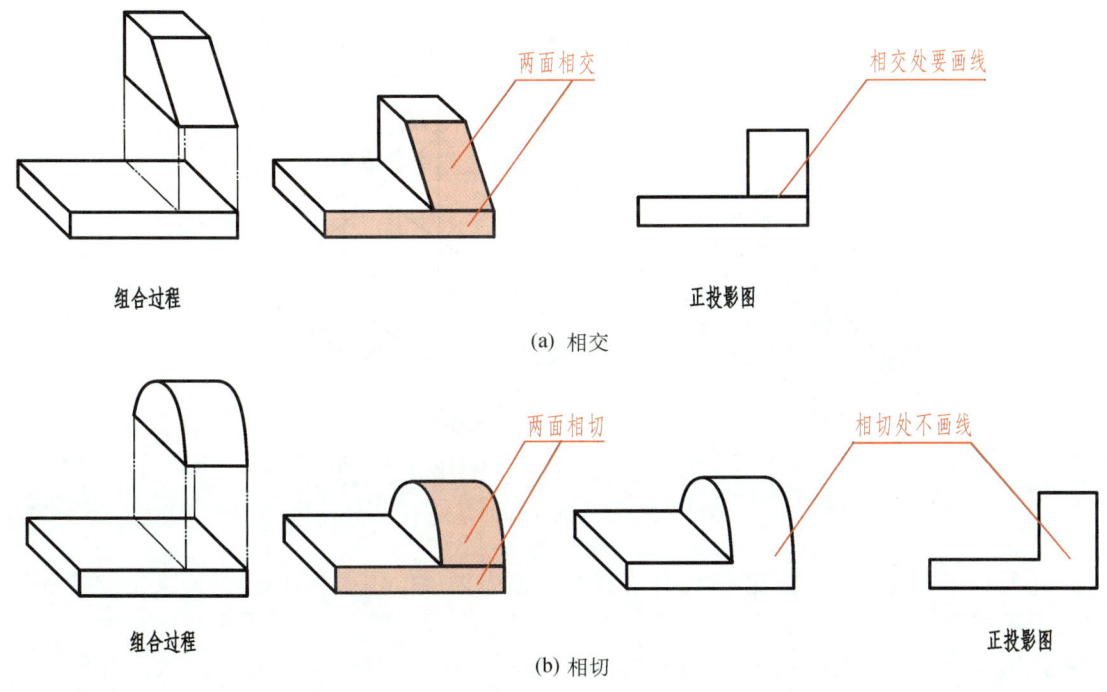

图 3－44　组合体表面相交与相切

3. 组合体投影图的画法步骤

（1）形体分析

把一个复杂的形体分解成若干个基本形体，并分析它们的相对位置和连接方式，弄清各部分的投影特点，逐步作图，这种方法称为形体分析法。

如图 3－45a 所示是一肋式杯形直观图。它可以看作是由四棱柱底板、中间四棱柱（挖去一楔形块）和 6 块梯形肋组成的。其中前后各肋板的左、右外侧面与中间四棱柱左、右侧面共面，左、右两肋板在四棱柱左、右侧面的中央。

（2）选择投影

投影的选择包括以下 3 个方面。

① 确定组合体的摆放位置。作图之前，需正确选择组合体在投影体系中的位置，以便清晰、完整地反映形体。确定摆放位置应遵循以下原则：

a. 符合平稳原则，组合体应重心平稳，不歪不斜，使各个投影符合日常的视觉习惯和构图要求；

b. 符合工程形体的自然位置，比如建筑物、水塔等，应符合其自然位置；

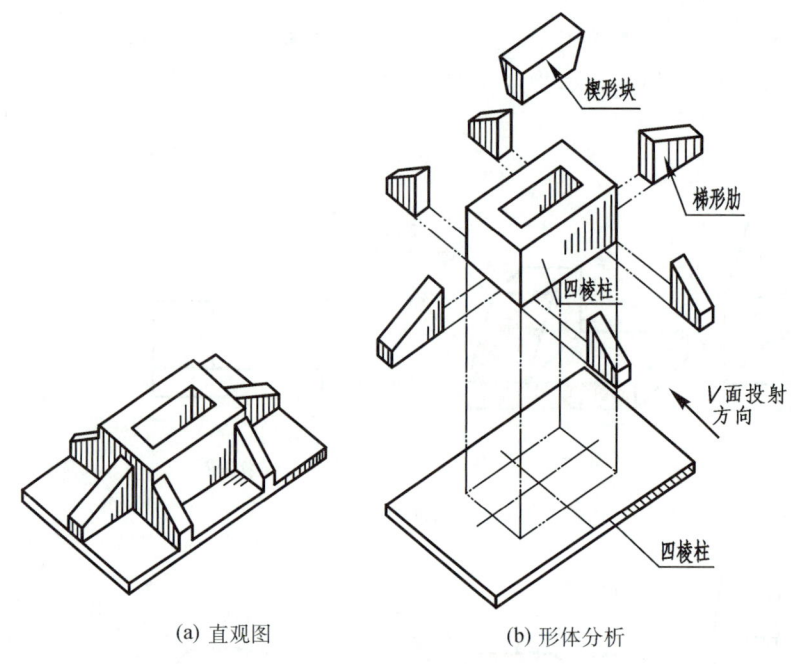

(a) 直观图　　　　　　　　(b) 形体分析

图 3 - 45　肋式杯形基础

c. 显示尽可能多的特征轮廓,形体在投影体系中摆放位置很多,但最好使其主要特征面平行于基本投影面。

如图 3 - 45 所示的肋式杯形基础,根据其在房屋中的位置,形体应放平,且形体的 3 个方向的面均平行于基本投影面。

② 确定正立面的投影方向。作图时,一般将组合体上最能反映其特征的面平行于 V 面。如建筑物的 V 面投影图(正立面图),一般都要反映出它的主要出入口情况、建筑造型及建筑风格等。如图 3 - 45 所示的基础,选择了长边方向的面平行于 V 面。

③ 确定投影数量。投影数量是指用多少个投影图才能完整表达形体的形状。确定的原则是:在保证完整清晰地表达形体各部分形状和位置的前提下,使投影图数量最少。如图 3 - 45 所示,由于基础前后肋板与左右肋板位置不同,因此需选择 V 面、H 面、W 面三面投影。

(3) 选定比例和图幅

工程上的形体有大有小,必须根据实际需要,选择适当的比例作图。当比例确定后,再根据投影图数量,以及各投影图所需面积,选用合理图幅。

(4) 画投影图

① 布置图位。确定各投影图在图纸上的位置,要求布图匀称,位置适中,包括尺寸标注后与图框线的距离大致相等。

② 打底稿。打底稿时,可根据形体分析,采取先主体后局部的顺序,逐个画出各基本形体的三面投影。也可以先画组合体的 H 面或 V 面投影,再按投影关系完成其他投影,如图 3 - 46 所示,顺次画出基础底板(图 3 - 46a)、中间四棱柱(图 3 - 46b)、6 块梯形肋板

(图3-46c)和楔形杯口(图3-46d)的三面投影。画完底稿后应认真校稿,并使各投影之间符合"长对正、高平齐、宽相等"的投影关系。

③ 加深图线。检查底稿无误后,擦去多余的图线,再按规定的线型要求加深、加粗图线,完成投影图的绘制。

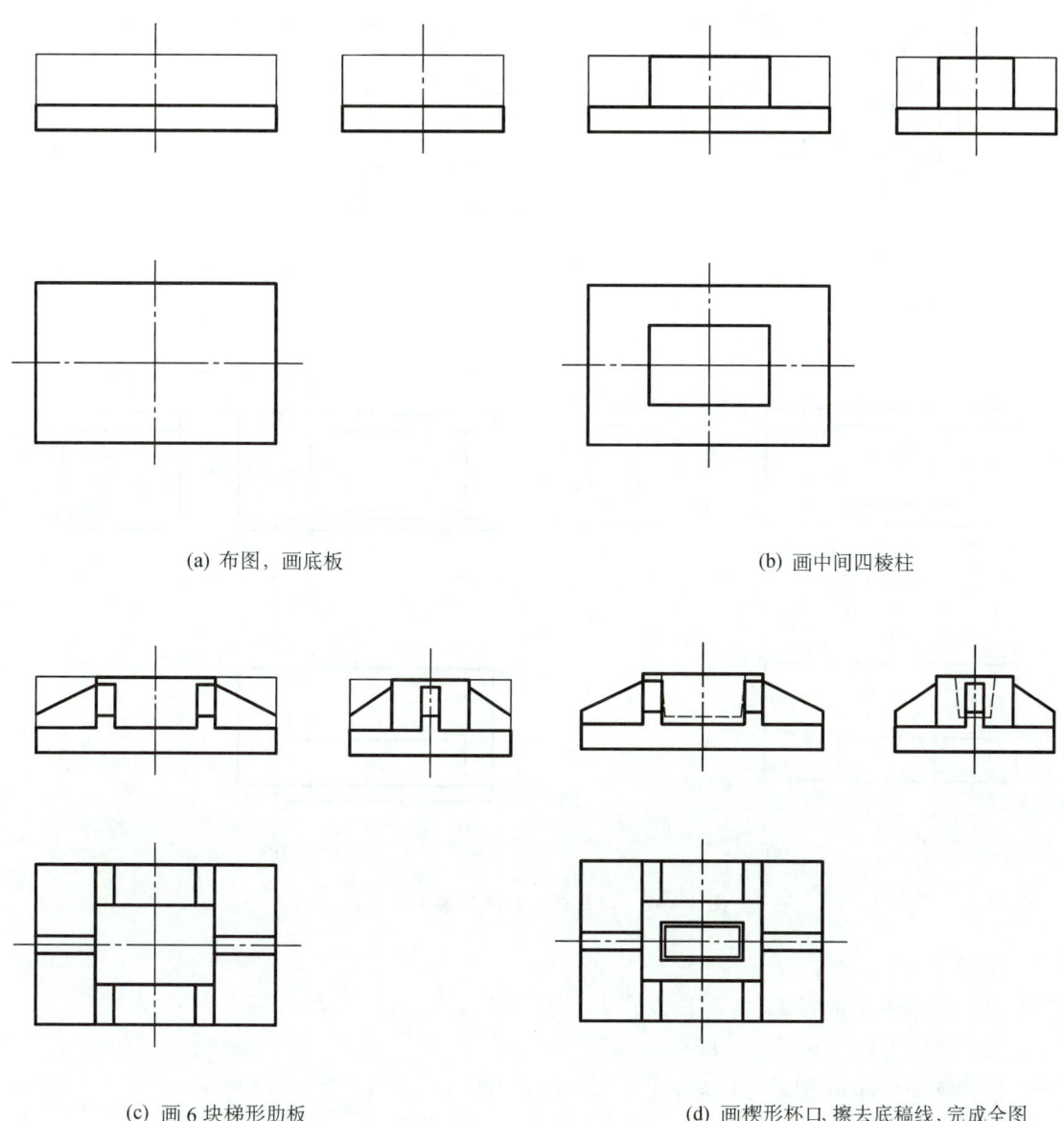

(a) 布图,画底板	(b) 画中间四棱柱
(c) 画6块梯形肋板	(d) 画楔形杯口,擦去底稿线,完成全图

图3-46 肋式杯形基础作图步骤

【例3-19】 已知图3-47所示的组合体,画出它的三面正投影。

解 分析:该混合式组合体为 *1*, *2*, *3*, *4* 号形体叠加,*1* 号长方体被切去 *5* 号形体而成。*2* 号形体为 L 形,*3*, *4* 号形体均为长方体。*A* 向为正面投影的投射方向。

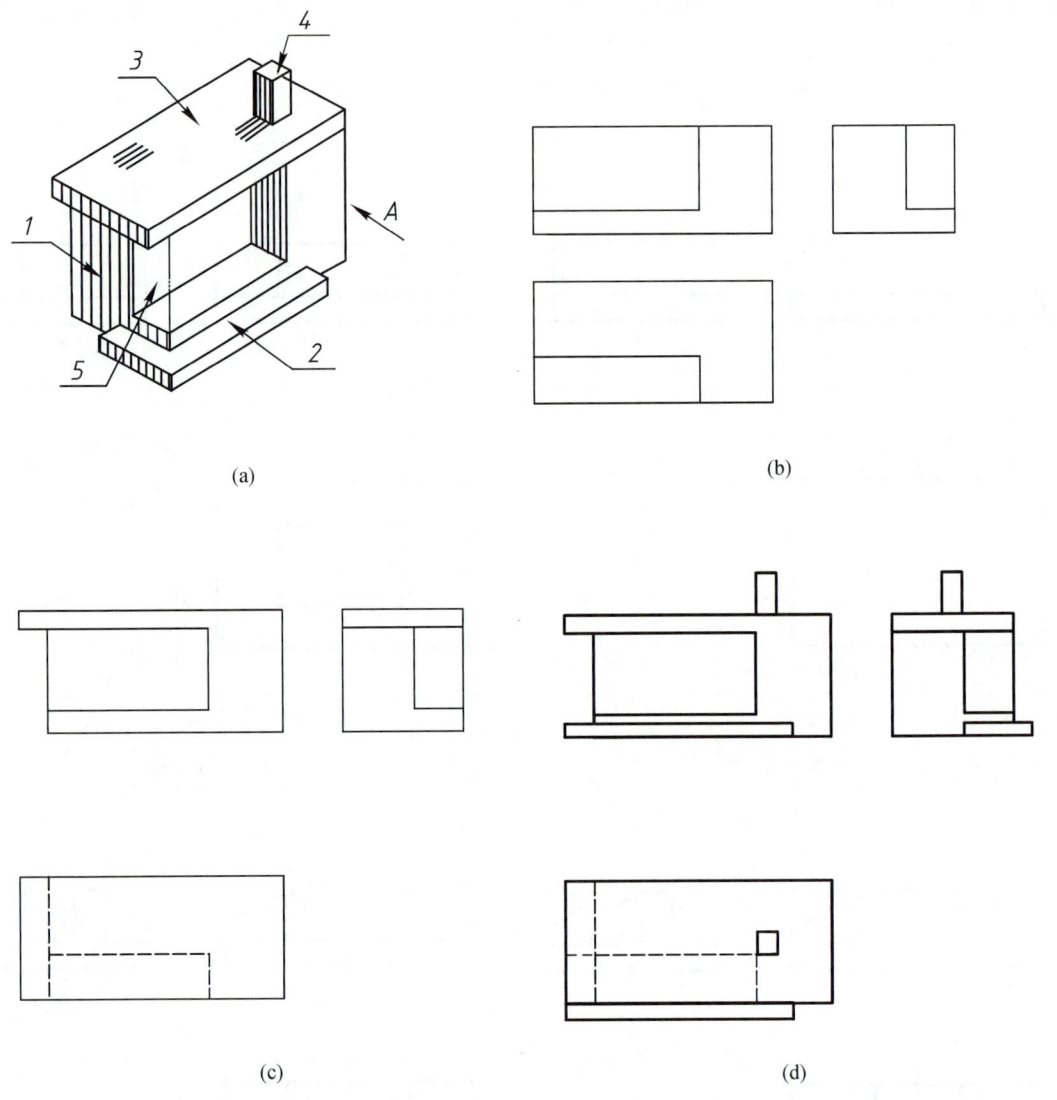

(a)

(b)

(c)

(d)

图 3 - 47　混合式组合体投影图的画法

作图：

（1）画形体 1 的投影，并在该投影上切去形体 5，如图 3 - 47b 所示。

（2）叠加形体 3 的投影，如图 3 - 47c 所示。

（3）叠加形体 2 和 4 的投影，并加深图线，如图 3 - 47d 所示。

【例 3 - 20】　画图 3 - 48a 所示窨井外形的三面正投影图。

解　分析：该排水管道中窨井是由 5 个基本形体组成的，底板和井身均为四棱柱，盖板是四棱台，连接井身的两个管子是圆柱体。作正投影图时用 A 向或 B 向作正面投影的投射方向比较合适。本例选 A 向为正面投影的投射方向。

作图：

（1）画中心线及底板，如图 3 - 48b 所示。

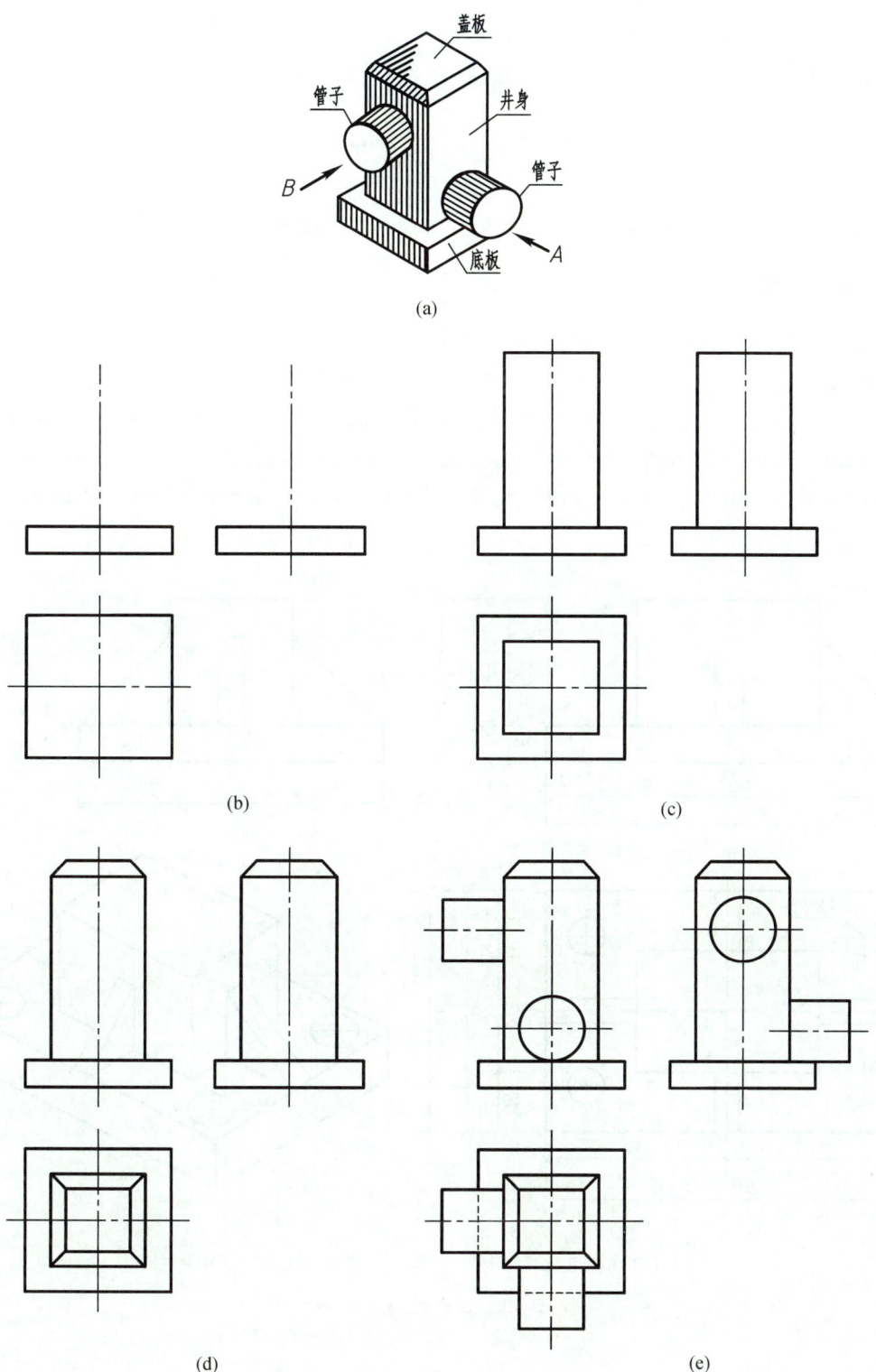

图 3 - 48　窨井外形的三面正投影图的画法

（2）叠加井身投影，如图 3 − 48c 所示。

（3）在井身上加画盖板投影，如图 3 − 48d 所示。

（4）画两个管子投影，检查底图并加深图线，如图 3 − 48e 所示。

3.4.2   组合体投影图的尺寸注法

组合体投影图画好后，都应标注必要的尺寸，以确定形体的大小。

1. 尺寸种类

组合体投影图的尺寸一般包括下列 3 种：

（1）定形尺寸

表示构成组合体各基本形体大小的尺寸称为定形尺寸。如图 3 − 49 所示，四棱柱的尺寸 30 mm×20 mm×21 mm，底板的尺寸 60 mm×40 mm×6 mm，左右两个三棱柱肋板的尺寸为 15 mm×15 mm×4 mm，前后两个三棱柱肋板的尺寸 10 mm×15 mm×4 mm，底板孔 4×ϕ6 均为定形尺寸。

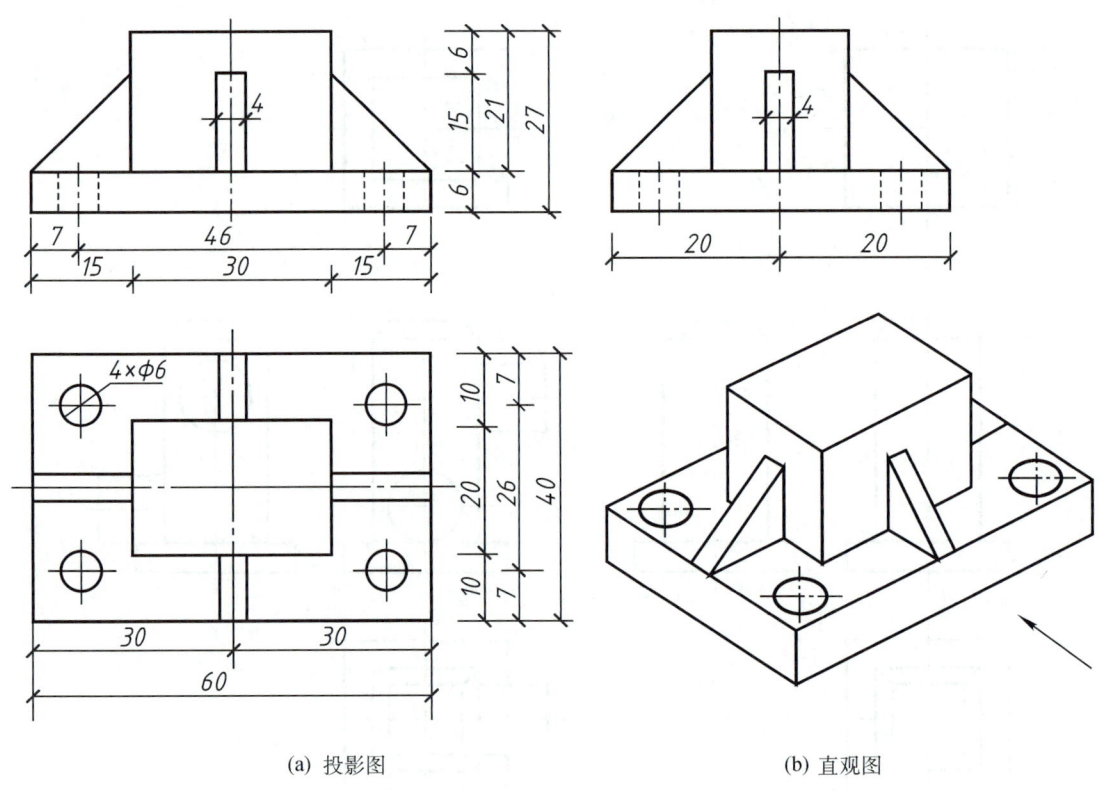

(a) 投影图   (b) 直观图

图 3 − 49   组合体的尺寸标注

（2）定位尺寸

确定组合体中各基本形体相对位置的尺寸称为定位尺寸。在标注定位尺寸时，必须在长、宽、高3个方向分别选定尺寸基准,即标注尺寸的起点。通常以组合体的底面、重要的端面、对称形体的中心线以及回转体的轴线等作为尺寸基准。如图3-49所示,底板上4个小圆孔在长度和宽度方向的定位尺寸都是7,中间四棱柱和前、后、左、右4个肋板的位置可由中心线确定。

（3）总尺寸

确定组合体的总长、总宽和总高的尺寸称为总尺寸。如图3-49所示,组合体总长度为60,总宽度为40,总高度为27。

2. 尺寸的配置

尺寸标注与布置的合理、清晰,对于组合体的识图和施工制作都将带来方便,同时可以避免错误发生,提高工作效率。因此,尺寸的配置除遵循国家制图标准外,还应满足以下几点基本要求。

（1）尺寸标注要齐全、清晰

应尽量将尺寸标注在能反映形体特征的投影图上,且不得遗漏或标注不直观。除某些细部尺寸以外,应尽量将尺寸布置在图形以外。尽量不在细虚线图形上标注尺寸。

（2）尺寸标注要集中

表示同一基本形体的尺寸应尽量集中注出,且应避免重复标注。两投影图相关的尺寸,应尽量注在两图之间,以便对照识读。

（3）尺寸标注要整齐

尺寸应布置得整齐合理,尺寸线之间距离相等,且小尺寸在内、大尺寸在外。尺寸数字书写大小要一致。

3.4.3　组合体轴测图的画法

根据组合体的特征和组合方式,组合体轴测图的作图方法很多,一般有叠加法、切割法、坐标法、装箱法、包络法及方格网法等。下面通过实例分析来介绍几种常用的方法。

【例3-21】　已知独立柱基础的正投影图(图3-50a),作它的正等轴测图。

解　分析:从正投影图中可以看出,这是由3个四棱柱体上、下叠加而成的基础。对于这类叠加式的组合形体,适合用叠加法作轴测图。

作图:

（1）画轴测轴,作出底部四棱柱A的轴测图,如图3-50b所示。

（2）在四棱柱A的上表面中心位置,作四棱柱B的轴测图,如图3-50c所示。

（3）同理作出四棱柱C的轴测图,如图3-50d所示。

（4）擦去多余线条,加深图线,如图3-50e所示。

【例3-22】　已知组合体的正投影图(图3-51a),作它的正等轴测图。

解　分析:该组合体可以看成是由一个长方体切去一个三棱柱和一个四棱柱后形成的。对于这类切割式的组合体,适合用切割法作轴测图。

微视频

组合体正等轴测的画法

微视频

轴测草图的画法

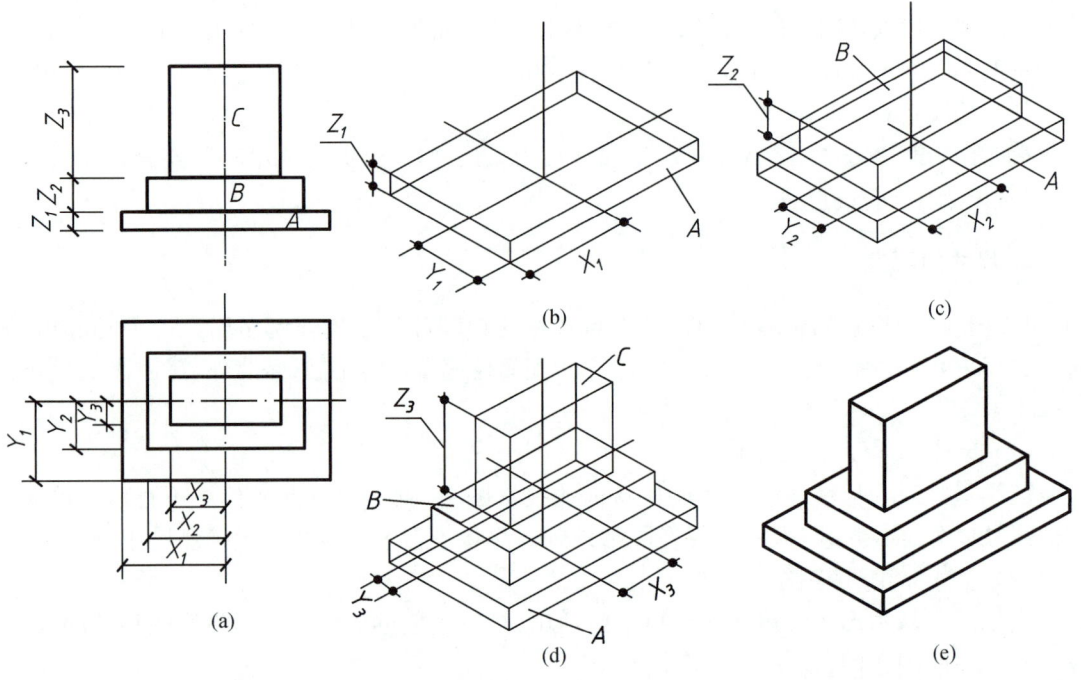

图 3-50　用叠加法作正等轴测图

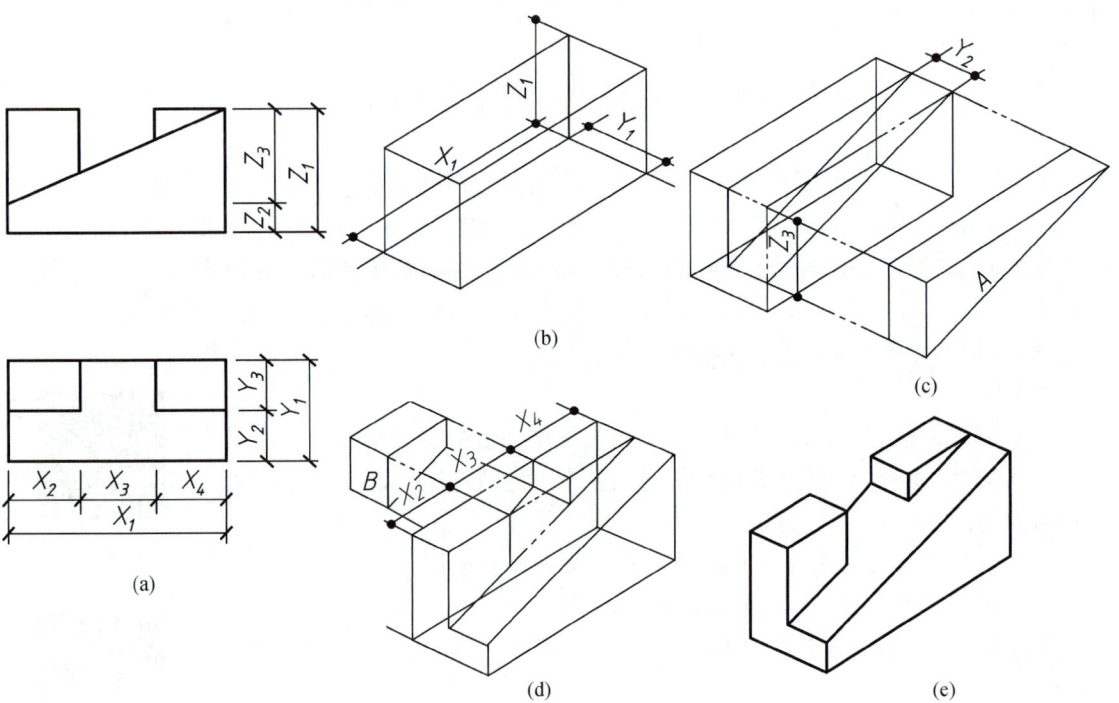

图 3-51　用切割法作正等轴测图

作图:

(1) 画轴测轴,作出长方形的轴测图,如图 3-51b 所示。

(2) 切去三棱柱 A,如图 3-51c 所示。

(3) 再切去四棱柱 B,如图 3-51d 所示。

(4) 擦去多余线条,完成轴测图,如图 3-51e 所示。

【例 3-23】 已知台阶的正投影图(图 3-52a),作它的正等轴测图。

解 分析:从正投影图可以看出,台阶由左右两块栏板和中间 3 级踏步构成。这些栏板和踏步好似放在一个长方体的箱子中,作轴测图时,先画好长方体,然后将各基本体按其相对位置一件一件装好,这种方法称为装箱法。画踏步轴测图时,先画踏步的端面,再完成整个踏步的轴测图,这种方法称为端面法。本例采用"装箱法、切割法、端面法"3 种方法共同完成。

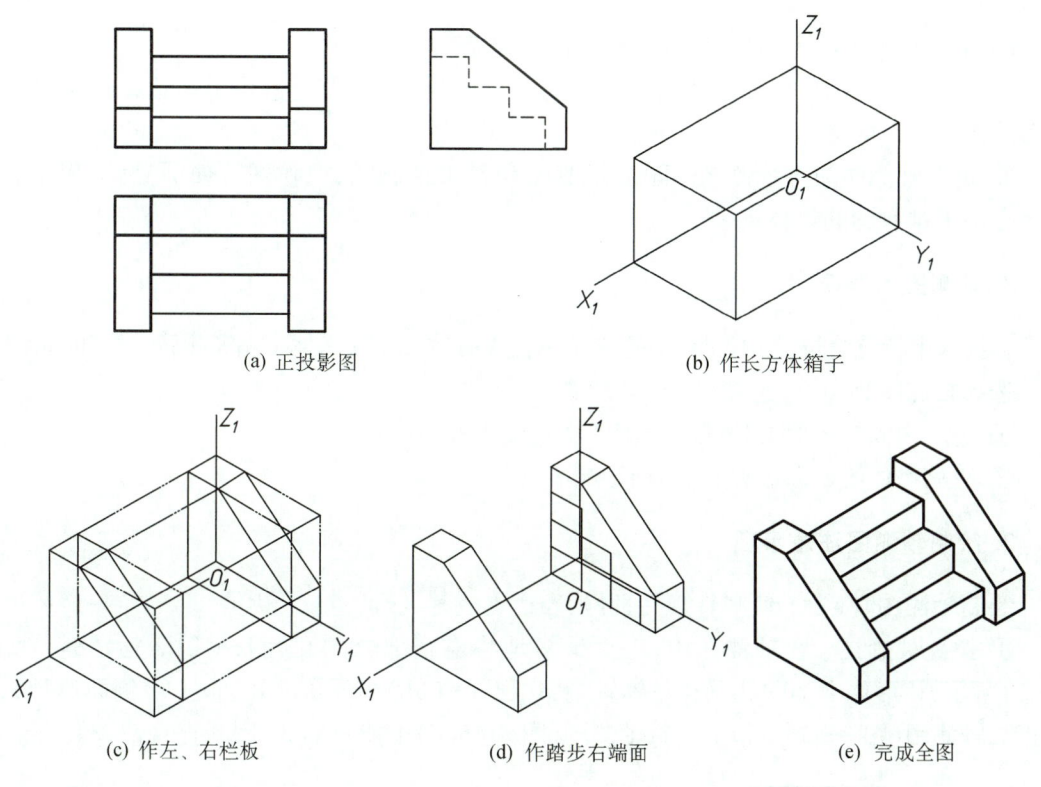

图 3-52 台阶的正等轴测图画法

作图:

(1) 画轴测轴,作长方体箱子的轴测图,如图 3-52b 所示。

(2) 靠箱子的左、右端画左、右栏板轴测图,如图 3-52c 所示。

(3) 在右栏板左侧面上画踏步的右端面,如图 3-52d 所示。

(4) 过踏面和踢面的可见顶点作 O_1X_1 轴的平行线,直到与左栏板右侧面的可见轮廓线相交为止,完成全图(图 3-52e)。

3.4.4　轴测图投影的选择

轴测图的种类比较多,不同的轴测图对形体的直观表现是不同的,因此,我们必须进行直观性分析,选择合理的轴测图类型。

影响轴测图直观性的因素主要有两个:

① 形体的自身结构。

② 轴测投影方向与各直角坐标面的相对位置。

1. 各种轴测图的比较

对正等轴测图、正二轴测图和斜二轴测图的表现效果和作图过程进行比较,不难看出其各自特点:

① 正二轴测图的直观性最好,但作图比较复杂。

② 斜二轴测图中,平行于某一坐标面的图形反映实形,因此适用于表达在投影平行面上形状比较复杂的物体。

③ 正等轴测图的直观性逊于正二轴测图和斜二轴测图,但作图方便,特别适用于表达几个方向上都有圆的物体。

2. 轴测图的选择

根据以上特点分析,轴测图种类的选择一般遵循"先正测后斜测,先等测后二测"的原则。

选择轴测图种类时,还应注意如下问题:

① 避免物体的表面或棱线在轴测图中积聚成直线或点;

② 避免物体的表面被遮挡,从而影响表现效果。

3. 绘制轴测图注意事项

绘制轴测图时,为了使其直观性良好,表达更清楚,应注意以下几点。

① 避免被遮挡。在轴测图中,应尽量多地将隐蔽部分的孔、洞、槽等表达清楚。如图3－53所示,该形体中部的孔洞在正等轴测图(图3－53b)中看不到底(被左前侧面遮挡),而在正二轴测图(图3－53c)和正面斜轴测图(图3－53d)中能看到底,因此直观性较好。

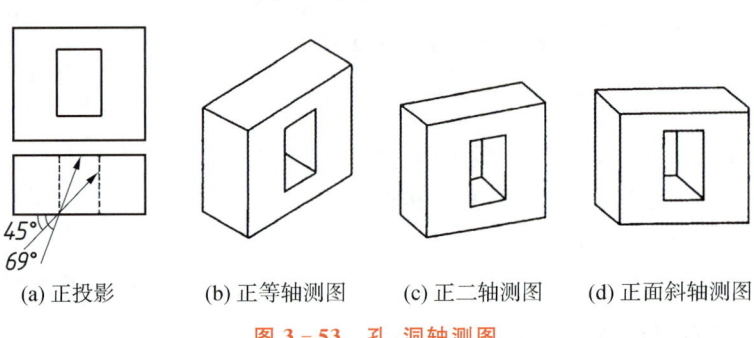

| (a) 正投影 | (b) 正等轴测图 | (c) 正二轴测图 | (d) 正面斜轴测图 |

图 3－53　孔、洞轴测图

② 避免转角处交线投影成一条直线。如图 3−54 所示,在正等轴测图(图 3−54b)中,由于形体左前方转角处的交线 A_1B_1、B_1C_1、C_1D_1 均处在与 V 面成 45°角的同一平面上,与投影方向平行,必然投影成一条直线,故直观性不如正二轴测图(图 3−54c)和正面斜轴测图(图 3−54d)。

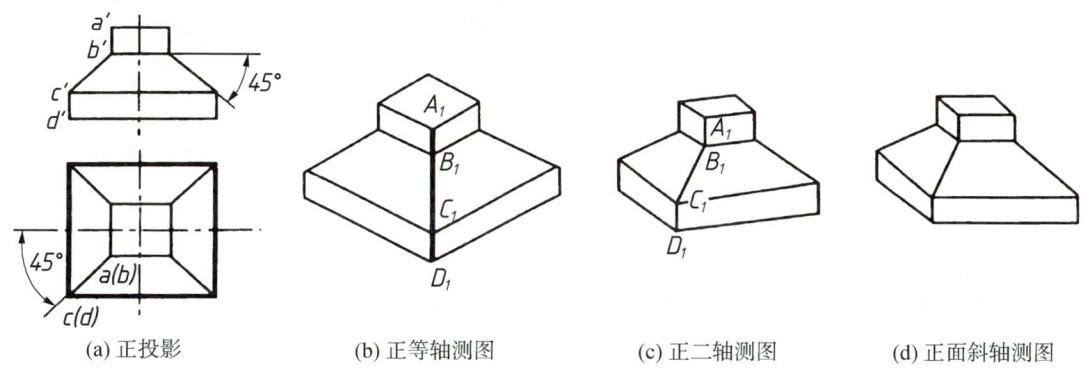

| (a) 正投影 | (b) 正等轴测图 | (c) 正二轴测图 | (d) 正面斜轴测图 |

图 3−54　立体的轴测图

③ 避免平面体投影成左右对称的图形。如图 3−54(b)所示,正等轴测投影方向恰好与形体的对角线所在平面平行,所以轴测图左右对称。而正二轴测图(图 3−54c)和正面斜轴测图(图 3−54d)则不是这样,直观性相对较好。

④ 选择合理的投影方向。如图 3−55 所示,是轴测图 4 种不同投影方向及其图示效果。不难看出,该形体适合作俯视轴测图,图 3−55b、图 3−55c 效果较好,而且图 3−55b 的图示效果好于图 3−55c。同时,可以看出,该形体不适合作仰视轴测图,如图 3−55d、e 所示,效果较差。究竟从哪个方向投影才能清楚地表达建筑形体,应根据具体情况选择。

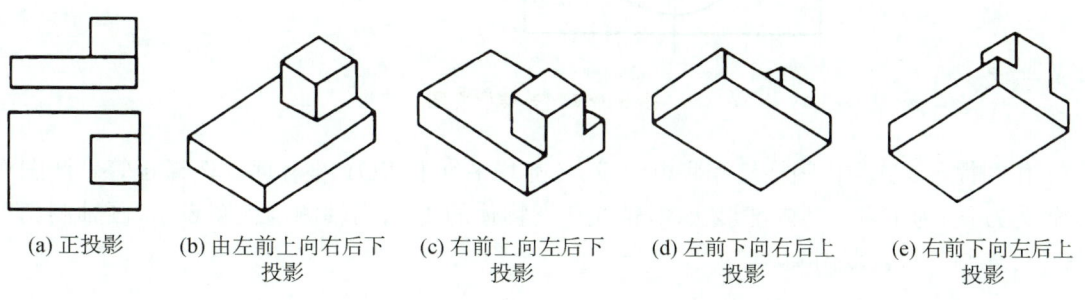

| (a) 正投影 | (b) 由左前上向右后下投影 | (c) 右前上向左后下投影 | (d) 左前下向右后上投影 | (e) 右前下向左后上投影 |

图 3−55　轴测图的 4 种投影方向及图示效果

【例 3−24】　图 3−56 中滑块的轴测图应如何选择。

解　分析:从正投影(图 3−56a)可知:

① 滑快底部带有梯形槽,应突出表达底部形状;

② 投射方向可选择为从左向右,从前向后,从下向上的投射方式;

③ 轴测图种类选正等轴测图或斜二轴测图均可,如图 3−56b、c 所示。

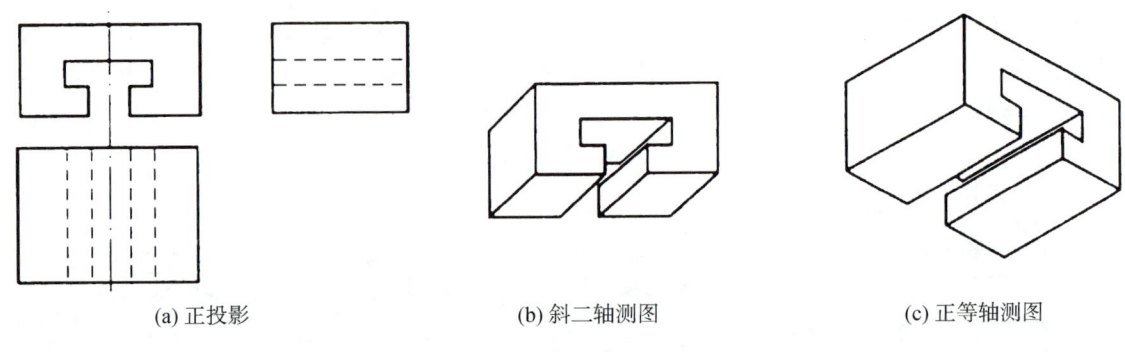

(a) 正投影　　　　　　　　　(b) 斜二轴测图　　　　　　　　　(c) 正等轴测图

图 3 - 56　滑块的轴测图

知识拓展：

实习实作：请完成图 3 - 57 中支架轴测图的绘制。

支架投影图如图 3 - 57 所示。

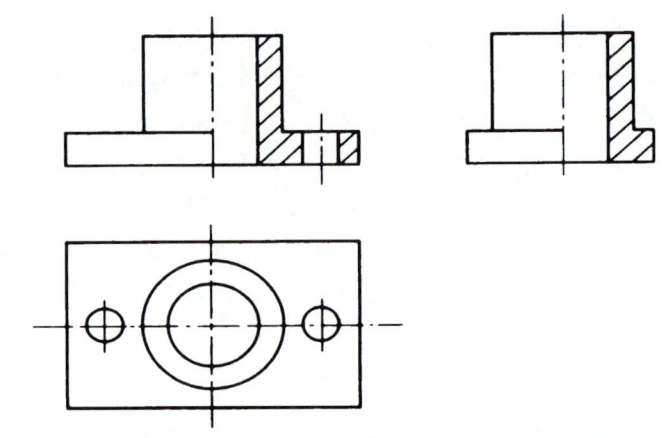

图 3 - 57　支架投影图

作图提示：支架由圆柱筒和底板组成，各圆均平行于 XOY 坐标面。选择正等轴测图作图较为方便；为了表示其内部形状，沿轴线切去物体的 $1/4$，用轴测剖视图表示，画轴测剖视图时可先画外形再取剖视。

3.4.5　组合体投影图的识读

根据已知的投影图及标注的尺寸，运用投影原理想象出组合体的空间形状、大小和组成特点的过程，称为组合体投影图的识读。

识读投影图是本课程的主要任务之一，掌握了组合体投影图的识读方法，就能为系统阅读施工图打下良好基础。

1. 识读应具备的基础知识

投影图比较抽象,从一定意义上说识读比画图更难一些。因此,必须熟练掌握正投影的基本原理和特性,主要包括:

(1) 正投影的性质,三面投影图的三等关系、方位对应关系;

(2) 各种位置直线、平面的投影特性;

(3) 各种基本形体的投影特点;

(4) 投影图中的每条图线、每个线框的含义;

(5) 不同组合方式的组合体表面连接关系及表达。

2. 识读要领

(1) 联系各面投影

识读应按照投影图的对应关系,把各个投影图联系起来,不能孤立地只看其中一个或两个投影。为了拓展思路,提高识别能力,下面举例说明。

① 有一个投影相同的组合体的投影。图 3-58 所示为水平投影相同的组合体投影。

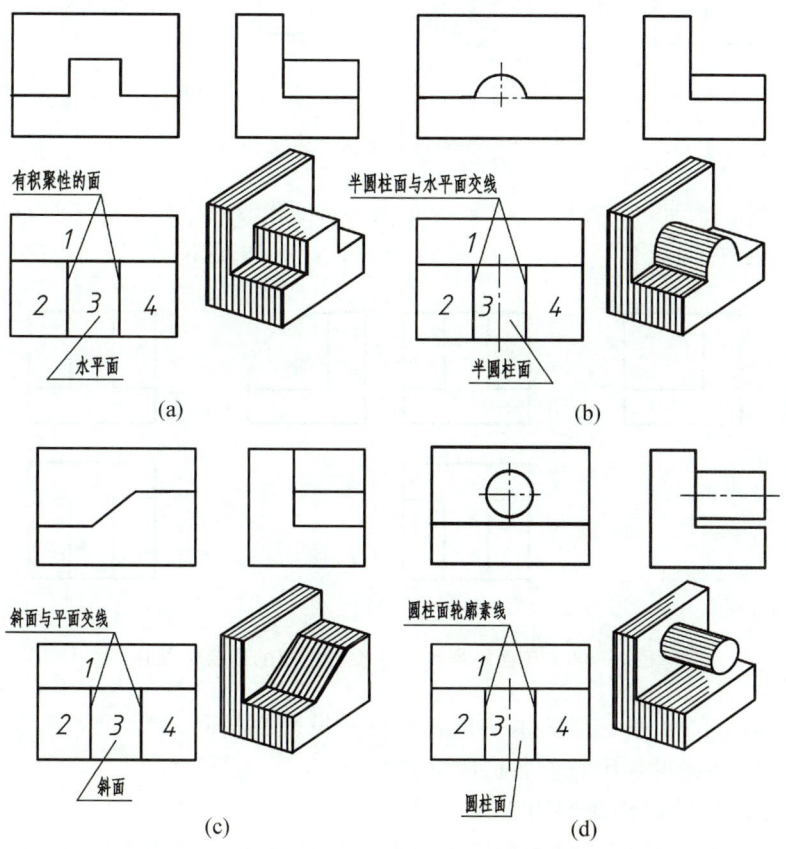

图 3-58 水平投影相同的组合体投影

图 3-59 所示为几个正面投影相同的组合体投影。

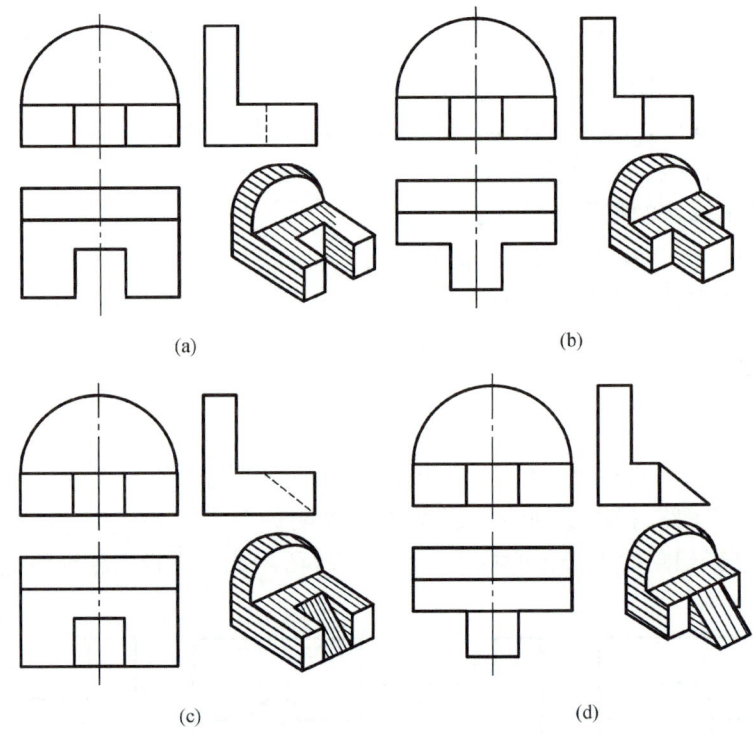

图 3-59 正面投影相同的组合体投影

② 有两个投影相同的组合体。如图 3-60 所示,虽然两个组合体的水平投影和正面投影都相同,但由于侧面投影不同,因此,它们是形状不同的组合体,请读者完成它们各自的立体图。

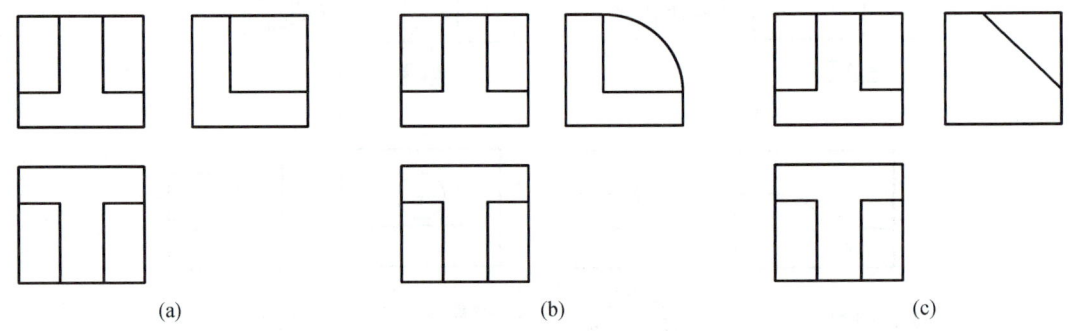

图 3-60 正面投影和水平投影相同的组合体投影

如图 3-61 所示,虽然它们的水平投影和侧面投影都相同,但因正面投影各异,它们的立体形状也不同,请读者画出它们各自的立体图。

(2)明确投影图中线和线框的含义

投影图中的线段应根据具体的投影图分析才能得出,具体有以下 3 种:

① 可能是形体上一条棱线的投影,如图 3-62a 所示;

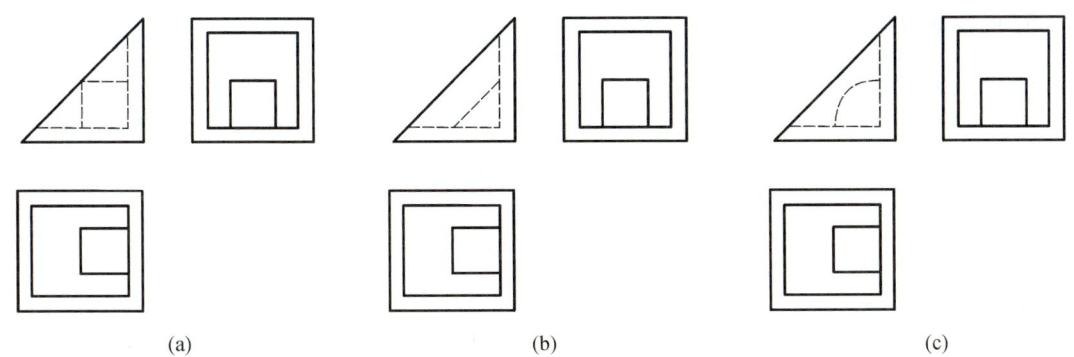

(a)　　　　　　　　　　　(b)　　　　　　　　　　　(c)

图 3-61　水平投影和侧面投影相同的组合体投影

② 可能是形体上某表面(平面和曲面)的积聚投影,如图 3-61a 和图 3-61c 所示;

③ 可能是曲面体一条轮廓素线的投影,但其他投影中必有一个具有曲线图形的投影,如图3-61b 所示。

投影图中线框的含义,具体有以下 3 种:

① 可能是形体上一个平面的投影,如图 3-61a 所示;

② 可能是形体上一个曲面的投影,但其他投影上必有曲线形的投影与之对应,如图 3-62b 和图 3-62c 所示;

③ 可能是形体上孔、洞、槽的投影,这类投影的其他投影上必对应有细虚线的投影,如图 3-62c 和图 3-62d 所示。

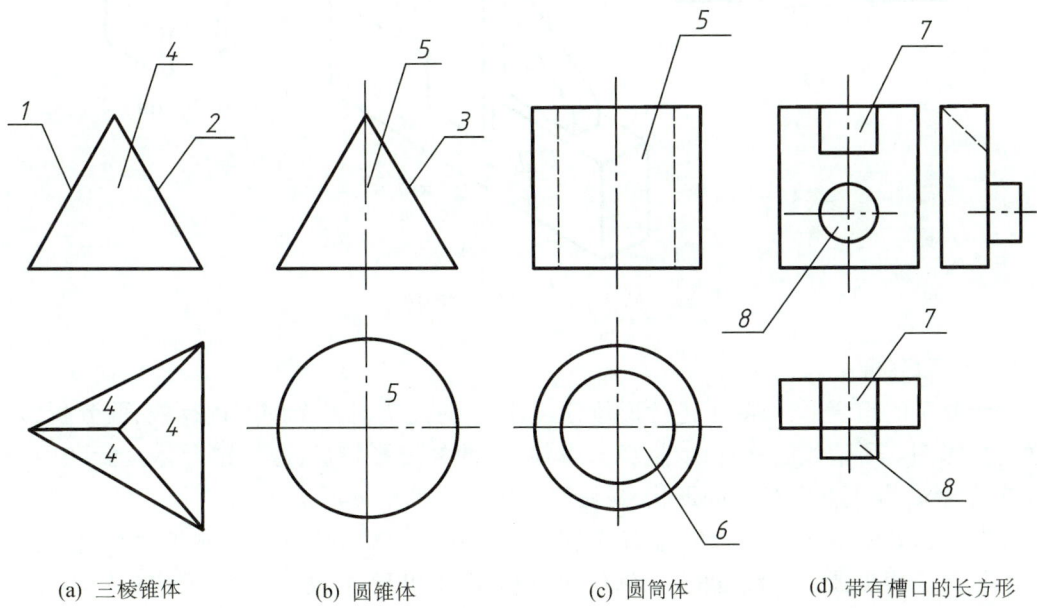

(a) 三棱锥体　　　(b) 圆锥体　　　(c) 圆筒体　　　(d) 带有槽口的长方形

1—棱线的投影;2—平面的投影;3—曲面体轮廓素线的投影;4—平面投影的线框;5—曲面投影的线框;
6—孔洞投影的线框;7—槽口投影的线框;8—突出体投影的线框。

图 3-62　投影图中线和线框的含义

3. 识读的基本方法

（1）形体分析法

形体分析法是在组合体投影图上,分析其组合方式和各组成部分的形状及相对位置,然后综合起来想象出组合体的空间形状。识读时,一般从反映形体主要特征面(如 V 面)的投影开始,联系其他各投影图进行形体分析。但有时特征投影并不集中在一个投影上,而是散落在几个投影中,这时就需要一个一个地抓特征,逐步分析想象。

如图 3 - 63a 所示,特征明显的为 V 面投影,结合观察 H 面、W 面投影可知,该组合形体由 4 个基本形体组成(图 3 - 63b)。Ⅰ形体在底部Ⅲ形体的中间上方榫接,Ⅱ,Ⅳ形体对称地分放在Ⅰ形体两侧。综合考虑即得该组合体的空间形状(图 3 - 63c)。

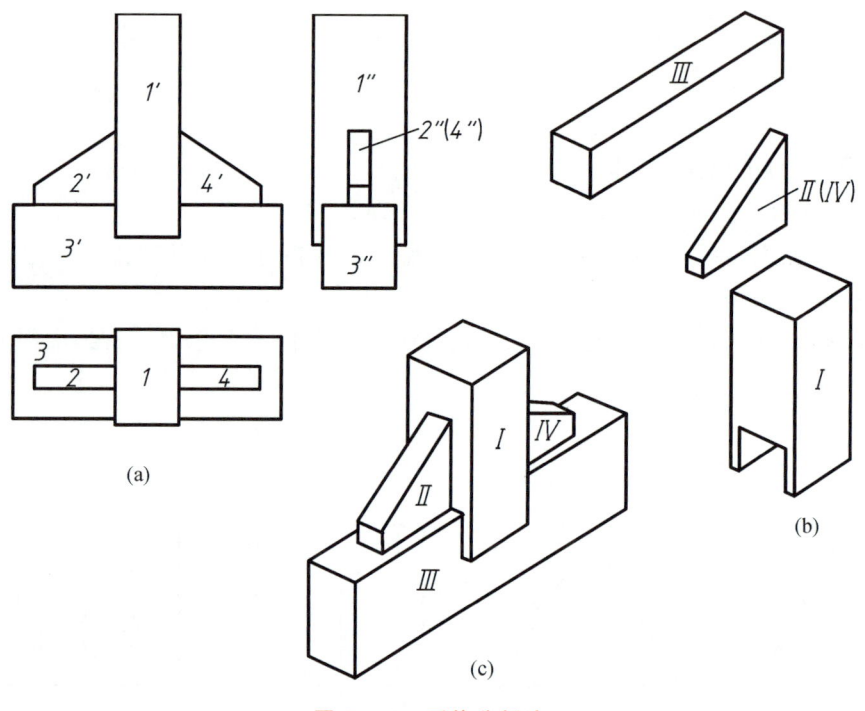

图 3 - 63 形体分析法

（2）线面分析法

对于复杂的组合形体,除了进行形体分析外,有时还需对各个局部进行线、面分析,才能读懂其投影图。所谓线面分析,就是根据直线、平面的投影特征,分析组合体投影图中线段和线框的含义,从而想象其空间形状,最后联想出组合体整体形状。

如图 3 - 58 所示,4 个组合体的 H 面投影都是由 4 个矩形线框所组成的,但它们的意义却各不相同。根据图线与线框的意义,综合分析 V 面和 W 面投影可知,其中的矩形线框 1 均为一水平面的投影;矩形线框 3 则分别为水平面、倾斜面、半圆柱面或圆柱面的投影;矩形线框 3 左右的两条图线分别为平面的积聚投影、平面与平面的交线、平面与圆柱面的交线或圆柱面轮廓素线的投影;左和右两个矩形线框 2 和 4 则均为水平面的投影。

4. 识读步骤

根据组合体投影图的特点,识读时一般按以下步骤进行:

(1) 概括分析抓重点

弄清所给出的投影图的投影关系,从整体了解组合体的大致形状,并找出最能反映形体特征的投影。

(2) 逐个分析解难点

从特征投影入手进行形体分析。按照组合体的组合方式和基本体的投影特点,将投影分成若干个组成部分,再联系其余的投影,想象出每一部分的形状和相对位置。如果组合体较复杂,局部投影不明,则通过线、面分析来弄清各线段和线框的空间形状和位置。对线和线框的意义可以按下列顺序选择和判定。

线的意义确定顺序:平面的积聚投影→棱线的投影→曲面体轮廓素线的投影。

线框的意义确定顺序:平面的投影→曲面的投影→孔洞槽的投影。

(3) 综合分析得整体

一般来说,形体分析和线面分析这两种方法既可以单独应用,也可以结合起来应用。经过逐个分析后,再将各组成部分综合起来,形成组合体的整体形状,最后进行对照检查,完成组合体投影图的识读。

总之,组合体投影图的识读,应该先整体后局部,先外部后内部,先形体分析后线面分析,最后综合获得完整的组合体形状。

【例 3 - 25】 识读图 3 - 64a 所示组合体的投影图。

解 (1) 概括分析。由所给的两面投影初步分析可以看出,组合体为 3 个基本形体前后组合而成,两面投影共同反映了形体的特征,因此要将 H 面、V 面投影对照起来分析。

(2) 逐个分析。根据 3 个基本体的相对位置,形体 I 为最后面的一个长方体,上面有两个小圆孔(图 3 - 64b);形体 II 为中间的一个三棱柱(图 3 - 64c);形体 III 为最前面是梯形底面的四棱柱(图 3 - 64d)。

(3) 综合分析。将 3 部分按它们的相对位置关系组合起来,就可得到图 3 - 64e 所示组合体的空间形状。

5. 组合体投影图的补图、补线

组合体投影图的识读能力,可以通过由三面投影图想象空间形状(包括画轴测图)的方法来训练;也可以通过已知两面投影图补绘第三面投影图,或者给出不完整的三面投影图,补足投影图中所缺的图线的方法加以提高。后者称为补图或补线。

补图、补线的基本原理仍然是点、直线、平面及基本形体投影特性和投影规律的应用,基本方法仍然是形体分析法、线面分析法以及轴测图辅助法作图。

【例 3 - 26】 根据台阶的两面投影(图 3 - 65a),补画第三面投影。

解 读图:从已知两面投影作形体分析可知,该台阶为左、右两面带方形石的单面踏步,3 级踏步为 3 个四棱柱体叠加,且第一段踏步在方形石前面伸出。各部分综合后的立体如图 3 - 65c 所示。

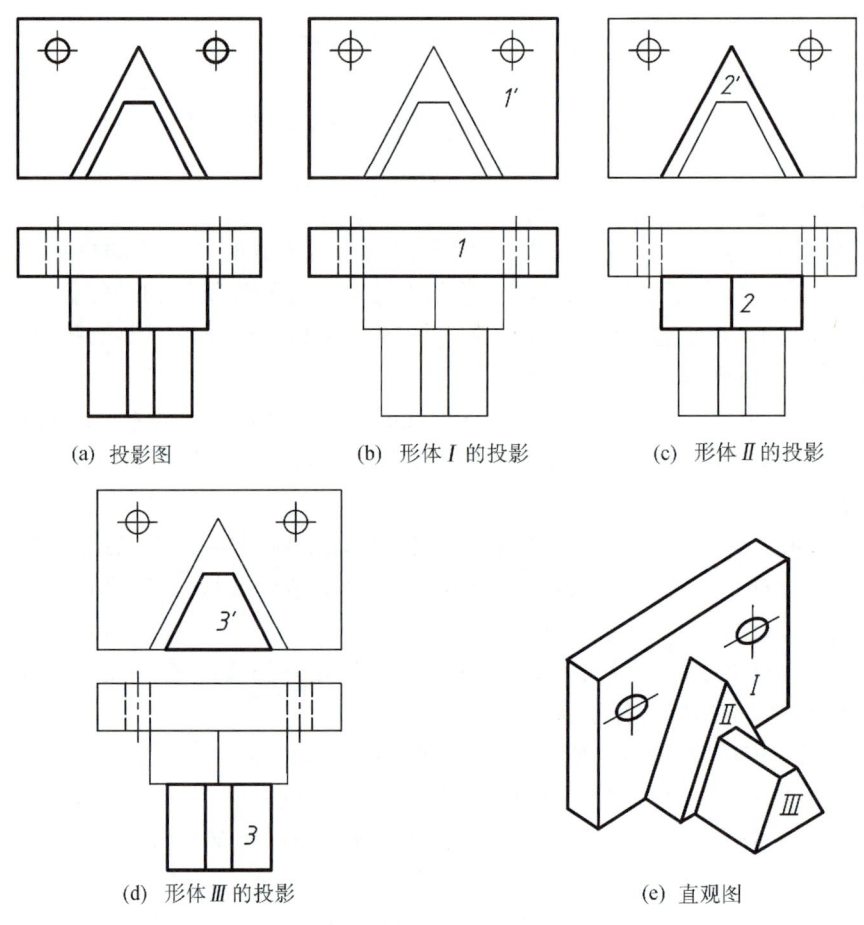

(a) 投影图　　(b) 形体 I 的投影　　(c) 形体 II 的投影

(d) 形体 III 的投影　　(e) 直观图

图 3－64　组合体投影图识读

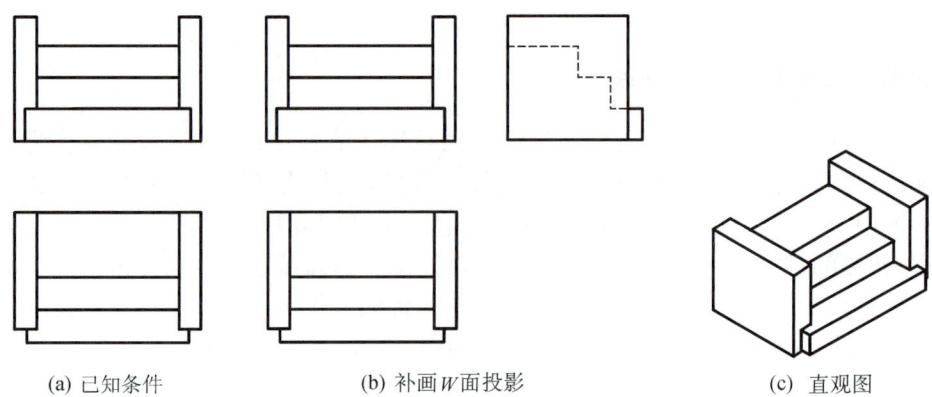

(a) 已知条件　　(b) 补画 W 面投影　　(c) 直观图

图 3－65　补画台阶的第三面投影

补图：

(1) 先画左、右方形石(四棱柱体)的 *W* 面投影。

(2) 画 3 级踏步(四棱柱体)的 *W* 面投影，不可见部分画成细虚线。

(3) 检查后加深加粗图线(图 3-65b)。

【例 3-27】 补绘图 3-66a 所示的 *H* 面投影图上所缺的图线。

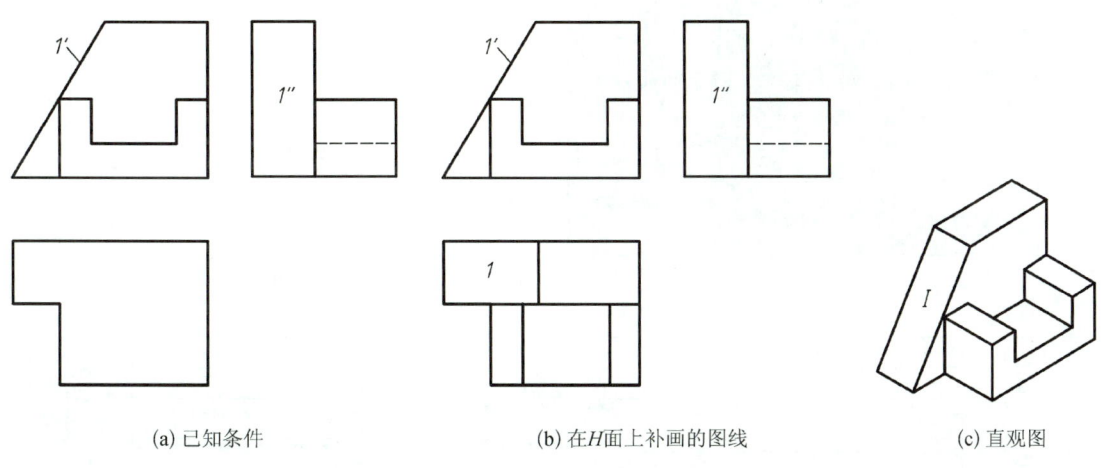

(a) 已知条件   (b) 在 *H* 面上补画的图线   (c) 直观图

图 3-66 补绘 *H* 面投影缺画的图线

解 读图：

(1) 由于 *V* 面投影有斜线 *1′*，而 *W* 面投影为线框 *1″*，故组合体后方为带有正垂面的四棱柱体。

(2) 由 *W* 面投影可知，在四棱柱前方还有一个小四棱柱，再由中间的横向细虚线与 *V* 面对应线框分析得出，该四棱柱又被切去一个凹形槽口。经过识读，想象出如图 3-66c 所示的立体图。

补线：

(1) 在 *H* 面投影中补画后方四棱柱的投影，正垂面 *I* 的投影是一个矩形线框。

(2) 画出前方开槽四棱柱的 *H* 面投影，它是一个"四"字形线框。

(3) 检查后加深加粗图线，如图 3-66b 所示。

3.4.6 教学实训

1. 识读任务

根据保安亭的平面图、①-②立面图、Ⓐ-Ⓑ立面图，识读其各部位的尺寸大小。

2. 识读要点

(1) 保安亭总尺寸

由图 3-67c 所示的①-②立面图可知：保安亭的高度为 2 900 mm。

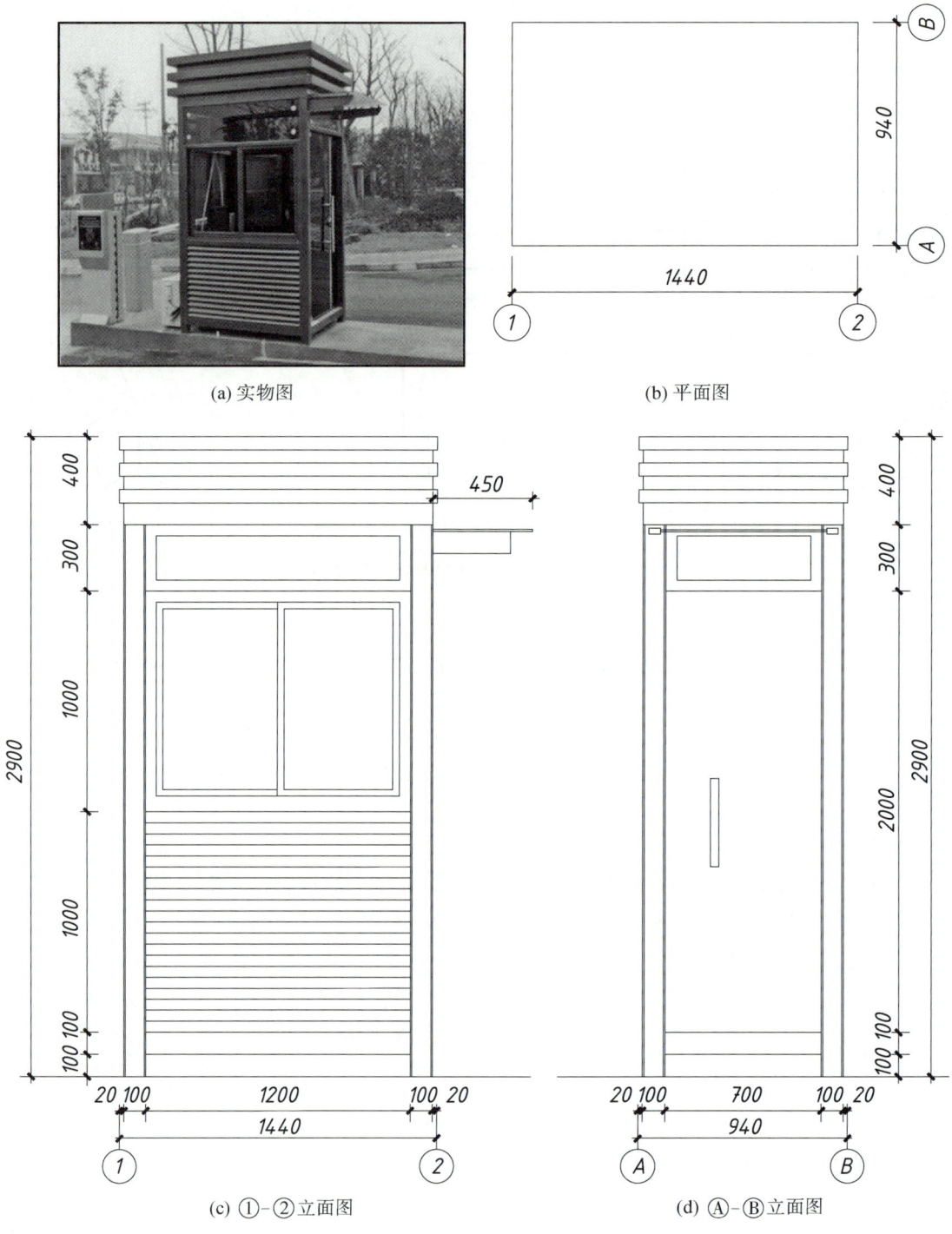

(a) 实物图

(b) 平面图

(c) ①-②立面图

(d) Ⓐ-Ⓑ立面图

图 3-67　保安亭

由图 3 - 67b 所示的平面图可知：保安亭的长度为 1 440 mm，宽度为 940 mm。

（2）保安亭局部尺寸

由图 3 - 67c 所示的①-②立面图可知：窗框的宽度为 1 200 mm，高度为 1 000 mm；玻璃雨篷挑出长度为 450 mm。

由图 3 - 67d 所示的Ⓐ-Ⓑ立面图可知：门的宽度为 700 mm，高度为 2 000 mm。

3.5 工程立体的剖切图

3.5.1 剖　面　图

绘制形体投影时规定，形体可见的轮廓线用粗实线表示，不可见的轮廓线用细虚线表示（图 3 - 68a）。当形体内部构造复杂时，投影图中就会出现虚实线密集、交叉，使图样不够清晰，给识读带来困难，也不利于图样的尺寸标注。为改变这种状况，制图中可采用剖面图和断面图。

1. 剖面图的基本概念

模型

剖面图的形成

用假想的剖切平面剖开物体，将处在观察者和剖切平面之间的部分移去，将其余部分向投影面投射，所得的图形，称为剖面图，如图 3 - 68 所示。

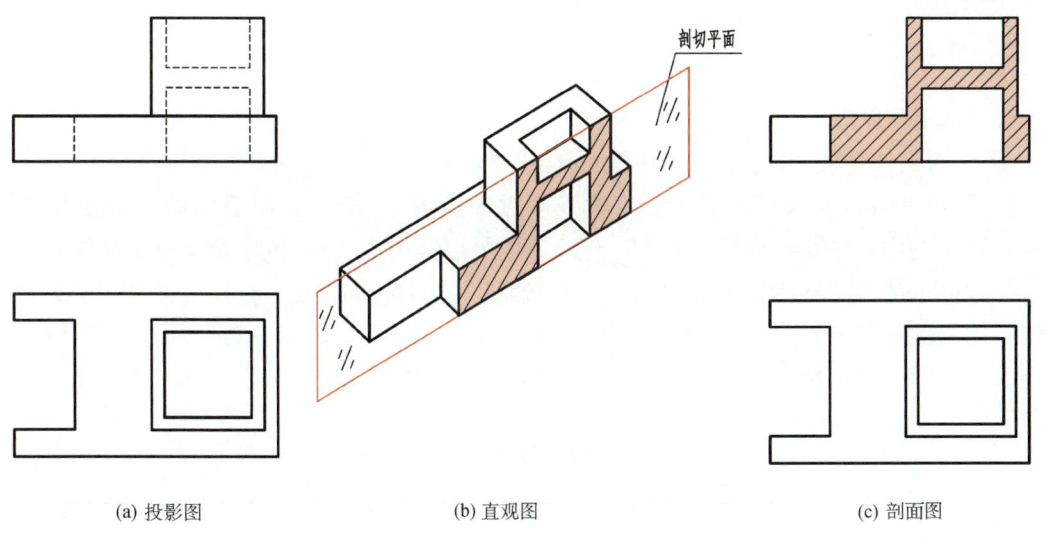

(a) 投影图　　　　　(b) 直观图　　　　　(c) 剖面图

图 3 - 68　剖面图的形成

2. 剖面图的画法

（1）确定剖切平面的位置

剖切平面的位置需使剖切后画出的图形能确切反映所要表达部分的真实形状。所以选用的剖切平面应和投影面平行,并且一般应通过物体的对称面,或通过孔洞的中心线。

（2）剖切符号

剖面图的剖切符号由剖切位置线和剖视投射方向线组成,均用粗实线绘制,如图3-69所示。剖切位置线的长度为6～10 mm,投射方向线垂直于剖切位置线,其长度应短于剖切位置线,为4～6 mm。剖切符号不应与图面上其他图线接触,要保持适当的间隙。剖切符号的编号,采用阿拉伯数字,按从左到右、从下到上的顺序连续编号,注写在投射方向线的端部。

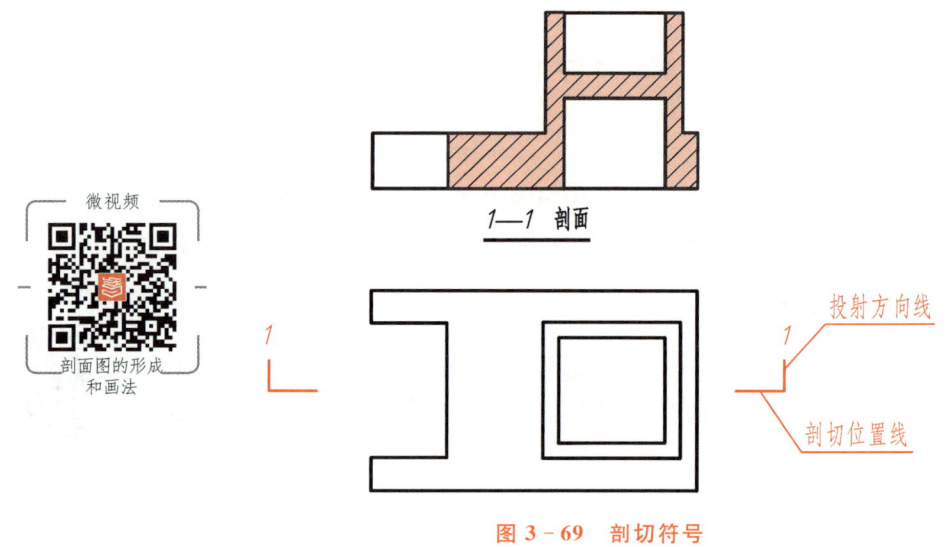

图3-69　剖切符号

（3）画剖面图时的要求

① 因为剖切是假想的,所以其他投影图仍应完整画出,不受剖切的影响。

② 剖切平面与物体接触部分的轮廓线用粗实线表示,剖切平面后面的可看见轮廓线,在房屋建筑图中用细实线画出,在其他土建工程图中仍用粗实线(或中粗实线)画出。

③ 为使图样层次分明,剖切到的实体部分(即断面)要画出相应的材料图例,见表3-6。图例中的斜线一律画成与水平线成45°的细实线,且应间隔均匀,疏密适度。如果没有材料的要求,应画图例线,图例线用45°细实线绘制,间距为2～5 mm。

表3-6　材料图例

图　例	名　称	图　例	名　称
	自然土壤		空心砖
	素土夯实		混凝土

续　表

图　例	名　称	图　例	名　称
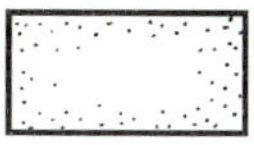	砂、灰土	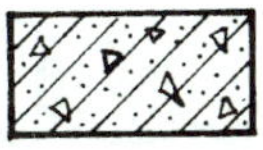	钢筋混凝土
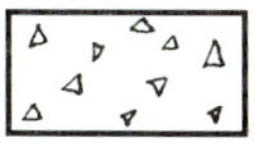	砂砾石、碎砖三合土	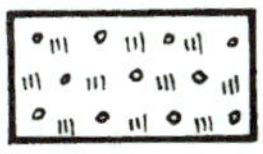	焦砟、矿渣
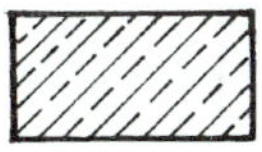	石材		木材　1. 上图为横断面,左上图为垫木、木砖或木龙骨　2. 下图为纵断面
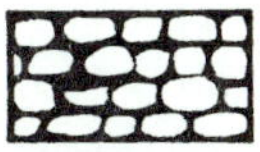	毛石	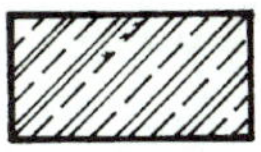	耐火砖,包括耐酸砖等
	多孔材料		纤维材料
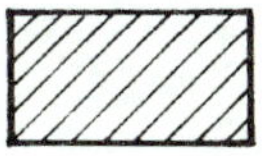	普通砖	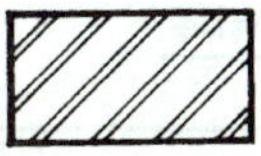	金属

④ 剖面、断面的名称用相应的编号代替,注写在相应的图样下方,图名标注的方法如图 3–69 所示。

⑤ 图样中不可见的轮廓线均可不画。但如画少量细虚线可以减少视图的数量,而又不影响剖面图的清晰表达时,也可以画出细虚线。

3. 剖切平面和剖面图的种类

(1) 剖切平面的种类

物体的结构形状不同,选择的剖切方法也不相同,《房屋建筑制图统一标准》(GB/T 50001—2017)规定了剖切平面的种类:单一剖切平面、几个平行的剖切平面和几个相交的剖切平面。选择剖面图时,应根据要表达物体的结构特点,选择不同的剖切平面,从而充分表达物体的内部结构和外部形状特征。

① 单一剖切平面。单一剖切平面通常是指用一个平面剖切物体,如图 3–70 所示。

② 几个平行的剖切平面。当物体内部形状复杂或层次较多时,一个剖切平面不能完整表达其内部结构时,可采用两个或两个以上的相互平行的剖切平面剖切物体,如图 3–71 所示。

③ 几个相交的剖切平面。当物体一部分与基本投影面不平行,而另一部分与基本投影面平行或具有明显的旋转轴时,常采用两个或两个以上相交的剖切平面剖切物体。

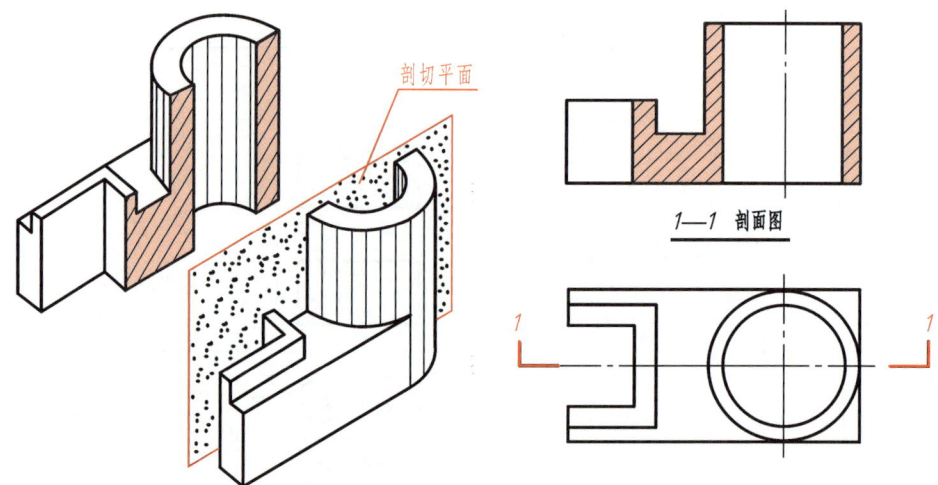

图 3-70 单一剖切平面剖切物体

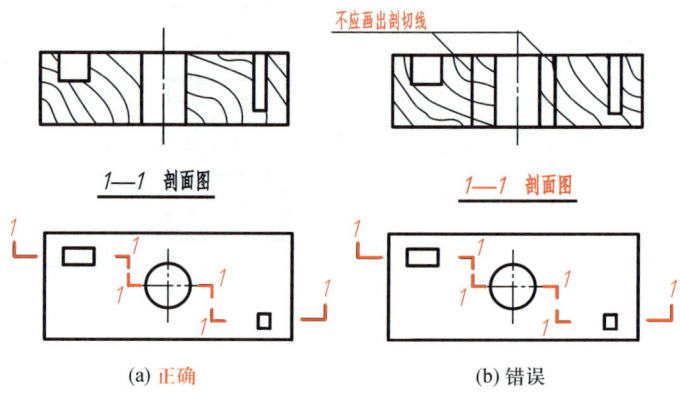

(a) 正确   (b) 错误

图 3-71 采用两个或两个以上的平行平面剖切物体

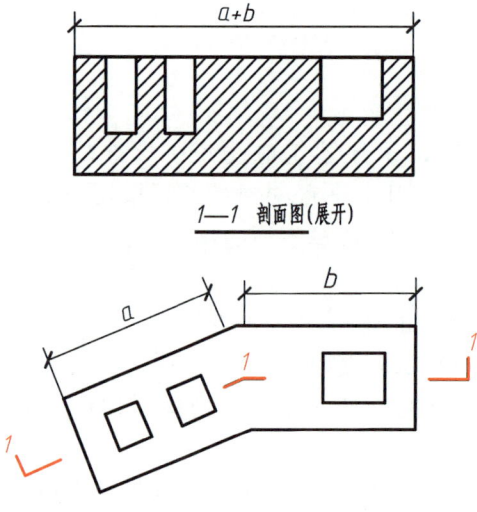

图 3-72 采用两个相交平面剖切物体

如图 3-72 所示,采用两相交平面剖切物体,具体位置和剖切符号标注在平面图上。画剖面图时,将不平行于投影面的部分按其实际长度展开画出,剖面图的总长度为两段长度之和(a+b)。剖切断面画上材料图例,不画剖切平面的转折交线,图名标注加"展开"二字。

(2)剖面图的种类

剖面图按剖切形式可分为全剖面图、半剖面图、局部剖面图。

① 全剖面图。用剖切面完全地剖开物体,所得剖面图称为全剖面图,如图 3-70 所示。当物体在某个方向上的投影图是不对称的图形,需要表示内部形状时就应采用全剖面图。如果投影图

是对称的,且外形比较简单,也可采用全剖面图表示其内部形状。

② 半剖面图。当物体具有对称平面时,向垂直于对称平面的投影面上投射所得的图形,可以对称中心线为界,一半画剖切图,另一半画成视图,所得的投影称为半剖面图,如图3-73所示。这种剖切方式适用于在某个方向上的投影图是对称图形,而且内外形状都较为复杂的物体的投影。

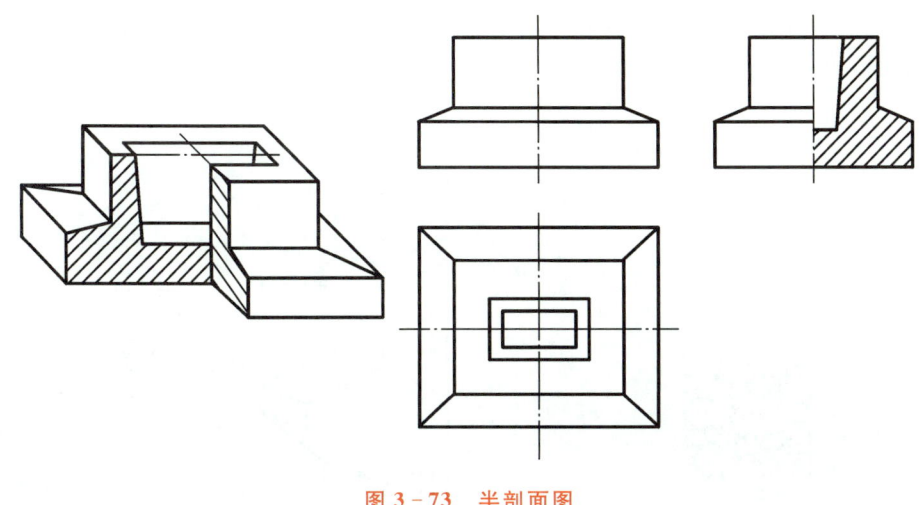

图 3-73　半剖面图

半剖面图中的剖面部分,一般可画在图形垂直对称线的右侧或水平对称线的下侧。在半剖面图中,一般不画剖切符号。

③ 局部剖面图。用剖切平面局部地剖开物体或分层剖开物体,所得到的剖面图称为局部剖面图或分层剖面图,如图3-74和图3-75所示。这种剖切方式适用于构造层次较多或局部构造比较复杂的物体。

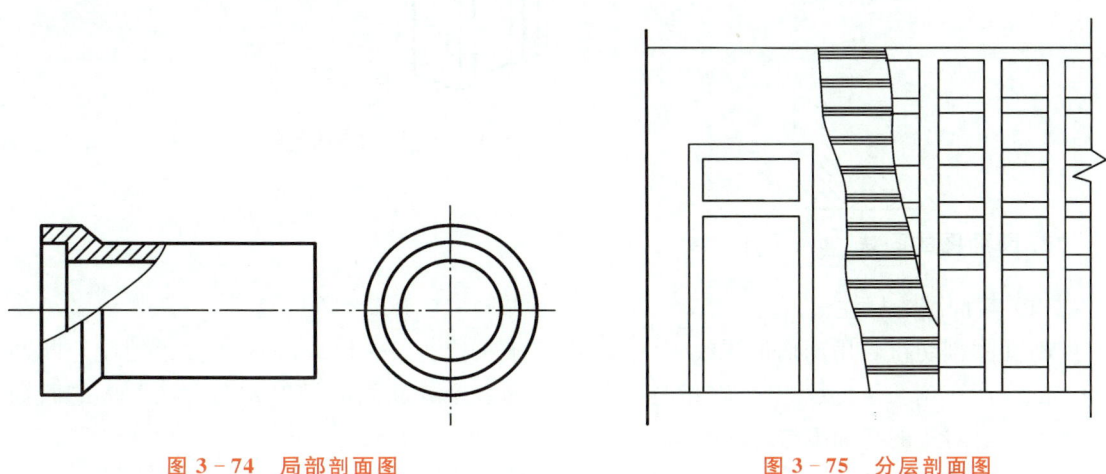

图 3-74　局部剖面图　　　　　　　　**图 3-75　分层剖面图**

画局部剖面图或分层剖面图时,非剖切部分按外形投影画出,不标注剖切平面位置,也不需加任何标注,只需用波浪线表示被剖切的范围(注意波浪线不要超出投影的轮廓线,也不要与其他图线重合)。

3.5.2   断 面 图

1. 断面图的基本概念

用假想的剖切面将物体的某处切断,仅画出该剖切面与物体接触部分的图形,称为断面图,简称断面,如图 3-76 所示。

微视频

断面图的
形成、种类与画法

拓展阅读

港珠澳大桥
断面图节点分析

图 3-76   断面图的形成

2. 断面图的画法

(1) 断面图的标注

断面图剖切符号用剖切位置线表示,即用一条长度为 8~10 mm 的粗实线绘制。断面编号应注写在剖切位置线的一侧,编号所在一侧即表示该断面的投射方向。在对应的断面图下方注写对应的断面编号。

(2) 断面图的线型

断面图的轮廓线用粗实线表示,图例线用 45°细实线绘制,间距为 2~6 mm。若需要表明物体的构造材料,可改画成材料图例。

3. 常用的几种断面图

断面图可分为移出断面图、中断断面图和重合断面图。

① 将断面图画在物体投影图以外的图样称为移出断面图,如图 3-77 所示,其轮廓线用粗实线绘制。这种断面图配置在剖切线的延长线上或其他适当位置,可同时作出若干个,比例可以适当放大。

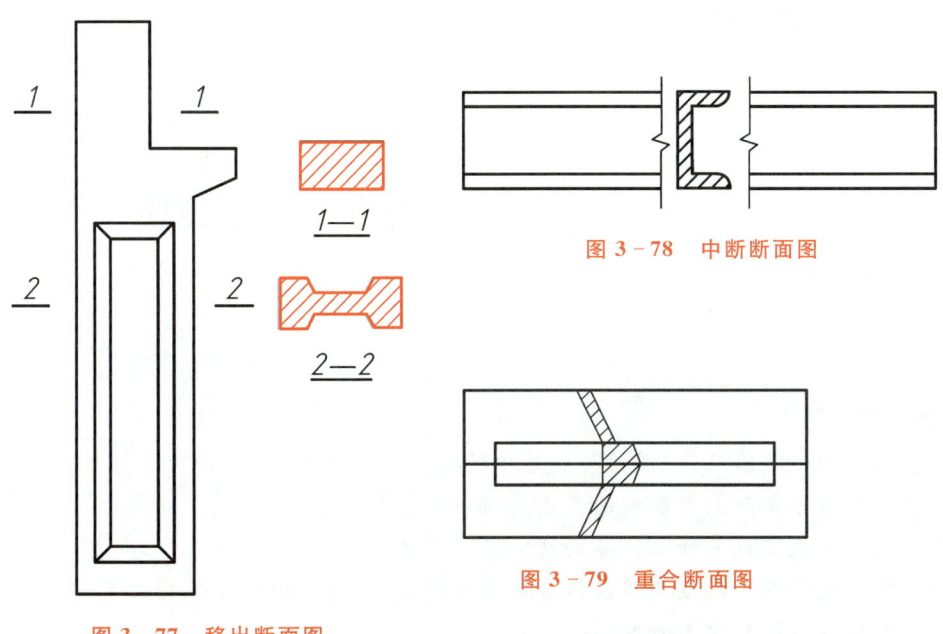

图 3-78　中断断面图

图 3-77　移出断面图

图 3-79　重合断面图

② 将断面图画在物体投影图中断处的断面图称为中断断面图,如图 3-78 所示,断面轮廓线用粗实线绘制。这种断面图适用于长而无变化的构件,同时不必标注。

③ 将断面图画在物体投影图范围以内的断面图称为重合断面图,如图 3-79 所示。重合断面的轮廓线应区别于物体的轮廓线,或比它粗,或比它细。重合断面轮廓线不画成封闭时,只需沿轮廓线画出部分图例线或材料符号,重合断面不必标注。

模型

断面图的
形成

4. 断面图与剖面图的区别

断面图与剖面图的区别在于:断面图只画出物体被剖切后截断面的图形,而剖面图除画出截断面的图形外,还应画出投射方向所能看到的部分,如图 3-80 所示。另外,断面图与剖面图的剖切符号也不同,断面图剖切符号的剖切位置线只用一条长度为 8~10 mm 的粗实线绘制,编号写在剖视方向的一侧。而剖面图不但要画剖切位置线,还要画出投射方向线,编号写在投射方向线一侧。

微视频

断面图与
剖面图的区别

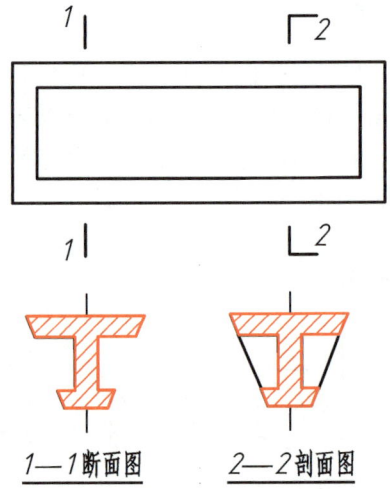

1—1断面图　　2—2剖面图

图 3 - 80　断面图与剖面图的区别

复习思考题

1. 棱柱体、棱锥体、圆柱体、圆锥体和球体的投影分别有哪些特性?

2. 求作基本形体表面上点和线的投影有哪些方法?

3. 平面立体的截交线是什么性质的线? 怎样作图?

4. 用不同位置的截平面截割圆柱体和圆锥体时,其截交线的形状有什么不同?

5. 什么是轴测投影? 它有哪些特性?

6. 常用轴测投影的轴间角和轴向伸缩系数各为多少? 简化伸缩系数又是多少?

7. 如何绘制基本形体的轴测图?

8. 什么叫组合体,组合体的组合方式有几种?

9. 组合体尺寸有哪几类? 如何标注?

10. 如何画组合体轴测图?

11. 选择轴测图类型时应考虑哪些问题?

12. 什么是形体分析法和线面分析法? 这两种方法对识读和绘图各有什么作用?

13. 什么是剖面图? 画剖面图时应注意哪些问题?

14. 什么是断面图? 常用的断面图有哪几种? 它与剖面图有哪些区别(画法与标注)?

学习任务4 建筑施工图的阅读与绘制

学 习 要 点

建筑施工图是建筑工程最基本的施工图纸。通过本学习任务的学习,应重点掌握识读和绘制建筑施工图的方法和技巧,掌握相关图例及其应用。培养严谨、认真、细致的工程师素养,明确国家建筑设计方针,树立以人为本、绿色发展的设计思想。

4.1 房屋建筑图的基本知识

4.1.1 民用建筑的分类及组成

1. 民用建筑的分类

民用建筑是指供人们居住、生活、从事社会活动的房屋。根据民用建筑的性质,可从以下几方面分类:

(1) 按建筑的使用功能分

① 居住建筑。居住建筑是指供人们居住使用的建筑,可分为住宅建筑和宿舍建筑。

② 公共建筑。公共建筑是指供人们进行各种公共活动的建筑,如办公楼、剧院、宾馆、旅馆等。

(2) 按建筑主要承重结构的材料分

① 砌体结构。砌体结构是用块状材料和砂浆砌筑而成的建筑结构,分为砖砌体结构、石砌体结构、砌块砌体结构等。

② 混凝土结构。混凝土结构是以混凝土为主制作的结构,分为素混凝结构、钢筋混凝土结构和预应力混凝土结构等。

③ 钢结构。钢结构是以钢材为主制作的结构。

④ 木结构。木结构是以木材为主制作的结构。

(3) 按建筑结构的承重方式分

① 墙承重结构。墙承重结构是用墙体结构来承受房屋的全部荷载,如图 4-1 所示。

② 框架结构。框架结构是用柱与梁组成的结构承受房屋的全部荷载,如图 4-2 所示。

③ 半框架结构。半框架结构是外部采用墙体结构,内部采用框架结构来承受房屋的全部荷载,如图 4-3 所示。

④ 空间结构。空间结构是由屋盖空间结构和柱来承受房屋的全部荷载,如图 4-4 所示。

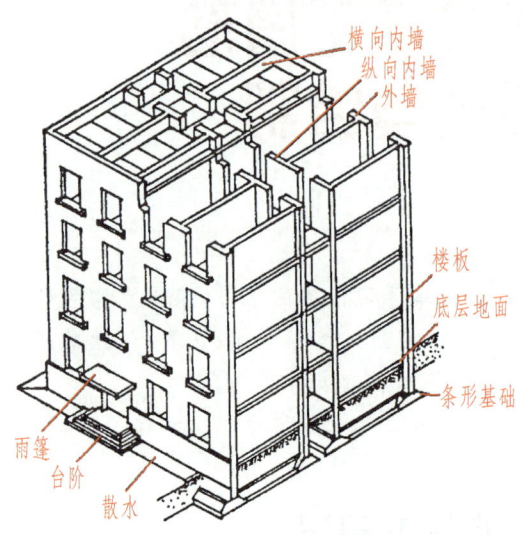

图 4 - 1　墙承重结构

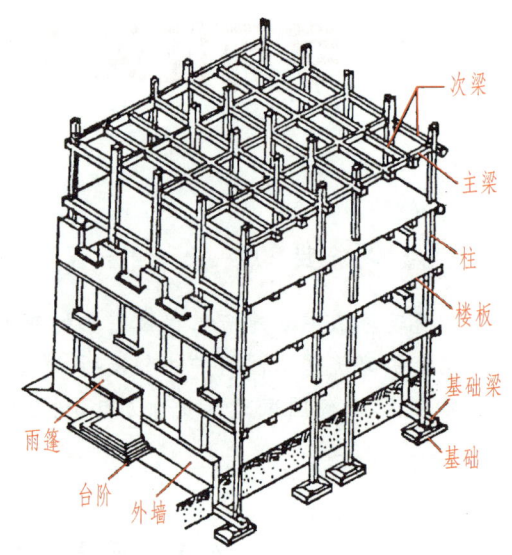

图 4 - 2　框架结构

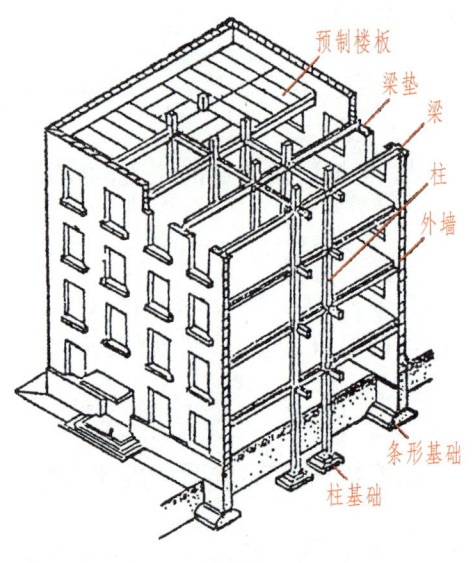

图 4 - 3　半框架结构

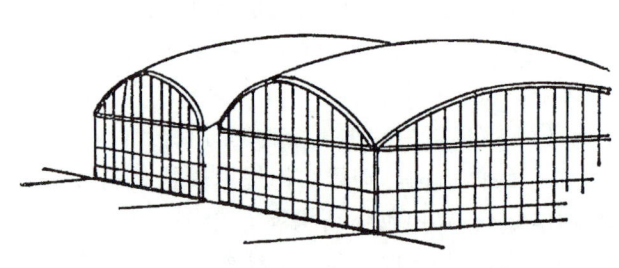

图 4 - 4　空间结构

（4）按建筑的层数和高度分

根据《民用建筑设计统一标准》(GB 50352—2019)，民用建筑按地上建筑高度或层数分类，应符合下列规定：

① 建筑高度不大于 27.0 m 的住宅建筑、建筑高度不大于 24.0 m 的公共建筑及建筑高度大于 24.0 m 的单层公共建筑为低层或多层民用建筑；

② 建筑高度大于 27.0 m 的住宅建筑和建筑高度大于 24.0 m 的非单层公共建筑，且高度不大于 100.0 m 的，为高层民用建筑；

③ 建筑高度大于 100 m 为超高层建筑。

2. 民用建筑的组成

民用建筑一般由基础、墙或柱、楼地层、楼梯、屋顶、门和窗等主要部分组成,如图 4 - 5 所示。民用建筑各主要组成部分的作用和构造如下:

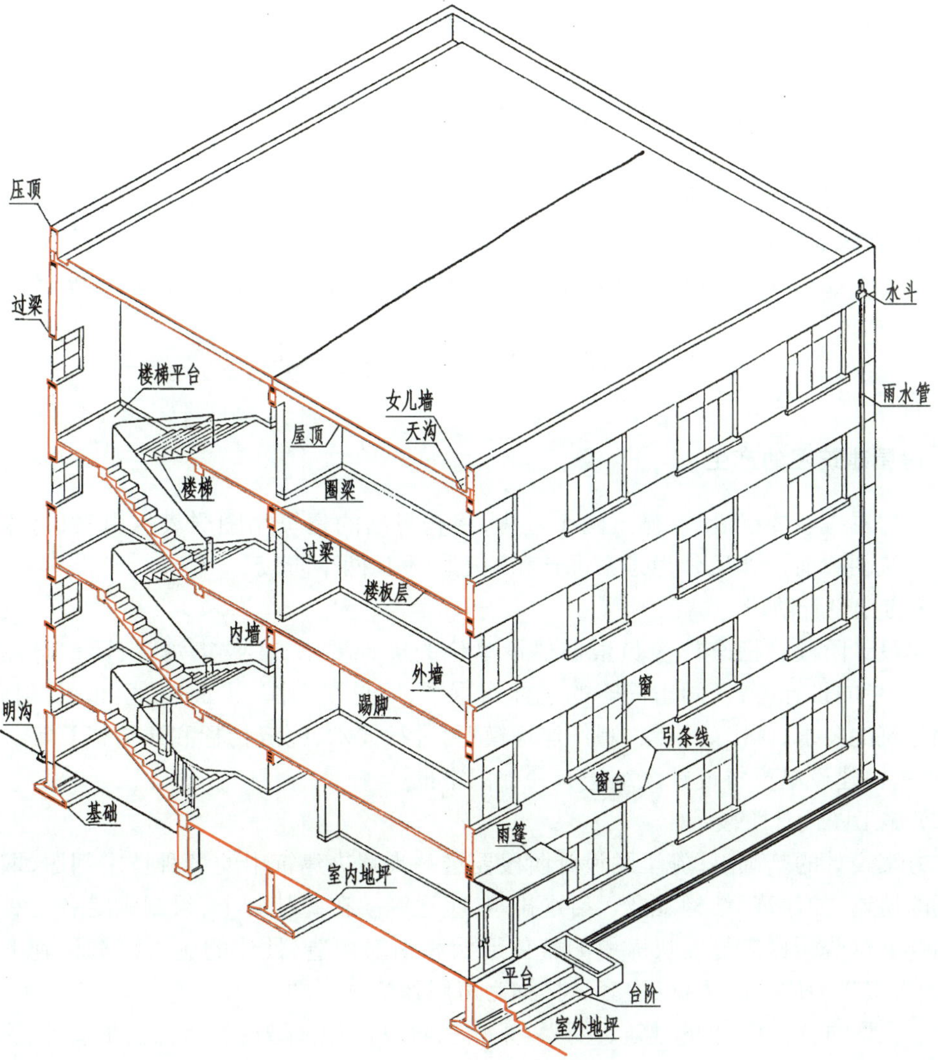

图中标注:
压顶、过梁、楼梯平台、楼梯、明沟、基础、女儿墙、天沟、屋顶、圈梁、过梁、内墙、踢脚、室内地坪、雨篷、楼板层、外墙、窗、引条线、窗台、平台、台阶、室外地坪、水斗、雨水管

图 4 - 5　民用建筑的组成

(1) 基础

建筑在地下的延伸部分称为基础,埋在室外地坪以下。它的作用是承受建筑上部的全部荷载,然后将这些荷载传给基础下面的土层(地基),起承上传下的作用。

(2) 墙或柱

墙或柱承受屋盖、楼层传给它的荷载,同时也承受自然界给它的风荷

微视频

民用建筑的组成

载,然后将荷载传给基础。墙或柱是建筑中的垂直构件,起承重、围护和分隔作用。

（3）楼地层

楼地层是建筑中的水平构件。楼板在房屋中起承重、分隔和水平支撑作用,地面在房屋中起满足使用要求和装饰作用,梁在房屋中起承重和水平支撑作用。

（4）楼梯

楼梯是房屋中上、下层之间交通联系的设施。在房屋中起垂直交通作用。

（5）屋顶

屋顶是建筑中最高的水平构件,它在建筑中起承重和围护作用。

（6）门和窗

门和窗是建筑中两个重要的围护配件。门在建筑中起围护、交通、通风作用。窗在建筑中起采光、通风、眺望等作用。

除以上主要组成部分以外,建筑中还有许多其他构配件,如阳台、雨篷、散水、台阶等。

4.1.2　房屋建筑图的作用与规定画法

1. 房屋建筑图的产生

建造房屋一般要经设计、施工两个过程,将构思出的建筑用图样表达出来,这些图样称为房屋建筑图。而设计又分为方案设计和施工图设计两个阶段。

（1）方案设计阶段

方案设计阶段是指设计人员根据建设单位的设计要求,在收集资料、调查研究的基础上,提出初步的设计方案,画出简略的总体布置图,即总平面图、平面图、立面图、剖面图,以及根据建筑的要求,画出效果图,制作建筑模型,进行技术、经济指标和建筑概算等。方案设计结束后,由建设单位将设计图纸送有关部门审批。

（2）施工图设计阶段

在方案设计的基础上,施工图设计阶段要进一步解决建筑中的各种技术问题,取得各工种之间的协调,如建筑、结构、电气、给水排水、暖通等。在此基础上,绘制满足各工种具体要求的图样。这些图样应能反映房屋的整体形状和细部构造、具体的施工要求和施工的工艺做法,能直接作为施工的依据,这套图样称为房屋建筑施工图。

对于大型的、较为复杂的建筑,也可以采用三阶段设计,即方案设计、初步设计、施工图设计。所谓初步设计,就是更深入、更细致地解决房屋施工中各工种之间的协调和技术问题。

2. 房屋建筑施工图的内容

房屋建筑施工图根据专业分工不同,一般分为三大类,即建筑施工图、结构施工图、设备施工图。

（1）建筑施工图

建筑施工图,简称建施。它是主要表示新建建筑的位置和周围环境的总体布置、建筑物的外形、内部布置、细部构造、装饰做法和施工要求的图样。

建筑施工图分为基本图和详图两种。

基本图包括建筑设计说明、总平面图、建筑平面图、建筑立面图、建筑剖面图。详图包括建筑的局部放大图,节点构造图,构、配件详图。

(2)结构施工图

结构施工图,简称结施。它主要表示房屋承重构件的布置,构件间的相互位置关系,构件的形状,以及构件内部的配筋情况。结构施工图包括结构施工说明、结构平面布置图、结构构件详图、标准图等。

(3)设备施工图

设备施工图,简称设施。它主要表示建筑内电气、给水排水、采暖通风的管道位置、走向和施工要求。设备施工图包括电气施工图、给水排水施工图、采暖通风施工图。

建筑施工图在施工中主要用作新建建筑定位、放线、砌筑墙体、安装门窗、室内外装饰和细部构造施工的依据。

结构施工图在施工中主要用作新建建筑定位、放线、挖土、基础施工、安置结构构件、配置构件模板、绑扎构件内部钢筋、放置构件内部的预埋件和浇捣构件混凝土的依据。

设备施工图在施工中主要用作新建建筑电气线路的布置、给水排水管道的设置和走向、采暖通风管道的布置和管道制作的依据。

在上述三类施工图中,把建筑施工图和结构施工图称为土建施工图,设备施工图称为安装施工图。

3. 房屋建筑图的编排顺序

房屋建筑图的编排顺序:全局性的施工图在前,局部性的施工图在后;基本施工图在前,详图在后。所以整套房屋建筑图的编排顺序如下所述。

(1)建筑施工图

目录,建筑设计总说明,总平面图,建筑平面图,建筑立面图,建筑剖面图,建筑详图。

(2)结构施工图

结构设计总说明,结构平面布置图,结构构件详图,标准图。

(3)设备施工图

电气施工图,给水排水施工图,采暖通风施工图。

4. 房屋建筑图的特点

(1)房屋建筑施工图大多数采用正投影原理绘制

通常在水平投影面上绘制建筑平面图,在正立投影面上绘制建筑立面图,在侧立投影面上绘制建筑剖面图或者侧立面图。如果图幅有限,建筑的平面图、立面图、剖面图不能画在同一张图纸上时,可以分开绘制,但要符合正投影的特征和相互之间的关系,最好采用同一种比例,并在每幅图的下方注写图名和比例,以便对照阅读。

(2)房屋建筑施工图采用缩小比例绘制

由于建筑形体庞大一般采用缩小比例绘制,不同的施工图采用不同的比例,如总平面图常用比例为1∶1 000,建筑平面图常用比例为1∶100 等。一般一个图样采用同一种比例,特

平面图 *1:100*

图 4 − 6　比例的注写

殊情况可以采用两种比例,如建筑中的梁、柱等细长构件。不管是采用一种比例还是两种比例绘制,在图样下方、图名的右侧都应注写比例,以便阅读,如图 4 − 6 所示。

（3）房屋建筑施工图图例、符号应严格按照国家标准绘制

由于房屋建筑是由多种建筑材料和繁多的构件、配件组成的,为了作图简便,国家标准《建筑制图标准》(GB／T 50104—2010)及《房屋建筑制图统一标准》(GB／T 50001—2017)中规定了一系列图例、符号表示建筑材料、建筑构件及配件等,见表 3 − 6 及表 4 − 1。

表 4 − 1　建筑构造及配件图例

图　　例	名　　称	图　　例	名　　称
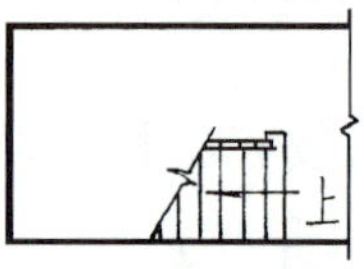	底层楼梯		空门洞
		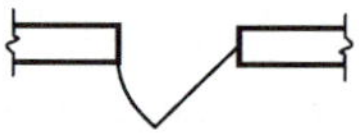	单扇门
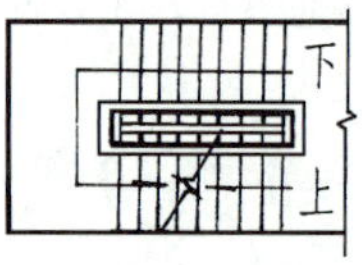	中间层楼梯	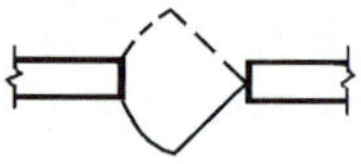	单扇双面弹簧门
			双扇门
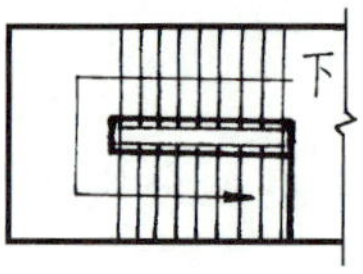	顶层楼梯		对开折叠门
			双扇双面弹簧门
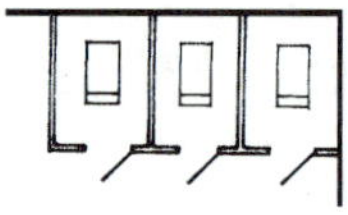	厕所间	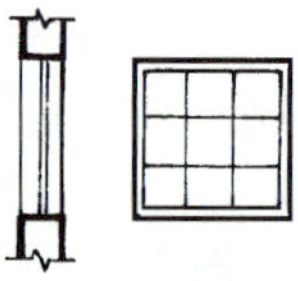	单层固定窗
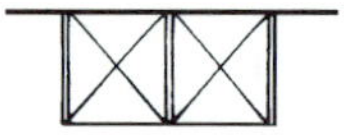	沐浴小间	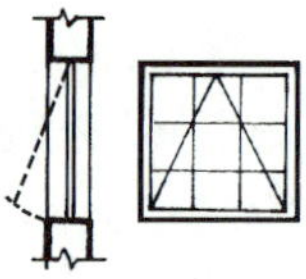	单层外开上悬窗
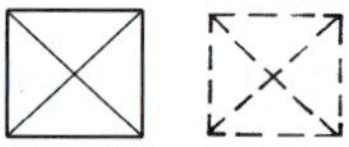	左图为可见检查孔 右图为不可见检查孔	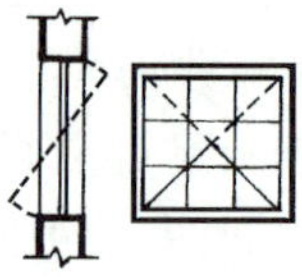	单层中悬窗
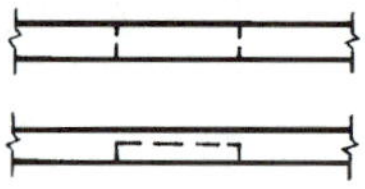	墙上预留洞口 墙上预留槽	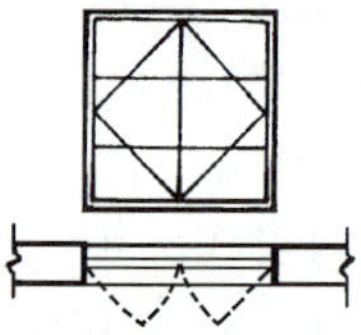	单层外开平开窗
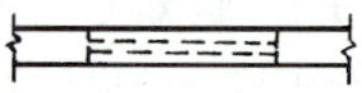	高窗		

5. 房屋建筑图的规定画法

（1）图线

在房屋建筑施工图中，可采用不同的线型来表示不同的内容。

（2）尺寸标注

尺寸标注除应遵守本书学习任务 2 中有关规定以外，特别要注意的是尺寸单位。在房屋建筑图中尺寸数字后面都不注单位，按国家建筑制图标准，总平面图和标高的尺寸单位为 m，其他施工图的尺寸单位均为 mm。

（3）定位轴线及其编号

在房屋建筑中，凡是墙、柱、梁、屋架等主要承重构件，都用一根细点画线来表示其位置，这根细点画线称为定位轴线。对于次承重构件，如分隔墙等，可用附加定位轴线来表示。

建筑制图国家标准规定：定位轴线用细单点长画线绘制，端部画一直径为 8～10 mm 的圆圈，并且编号。在平面图上定位轴线分为横、竖两个方向。横向定位轴线用阿拉伯数字从左往右顺序编号，竖向定位轴线用大写的拉丁字母从下往上顺序编号（其中 I、Z、O 不允许用为轴线编号，以免同阿拉伯数字混淆），如图 4-7 所示。

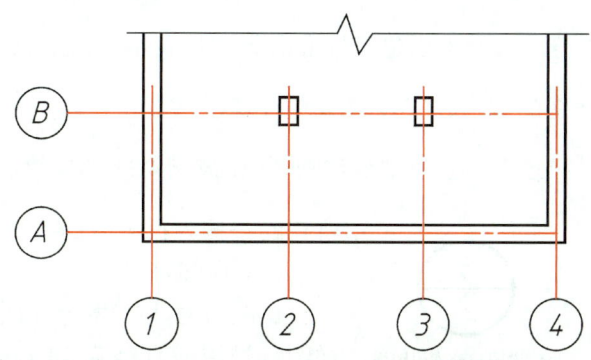

图 4-7 定位轴线的编号顺序

在两根定位轴线之间，若设附加定位轴线，需用分数的形式表示，分母表示前定位轴线的编号；分子表示附加定位轴线的编号，用阿拉伯数字编号，其编写方向同定位轴线，1 号轴线或 A 号轴线之前的附加轴线的分母应以 01 或 0A 表示，如图 4-8 所示。

（4）索引符号

房屋建筑图中的某一局部或构件、配件，如需另见详图，应以索引符号索引。索引符号用直径为 8～10 mm 的圆和水平直径组成，圆和水平直径均为细实线。常用的索引符号有以下几种：

$\frac{2}{5}$ ——此索引符号中的"2"表示该详图的编号为 2，"5"表示详图所在的图纸编号为 5。

$\frac{3}{—}$ ——此索引符号的"3"表示该详图的编号为"3"，"—"表示详图在本张图纸上。

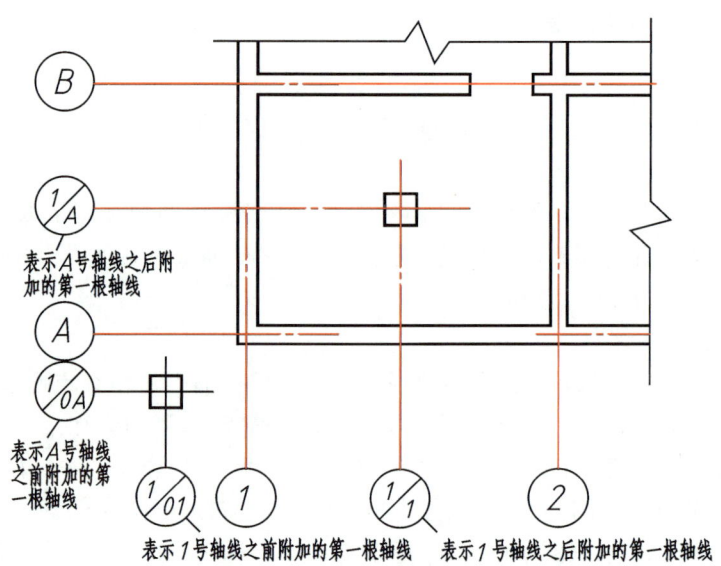

图 4 - 8   附加定位轴线的编号顺序

此索引符号表示索引建筑标准图集，"J"表示建筑标准图，"103"表示标准图集的编号，"2"表示该详图的编号，"5"表示图纸的编号。

此索引符号表示索引剖视详图，并在被剖切的部位绘制剖切位置线，引出线

(a) 详图与被索引图样
　　在同一张图纸内

(b) 详图与被索引图样
　　不在同一张图纸内

图 4 - 9   详图符号的注写方法

所在的一侧为投射方向。

（5）详图符号

详图符号用来表示详图所在的位置和编号。详图符号用一直径为 14 mm 的粗实线圆圈来表示，圆圈内注写详图编号，详图符号的注写方法有两种，如图 4 - 9 所示。

（6）引出线

引出线采用细实线，可以画成水平线，也可以画成与水平方向成 30°，45°，60°，90°的直线，并在引出线的上方或者端部注写文字说明，如图 4 - 10 所示。

同时引出的几个相同部分的引出线，宜互相平行(图 4 - 10d)，也可以画成集中于一点的放射线(图 4 - 10e)。

表示构造层次的引出线要通过各构造层，并画有水平线，在水平线的上方或者端部注写文字说明，其顺序一般由上至下，由左至右，并与被说明的层次对应一致，如图 4 - 11 所示。

（7）对称符号

绘制房屋建筑工程图时，若构配件结构对称时，不需要画出全部图样，可用对称符号表示。对称符号用细点画线绘制，两端画两根平行的细实线，长度为 6～10 mm，每对平行线的间距为 2～3 mm，如图 4 - 12 所示。

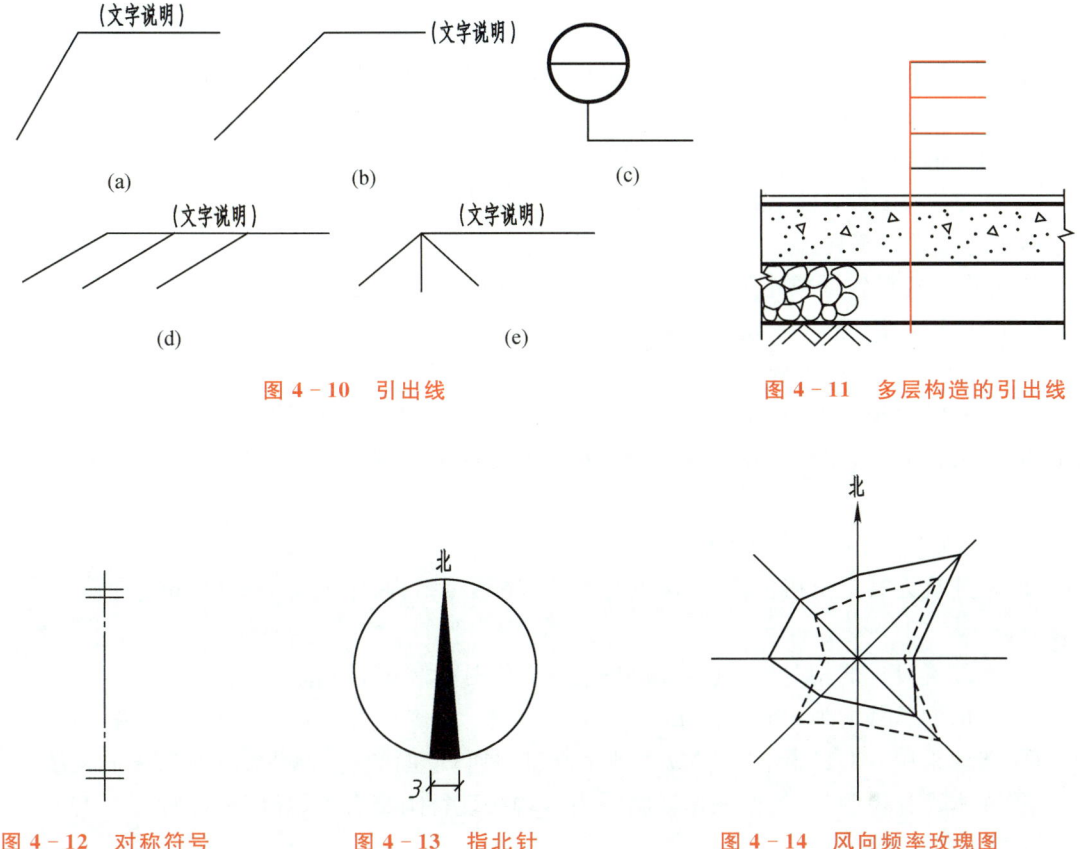

图 4-10 引出线

图 4-11 多层构造的引出线

图 4-12 对称符号   图 4-13 指北针   图 4-14 风向频率玫瑰图

（8）指北针

指北针是用细实线绘制的直径为 24 mm 的圆圈，指针尾部的宽度为 3 mm，指针头部应注"北"或"N"字样，如图 4-13 所示。指北针用于表明房屋的朝向。

（9）风向频率玫瑰图

风向频率玫瑰图的作用是表明房屋的朝向和当地的风向频率，如图 4-14 所示，图中的实线表示当地常年的风向频率，虚线表示夏季的风向频率（我国的夏季通常指 6,7,8 三个月），箭头的指向为北向。

4.2　建 筑 施 工 图

4.2.1　建筑设计说明、总平面图

1. 建筑设计说明

建筑设计说明主要是对本建筑工程的设计和施工作具体的说明，一般有以下几方面的

内容。

（1）工程概况

工程概况表示拟建工程的名称、建筑的结构类型、结构形式、总建筑面积、建筑物的层数、建筑物的总高度等。

（2）标高关系

标高关系表示拟建工程的相对标高（±0.000）相对于绝对标高的关系。

（3）有关设计资料

有关设计资料包括拟建工程有关的地质资料（如土层情况、地基的承载力等）、气象资料（如风荷载、雪荷载、常年平均降雨量）等。

（4）建筑工程的施工要求和工艺做法

建筑工程的施工要求和工艺做法是在房屋建筑图中不能用图表达的内容，一般只能用文字来说明。文字说明力求言简意明，如门窗的油漆、墙面的颜色、工艺做法的要求等。

现以某宿舍为例，识读建筑设计说明。

① 本建筑为某单位宿舍楼，四层混合结构，墙承重结构，建筑面积 $1\,028\,m^2$，建筑总高度 $13.8\,m$。

② 本建筑设计的相对标高（±0.000）相对于绝对标高 $20.50\,m$。

③ 土层的承载力为 $100\,kN/m^2$。

④ 墙体采用 MU10 标准砖，M7.5 砂浆砌筑，具体墙面的内、外装饰详见有关施工图。

⑤ 除本设计说明外，其他未作说明的内容均按现行国家有关规范、规定施工。

2. 总平面图

（1）总平面图的形成

在地形图上画出原有、拟建、拆除的建筑物或构筑物以及新旧道路等的平面轮廓，即可得到总平面图。

（2）总平面图的表示方法

① 图线。《总图制图标准》（GB/T 50103—2010）规定，总图制图应根据图纸功能，按表1-6 规定的线型选用。

② 比例。总图制图采用的比例宜符合表 4-2 的规定。

表 4-2　比 例 的 选 用

图　　名	比　　例
现状图	1:500、1:1 000、1:2 000
地理交通位置图	1:25 000～1:200 000
总体规划、总体布置、区域位置图	1:2 000、1:5 000、1:10 000、1:25 000、1:50 000

图　名	比　例
总平面图、竖向布置图、管线综合图、土方图、铁路、道路平面图	1:300、1:500、1:1 000、1:2 000
场地园林景观总平面图、场地园林景观竖向布置图、种植总平面图	1:300、1:500、1:1 000
铁路、道路纵断面图	垂直:1:100、1:200、1:500 水平:1:1 000、1:2 000、1:5 000
铁路、道路横断面图	1:20、1:50、1:100、1:200
场地断面图	1:100、1:200、1:500、1:1 000
详图	1:1、1:2、1:5、1:10、1:20、1:50、1:100、1:200

③ 计量单位。总平面图中的坐标、标高、距离以 m 为单位。坐标以小数点标注三位,不足以"0"补齐;标高、距离以小数点后两位数标注,不足以"0"补齐。详图可以 mm 为单位。建筑物、构筑物、铁路、道路方位角(或方向角)和铁路、道路转向角的度数,宜注写到""(秒),特殊情况应另加说明。铁路纵坡度宜以千分计,道路纵坡度、场地平整坡度、排水沟沟底纵坡度宜以百分计,并应取小数点后一位,不足时以"0"补齐。

④ 坐标标注。总平面图应按上北下南方向绘制。根据场地形状或布局,可向左或右偏转,但不宜超过45°。图中应绘制指北针或风向频率玫瑰图(图 4 - 15)。

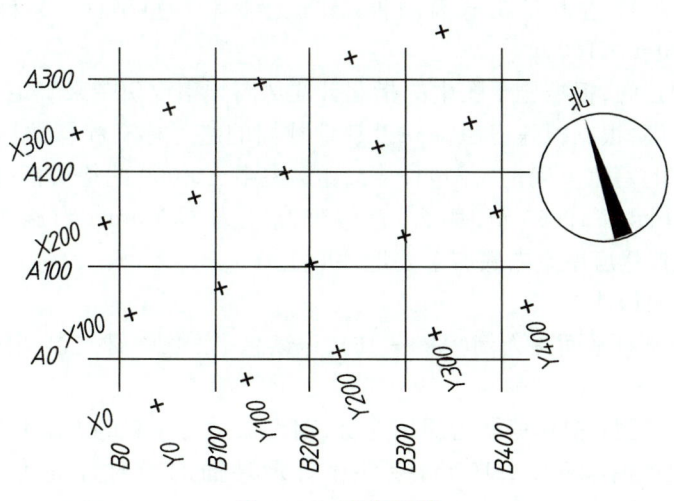

图 4 - 15　坐标网格

注:图中 X 为南北方向轴线,X 的增量在 X 轴线上;Y 为东西方向轴线,Y 的增量在 Y 轴线上。A 轴相当于测量坐标网中的 X 轴,B 轴相当于测量坐标网中的 Y 轴。

坐标网格应以细实线表示。测量坐标网应画成交叉十字线,坐标代号宜用"X、Y"表示;建筑坐标网应画成网格通线,自设坐标代号宜用"A、B"表示(图 4-15)。坐标值为负数时,应注"－"号,为正数时,"＋"号可以省略。

总平面图上有测量和建筑两种坐标系统时,应在附注中注明两种坐标系统的换算公式。

⑤ 标高标注。建筑物应以接近地面处的±0.00 标高的平面作为总平面。字符平行于建筑长边书写。总图中标注的标高应为绝对标高,当标注相对标高,则应注明相对标高与绝对标高的换算关系。

建筑物、构筑物、铁路、道路、水池等应按下列规定标注有关部位的标高:建筑物标注室内±0.00 处的绝对标高;在一栋建筑物内宜标注一个±0.00 标高,当有不同地坪标高以相对±0.00 的数值标注;建筑物室外散水,标注建筑物四周转角或两对角的散水坡脚处标高;构筑物标注其有代表性的标高,并用文字注明标高所指的位置;铁路标注轨顶标高;道路标注路面中心线交点及变坡点标高;挡土墙标注墙顶和墙趾标高;路堤、边坡标注坡顶和坡脚标高;排水沟标注沟顶和沟底标高;场地平整标注其控制位置标高;铺砌场地标注其铺砌面标高。

⑥ 名称和编号。总平面图上的建筑物、构筑物应注写名称,名称宜直接标注在图上。当图样比例小或图面无足够位置时,也可编号列表标注在图内。当图形过小时,可标注在图形外侧附近处。一个工程中,整套总图图纸所注写的场地、建筑物、构筑物、铁路、道路等的名称应统一,各设计阶段的上述名称和编号应一致。

(3) 总平面图的作用

总平面图是作为拟建房屋建筑定点、定向、定高、土方施工(挖土、施工)和编制施工组织设计依据的施工图。

拟建房屋的定点:标注与原有建筑和道路的联系尺寸来确定拟建房屋的位置或用坐标来确定拟建房屋的位置,坐标的形式有两种:建筑坐标和测量坐标。坐标构成的方格网为 50 m×50 m,或 100 m×100 m。

拟新建房屋的定向,根据施工图中的指北针或风向频率玫瑰图来确定。

拟建房屋的定高,根据拟建房屋室外设计地坪面的绝对标高和拟建房屋室内底层主要地坪面的绝对标高的差值来确定。例如,某拟建房屋中±0.000 的绝对标高为 20.10 m,室外设计地坪面的绝对标高 19.65 m,那么,室内外高差为 450 mm(为施工方便,相对标高±0.000,一般放在拟建房屋室内底层主要地坪面上)。

(4) 总平面图的识读

以某单位招待所总平面图为例(图 4-16),识读总平面图。建筑制图国家标准中有关总平面图的图例见表 4-3。

从图中可以了解到:拟建房屋为四层建筑,定点依据为原有的五层建筑,拟建房屋的底层室内地坪面的绝对标高为 4.15 m,室外设计地坪面的绝对标高为 3.70 m ,其差值(450 mm)为室内外高差;拟建房屋的朝向为西南向(主要立面的朝向),在拟建房屋的周围有原有建筑三幢,它们分别为一层、四层和五层;原有的绿化、交通出入口等;从风向频率玫瑰图中了解当地常年的主导风为东南风、夏季的主导风为东南风等。

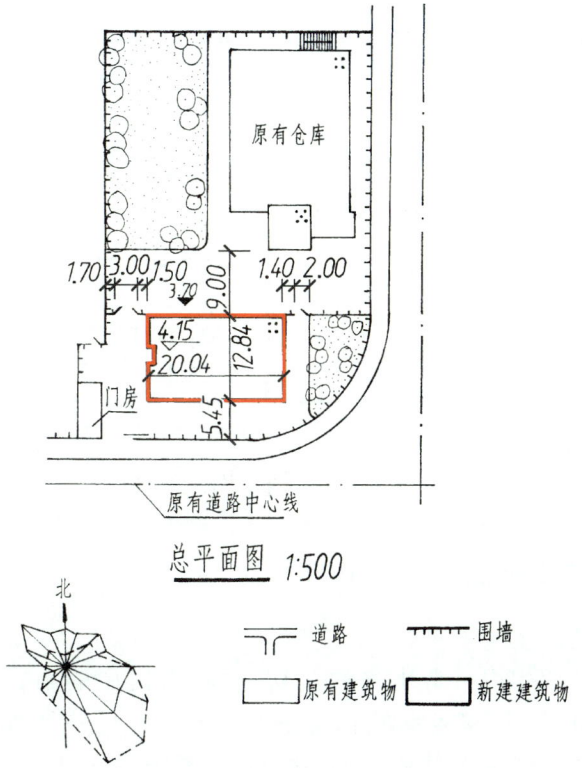

图4-16 某单位招待所总平面图

表4-3 总平面图的图例

图 例	名 称	图 例	名 称
(矩形带三点)	新设计的建筑物 右上角以点数表示层数	(带框矩形)	散状材料 露天堆场
(矩形)	原有的建筑物	(带叉矩形)	其他材料露天堆场 或露天作业场
(虚线矩形)	计划扩建的建筑物 或预留地	(虚线方块和圆)	地下建筑物或构筑场
(带叉矩形)	拆除的建筑物	(围墙符号)	围墙,表示砖石、混凝土 及金属材料围墙
x=105.0 y=425.0	测量坐标	(围墙符号)	围墙,表示镀锌铁 丝网、篱笆等围墙
A=131.52 B=276.24	建筑坐标	154.30	室内地坪标高

续　表

图　例	名　称	图　例	名　称
▼142.00	室外整平标高		公路桥
	原有的道路		铁路桥
- - - - -	计划的道路		护坡

4.2.2　建筑平面图

1. 建筑平面图的产生和在施工中的作用

（1）建筑平面图的产生

微视频

建筑平面图的
产生和作用

假想用一个水平的剖切平面,沿房屋的窗台上方(大约离楼地面1 200 mm)将房屋切开,移去上部房屋,从上向下作正投影所得到的投影图称为建筑平面图。建筑平面图是整幢房屋的水平剖面图。

根据剖切平面位置不同,建筑平面图分为底层平面图、标准层平面图、顶层平面图和屋顶平面图等。底层平面图、标准层平面图和顶层平面图应在建筑物的门窗洞口处水平剖切俯视,屋顶平面图应在屋面以上俯视,图内应包括剖切面及投影方向可见的建筑构造以及必要的尺寸、标高等,表示高窗、洞口、通气孔、槽、地沟及起重机等不可见部分时,应采用虚线绘制。

（2）建筑平面图在施工中的作用

建筑平面图在施工中作为拟建房屋定位、放线、砌墙、安装门窗、室内外装饰、编制预算、备料的依据。

2. 建筑平面图的内容和有关规定

（1）建筑平面图的内容

建筑平面图主要表示建筑的平面形状,建筑内部同一水平面上各部分的布置和相互间关系(如出入口、走廊、房间、楼梯等),门窗的位置,墙、柱位置以及其他构配件的大小和位置等。

（2）建筑平面图的有关规定

① 图线。建筑平面图中的图线应粗细有别。被剖切到的墙、柱的轮廓线应用粗实线绘制,没有被剖切到的轮廓线(如窗台、台阶、花坛、门的开启线等)用中粗实线绘制,尺寸线、尺寸界线、引出线用细实线绘制。

② 比例。建筑平面图采用的比例一般为 1∶50,1∶100,1∶200。若采用 1∶100,1∶200 的比例,建筑平面图上所反映的构件、配件一般按简易画法,如墙体,砖墙只需画出它的厚度,

钢筋混凝土墙可涂黑。建筑平面图采用的比例为 1∶50 或大于 1∶50 时,墙体及其他构、配件图例均应按国家标准规定的图例绘制。

③ 尺寸标注。建筑平面图上的尺寸分为两部分,即外部尺寸和内部尺寸。

外部尺寸是指平面图轮廓线以外的尺寸,一般注有三道尺寸,最内侧的第一道尺寸表明外墙门、窗洞口的大小和门窗洞口的位置尺寸;中间第二道尺寸表示定位轴线间的尺寸(房屋的开间、进深尺寸);最外侧的第三道尺寸表示建筑的总体尺寸(建筑的总长、总宽尺寸)。

此外,在外部尺寸中还应表示房屋四周设置的构配件的尺寸,如台阶、花坛、散水等。

内部尺寸,表示内墙上门、窗洞口大小尺寸及其位置尺寸,房间的净长、净宽尺寸,墙体的厚度尺寸,定位轴线与墙体的位置尺寸等。墙体的厚度尺寸一般标注结构尺寸。

④ 标高。建筑平面图上应标注楼地面的标高。建筑平面图上所注的标高为房屋竣工以后的标高,即为建筑标高。在同一楼地面上如遇地面高低不一时,在不同处都应标注楼、地面的标高,如遇坡道和散水,应注明散水的坡度和方向。

⑤ 剖切符号。建筑剖面图的剖切符号,宜标注在 ±0.000 标高的平面图上。其他平面图中不需重复标注。

3. 建筑平面图的识读

以图 4-17 所示的某宿舍楼底层平面图为例,说明建筑平面图的投影原理及表示的内容和图示要求。

该底层平面图是用一个假想的水平剖切平面,沿底层窗台上方将房屋切开,移去上半部分,从上往下作正投影,得到的水平剖面图。其墙体部分和楼梯段为剖到的部分,窗台及门洞为可见部分。

① 底层平面图表明了建筑物的平面形状,此宿舍楼为长方形,表明了底层房间的布置及房间的名称。底层共有宿舍四间,门厅、盥洗室、男厕所、活动室各一间,设楼梯一部。

② 外部尺寸标注有三道。最里面的一道尺寸表明了外墙上门、窗洞口大小,洞口的位置,如 C283(C 为窗的代号,283 为窗的型号)洞口宽度 1 800 mm,在房间的中部位置。中间的一道尺寸表明轴线间尺寸,X 向轴线间尺寸为 3 300 mm(即房屋的开间为 3 300 mm),Y 向轴线尺寸分别为 6 000 mm,2 100 mm(即房屋的进深为 6 000 mm,2 100 mm)等。最外一道尺寸表明房屋的总长度和总宽度,它们分别为 20 040 mm,12 840 mm。

③ 在内部尺寸中,表明了墙体的结构厚度 240 mm,墙体与轴线的关系等。

④ 标高中表明了房间各地坪面的高度。如门厅、宿舍、走廊、活动室的地坪为 ±0.000,男厕所、盥洗室的地坪为 -0.020 m,楼梯平台下面房间的地坪为 -0.450 m,M1 处外平台面标高为 -0.050 m,室外设计地坪面标高为 -0.450 m 等。

底层平面图是底层窗台上方的水平剖面图,所以在楼梯间处只表示出半个向上的梯段,其余都不可见,按规定在楼梯的断开处画 45° 的折断线。

在底层平面图上表明建筑剖面图的剖切位置,从图中可知 *1-1* 剖面图的剖切位置,通过门厅,楼梯间剖切,投影方向为由东向西。

在底层平面图中还表明,M1 和 M2 处各有一台阶,建筑的四周设有四根落水管及明沟等。

图纸

装配式混凝
土建筑构件布置平面图

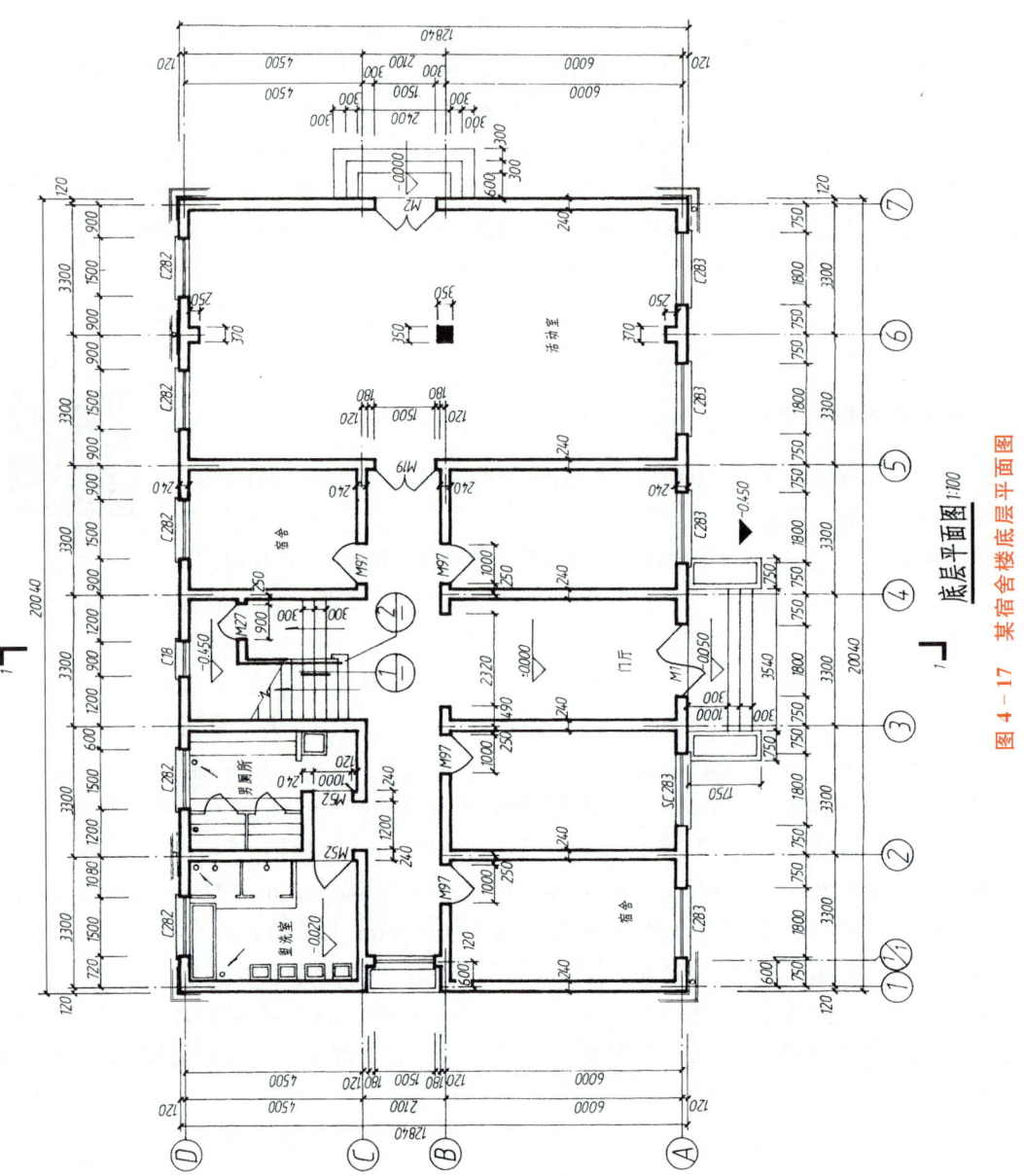

图 4-17　某宿舍楼底层平面图

底层平面图 1:100

4.2.3 建筑立面图

1. 建筑立面图的产生和在施工中的作用

（1）建筑立面图的产生

用平行于建筑物的某一外墙面的平面作为投影面，向其作正投影，所得到的投影图称为建筑立面图。建筑立面图是建筑物各立面(外墙面)的正投影图。

建筑立面图应包括投影方向可见的建筑外轮廓线和墙面线脚、构配件、墙面做法及必要的尺寸和标高等。在建筑物立面图上，相同的门窗、阳台，外檐装修，构造做法等可在局部重点表示，并应绘出其完整图形，其余部分可只画轮廓线。在建筑物立面图上，外墙表面分格线应表示清楚，应用文字说明各部位所用面材及色彩。有定位轴线的建筑物，宜根据两端定位轴线号编注立面图名称，如①～⑥轴立面图；无定位轴线的建筑物可按平面图各面的朝向确定名称，如南立面图。

（2）建筑立面图在施工中的作用

建筑立面图在施工中主要作为建筑物门窗标高、尺寸及外墙面装饰等的依据。建筑立面图要详细反映建筑物各外墙面的装饰要求和装饰做法，使用国家标准规定的材料图例或用文字加以说明，因此在阅读施工图时不但应注意图例，还要注意文字说明。

2. 建筑立面图的内容和表达方法

（1）建筑立面图的内容

建筑立面图主要反映建筑物的外形轮廓和各部分配件的形状及相互关系，如门窗的形式，开启方向、角度等，在立面图上还应标注外墙面的装饰材料和做法，建筑各主要部位的标高以及定位轴线的编号等。

（2）建筑立面图的表达方法

① 图名。在立面图的下方注写图名，如南立面图、①～⑦轴立面图等，以便与建筑平面图对照阅读。

② 定位轴线。在立面图中只需注写建筑两端的定位轴线，这样可以更确切地判断立面图的观看方向。

③ 图例。建筑立面图上应有建筑物外墙装饰材料图例(按国标规定)和门窗开启方向的图例。门、窗的开启线有实线和虚线两种，实线表示门窗外开，虚线表示门窗内开，没有开启线的门窗，表示固定窗(在立面图上同种型号的门窗，只需在一樘门窗立面图上画上开启线)，如图4-18所示。

④ 尺寸标注。建筑立面图上反映建筑高度方向的尺寸，一般采用标高的形式标注，而不标注竖向尺寸。建筑立面图中应标注房屋主要部位的标高，如室外设计地坪面的标高、底

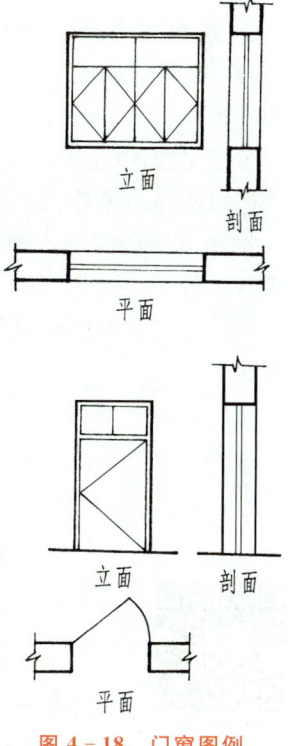

图 4-18 门窗图例

层室内主要地坪面的标高、窗台面标高、窗过梁底标高、檐口底标高、压顶面标高等。标注构件顶面的标高时,应包括构件粉刷层在内;标注构件底面标高时,不包括构件粉刷层在内。

⑤ 索引符号。在建筑立面图中若有些细部构造或构配件表达不清楚,需另见详图,则可用索引符号索引。

⑥ 文字说明。对于建筑外墙面上的装饰不能用图例表示的,可用文字简单说明,需确切说明的装饰部位用引出线指明,以免造成误解。

建筑立面图只需表明建筑中可见的部分(包括建筑四周的构造,如雨篷、阳台、凸出墙面的窗台,台阶、花坛以及其他的装饰构造等),并要与建筑平面图中的位置对应。对于建筑中不可见的部分均不画出,所以在建筑立面图中没有虚线。

3. 建筑立面图的识读

微视频

建筑立面图
的识读

以某宿舍楼南立面图为例,说明立面图的投影原理和内容,如图4-19所示。

该南立面图是以平行于南立面的平面作为投影面,向其作正投影所得到的正立面投影。

① 宿舍楼的南立面图是该建筑的主要立面图,立面图表明本建筑是一幢四层(没有错层)建筑。立面上有一主要出入口(大门),门上设有雨篷,门的下部设有三级台阶,立面上设有一种型号的窗,它的开启形式是上部为外开上悬窗,下部为双扇外开平开窗。

② 立面图中表明室外设计地坪面的标高为 -0.450 m,室内底层地坪面的标高为 ±0.000 m,一层窗台面的标高为 0.900 m,窗过梁底标高为 2.700 m,压顶面的标高为 13.800 m。

③ 立面图中还表明外墙面的装饰作法,勒脚用 $1:2$ 水泥砂浆粉,墙面采用浅绿色水刷石,窗台、雨篷口采用白水泥加 108 胶刷白二度等。

此外,立面图中还表明南立面设有两根雨水管,在建筑的东面有一出入口,设有雨篷和三级台阶等。

阅读建筑立面图时应与建筑平面图对照,以便查阅门窗的平面位置、数量,定位轴线编号等。

4.2.4　建筑剖面图

1. 建筑剖面图的产生和在施工中的作用

(1) 建筑剖面图的产生

假设用垂直于外墙轴线的竖直剖切平面将建筑物切开,移去一部分,对剩余部分的建筑物作正投影,所得到的图称为建筑剖面图。建筑剖面图是整幢建筑物的垂直剖面图。

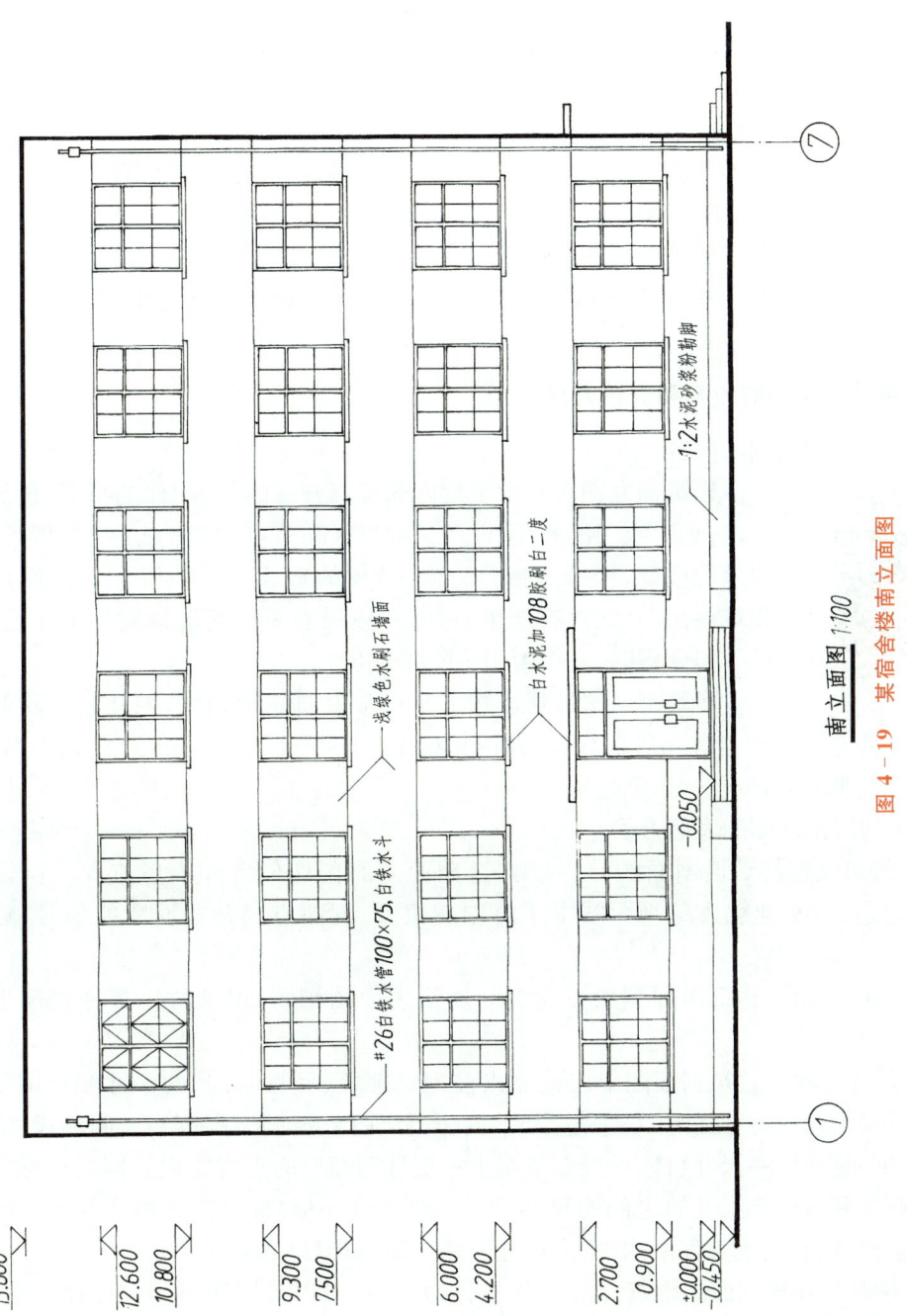

南立面图 1:100

图 4-19 某宿舍楼南立面图

建筑剖面图剖切方向有两个,即横向和纵向。沿横向轴线剖切,得到的剖面图为横向剖面图。沿纵向轴线剖切,得到的剖面图为纵向剖面图。建筑剖面图一般以横向剖切居多。

剖面图的剖切位置,应根据图纸的用途或设计深度,在平面图上选择能反映全貌、构造特征以及有代表性的部位剖切。对房间剖切应通过门窗洞口,这样可以在剖面图中表示门窗洞口的高度。对多层建筑剖切应通过门厅、楼梯间等部位,以反映上下层的联系和楼梯的形式、构造等。

剖面图的数量应根据建筑的复杂程度(内部结构)和建筑施工的实际需要而定,以能够指导施工,给施工带来方便为准。

(2)建筑剖面图在施工中的作用

建筑剖面图在施工中作为房屋竖向定位、放线,安装门窗、结构构件(过梁、圈梁),屋面找坡等的依据。

2. 建筑剖面图的内容和表达方法

(1)建筑剖面图的内容

微视频

建筑剖面图的内容

建筑剖面图表示建筑物内部垂直方向的构、配件的标高,楼层的分层情况,垂直空间的利用,以及结构形式和节点构造的方式(如屋顶的形式、屋顶的坡度、楼板的搁置方向、楼梯的形式、过梁、圈梁的断面形状等)。建筑剖面图(除备有地下室外)一般只需表达建筑物室外地坪以上部分,以下部分省略,在图中用折断线断开。

建筑剖面图是建筑物上某一垂直面的投影图,因此它反映的内容有局限性。要全面了解建筑物形状、内部构造和构配件的相互关系,应结合建筑平面图、建筑立面图和其他有关图样一起识读。

(2)建筑剖面图的表达方法

① 剖切位置。识读剖面图首先要知道剖面图的剖切位置和投射方向。在识读建筑剖面图之前,应从建筑底层平面图中了解剖切位置、剖面方向及剖面图的编号,然后对照阅读。

② 图例。由于建筑剖面图绘图比例与建筑平面图相同,识读时可参考建筑平面图的图例。

③ 尺寸标注。建筑剖面图中应标注出被剖切部分(竖直方向)的尺寸和标高。建筑剖面图中外墙的尺寸标注三道,第一道尺寸(内侧)标注门、窗洞口高度和窗间的尺寸;第二道尺寸(中间)标注层高尺寸(楼、地面面层至上一层楼面面层的垂直距离),同时还标注室内外地坪面高差和檐口至女儿墙之间的尺寸;第三道尺寸(外侧)标注室外地坪面至房屋最高处的总高度尺寸,在建筑剖面图内部,应标注内墙上门、窗洞口高度尺寸。

④ 标高。建筑剖面图中需标注室外设计地坪面,室内各层楼、地面,楼梯休息平台面,屋顶檐口底,梁底,雨篷底等标高。

⑤ 详图索引。建筑剖面图中不能表达清楚的某些细部构造,可另出详图,用索引号索引。

建筑剖面图中还应表示被剖切到的屋面坡度的找坡形式和屋面坡度的大小。常用表示坡度的方法有 $\frac{2\%}{}$, $\frac{1{:}50}{}$ 等。

3. 建筑剖面图的识读

现以某宿舍楼剖面图为例(图 4 - 20)说明建筑剖面图的识读。

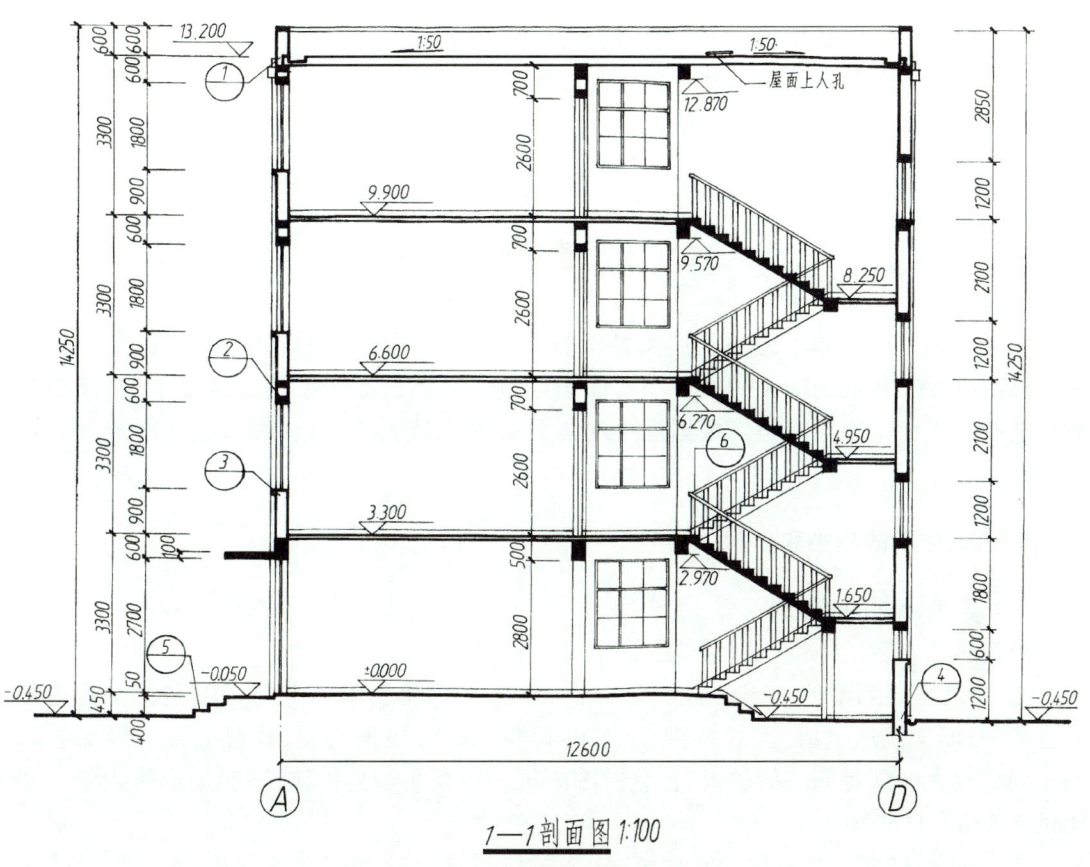

1—1剖面图1:100

图 4 - 20 某宿舍楼剖面图

识读建筑剖面图首先要清楚剖面图的剖切位置和剖面方向。由图 4 - 17 可知 *1—1* 剖面图是沿房屋的宽度方向剖切的横剖面图。它的剖切位置通过该建筑物的门厅、走道、楼梯间。即沿 *1—1* 横向位置将房屋剖开,移去右边部分,对左边部分的房屋作正投影,即得到剖面图。

建筑剖面图(除备有地下室外)一般只需表达建筑室外地坪以上的部分,以下部分省略,在图中用折断线断开。

① 从 *1—1* 剖面图中了解到Ⓐ轴、Ⓓ轴墙上门、窗洞口的尺寸。如Ⓐ轴上门洞高度为2 700 mm,窗洞高度为1 800 mm;Ⓓ轴墙上窗洞高度有 600 mm,1 200 mm 等(这些门、窗的型号要查阅建筑平面图)。室内外高差为 450 mm,房屋的层高 3 300 mm,房屋的总高度14 250 mm 等。从内部尺寸了解到底层门洞高度为 2 800 mm,第二、第三、第四层门洞高度

为 2 600 mm。

② 从剖面图中了解到房屋各楼层地面的标高,底层地坪面的标高为±0.000 m,楼梯间下面的地坪面标高为−0.450 m,一层到二层楼梯休息平台的标高为 1.650 m,二层楼面标高为 3.300 m 等。同时,在图中还可了解门厅前台阶标高为−0.050 m,室外地坪的标高为−0.450 m 等。

③ 从图中的图例可了解门、窗上方的梁所用材料为钢筋混凝土,断面形状为矩形,楼梯的建筑形式为双跑式楼梯,结构形式为板式楼梯,采用栏杆。

从图中可知此建筑的屋面找坡形式为结构找坡,坡度为 1∶50。同时还可了解其他结构构件,如雨篷、踏步等构造形式和位置。

门厅前台阶和压顶另有详图详细说明,可查详图了解。

4.2.5　建 筑 详 图

建筑详图是建筑施工图中的局部性图样,它是建筑构造的细部施工图,也是建筑平面图、建筑立面图、建筑剖面图的补充图。由于建筑平、立、剖面图采用比例较小,在某些建筑的构造细部上无法表达清楚。根据施工的需要必须用较大的比例绘制,这样的图称为建筑详图。

1. 建筑详图的种类和作用

(1) 建筑详图的种类

根据表达内容的不同,建筑详图可分为以下 3 种。

① 建筑平面局部放大图。由于建筑平面图采用的比例多为 1∶100,有些细部构造难以表达清楚;即使表达,也会因线条密集,难以看懂。这时根据需要,就得把某一局部放大绘制。局部放大图既是原图的放大,也是原图的进一步充实和具体化,一般局部放大图采用的比例为 1∶50,1∶30 等。

② 构配件详图。建筑的构配件繁多,为了清楚地反映构配件的形状、大小和具体的施工要求,就得把这些构配件放大绘制,以方便施工,常用构配件详图有楼梯详图、门窗详图等。

③ 节点构造详图。建筑物是由许许多多构配件组合而成的,节点构造详图就是反映这些构配件在组合中的相互关系(即位置关系和搭接关系),所以可以把节点构造详图称为详图中的详图。一般常用的节点构造详图有墙身节点构造详图等,节点构造详图常用比例为 1∶20,1∶10,1∶5,1∶2,1∶1 等。

详图应力求详而不繁,突出"三详":第一,图形详,图示的内容具体、正确,各部位之间的相互关系清楚,整幅图让人一目了然,方便施工;第二,尺寸详,图示内容的尺寸,标注正确、完整、清晰,带有控制性的标高,有关定位轴线和索引符号都应标注无误;第三,文字详,对于不能用图示表达的内容,如构造的作法和要求,材料的颜色等应用文字注写清楚、完整、简洁。

建筑详图是施工的依据,一般情况下不会再有其他详图加以补充和充实,所以,在阅读建筑详图时要细致。

(2) 建筑详图在施工中的作用

建筑详图在施工中作为建筑细部构造施工(定位、放线、细部构造的作法和施工要求)、建筑配件的制作等的依据。

2. 建筑详图的表达方法

绘制建筑详图,一般采用较大比例,如墙身详图采用 1∶20,楼梯详图采用 1∶50 等,并在图例上严格按照国家制图标准规定的图例绘制。

节点详图表达的内容是整个建筑中的某一部分,对于不要求反映的地方可以折断表示,不需要画出,这样能突出重点,便于识读。

建筑详图所画的节点部位,除应在有关建筑平面图、建筑立面图、建筑剖面图绘出索引符号外,还需在所画建筑详图的下方绘制详图符号,并写明详图名称及比例,以便查阅。

3. 墙身详图

(1) 墙身详图的产生

假设用一个剖切平面,沿墙身竖向剖切,移去一部分,对剩余部分作正投影,所得到的图形称为墙身详图,如图 4-21 所示。墙身详图是房屋某墙体局部竖向剖面图。

墙身详图一般从室外地坪面以上画起,直到屋顶,室外地坪以下用折断线断开,不必画出。

(2) 墙身详图的作用

墙身详图在施工中作为墙体、门窗、过梁、圈梁、窗台、檐口、女儿墙、压顶等施工的依据。

(3) 墙身详图的内容

墙身详图主要表达室外地坪面(包括散水、明沟、勒脚)、室内地坪面与墙体,窗台与墙体,过梁与墙体,圈梁、楼板与墙体及屋檐、女儿墙与墙体等的关系。

墙身详图剖切位置一般选在墙体中有变化的地方。因此,在整个建筑中凡是墙体中有变化、有代表性的部位,都应绘制墙身详图,以便指导施工。

(4) 墙身详图的识读

现以图 4-21 为例说明墙身详图内容。墙身详图采用的比例为 1∶10,从轴线可知本图为①轴线外墙身。

① 图中表明勒脚、明沟的做法,如勒脚为 20 厚 1∶2 水泥砂浆粉勒脚。

② 窗台为砖砌,挑出 60 mm,厚度 60 mm,1∶2.5 水泥砂浆粉后白水泥加 108 胶刷白。

③ 由图中的材料图例可知,墙体采用普通砖砌筑,窗过梁、压顶、防潮层均为钢筋混凝土等。

④ 图中反映出楼板与墙体、天沟板与墙体、雨水管与墙体、过梁与墙体等相互间的位置关系。文字说明表示出底层地坪、楼层地坪、屋顶的构造作法,外墙面、内墙面、踢脚线等材料作法。

微视频

墙身详图的识读

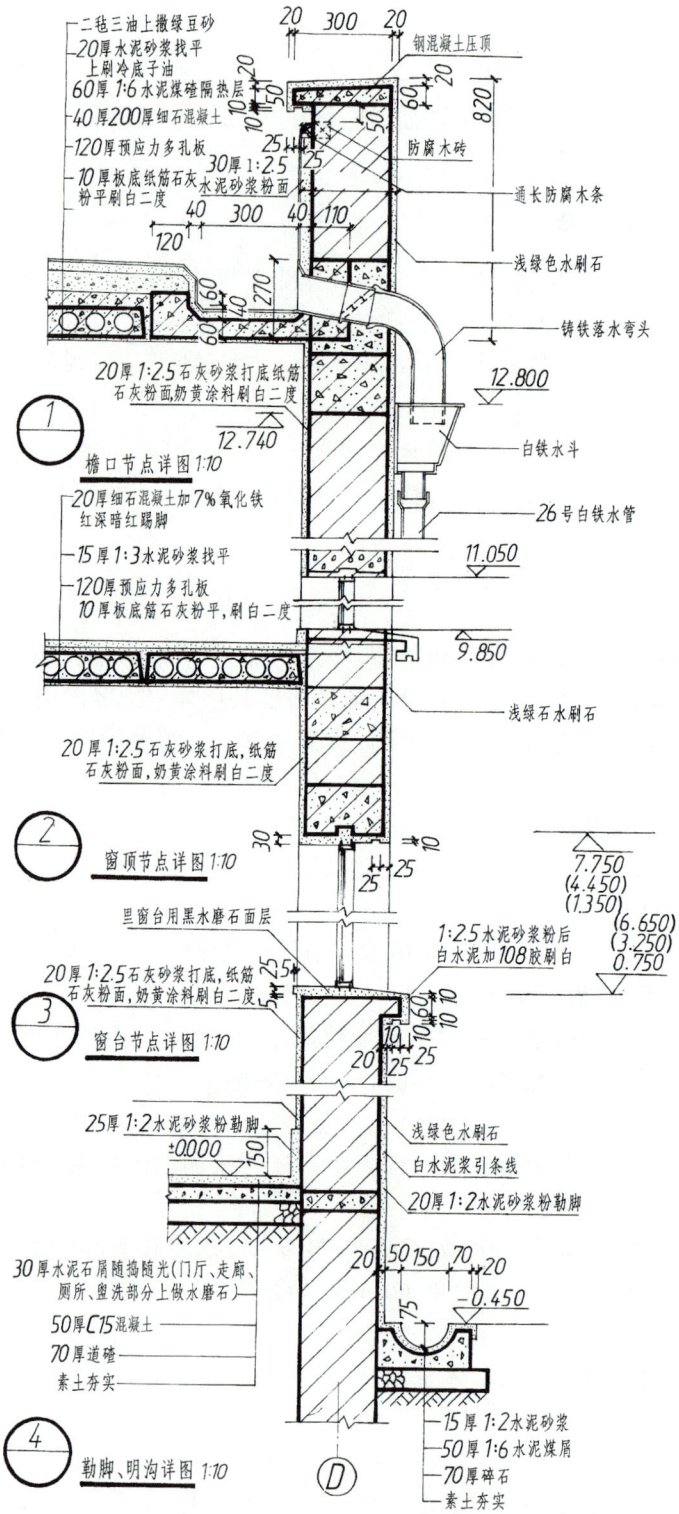

图 4-21 墙身详图

从图中还了解到女儿墙、天沟、窗台、明沟等施工尺寸,室外设计地坪面、室内地坪面、过梁底面等标高。

4. 楼梯详图

(1) 楼梯详图的内容

楼梯详图主要表示楼梯的建筑形式、结构形式以及楼梯段、楼梯休息平台、栏杆(栏板)、楼梯踏步形式等的详细尺寸和用料。楼梯详图由楼梯平面图、楼梯剖面图和楼梯节点详图组成。楼梯详图有建筑详图和结构详图之分,应分别绘制。但对于比较简单的楼梯可以合并绘制,编入结构施工图。楼梯的装饰配件,如栏杆、扶手、踏步装饰等,应绘制节点详图。

微视频

楼梯详图

(2) 楼梯详图在施工中的作用

楼梯详图在施工中作为楼梯施工(包括现浇和预制楼梯)的依据,用来指导楼梯施工。现浇楼梯详图可作为制作模板、绑扎钢筋、浇捣混凝土、楼梯栏杆安装、踏步装饰等的依据。预制楼梯详图作为安装楼梯段、休息平台及楼梯上各预制构件和楼梯其他配件装饰的依据。

(3) 楼梯平面图的内容

楼梯平面图是楼梯某位置上的一个水平剖面图。它的剖切位置与建筑平面图的剖切位置相同。楼梯平面图主要反映楼梯的建筑形式、结构形式、楼梯中的平面尺寸及楼层和休息平台标高等。

在一般情况下,楼梯平面图应绘制三张,即底层平面图、中间层平面图(梯段从第二层至顶层楼梯平面无变化的情况下)和顶层平面图。

底层平面图其剖切位置在第一跑楼梯段上,因此,在底层平面图中只有半个梯段。梯段断开处画45°折断线,如图4-22c所示。

中间层平面图其剖切位置在某楼层向上的梯段上,所以,在中间层平面图上既有向上的梯段,又有向下的梯段,在向上梯段断开处画45°折断线,如图4-22b所示。

顶层平面图其剖切位置在顶层楼层平台一定高度处,没有剖切到楼梯段,因而在顶层平面图中只有向下梯段,其平面图中没有折断线,如图4-22a所示。

(4) 楼梯剖面图的内容

楼梯剖面图是楼梯上的一个垂直剖面图。其位置应剖切在第一跑楼梯段上。如果楼梯是双跑楼梯,不管剖在哪一跑上,均应向未被剖切到的楼梯段投射,这样在楼梯剖面图中,楼梯段才连续。楼梯剖面图主要反映楼梯的建筑形式、结构形式、楼梯中高度方向的尺寸、标高、楼梯栏杆的形式、楼梯段与平台梁处的连接构造等。

楼梯剖面图一般只需画一个。

(5) 楼梯节点详图的内容

楼梯节点详图一般有踏步详图,梯段与平台或楼层的

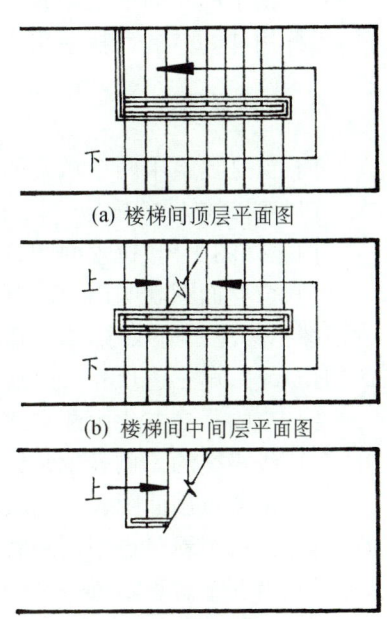

(a) 楼梯间顶层平面图

(b) 楼梯间中间层平面图

(c) 楼梯间底层平面图

图4-22 不上人屋面的楼梯平面图

节点构造详图,栏杆(栏板)和扶手详图等。

楼梯节点详图应依据所画内容的不同,采用不同的比例,力求使图面清晰、完整。

楼梯节点详图主要反映楼梯中局部构造和构配件的尺寸、标高、材料和相互间关系等。

(6) 楼梯详图的识读

现以图4-23、图4-24和图4-25所示的楼梯详图为例说明楼梯详图的内容。

从图4-23所示的楼梯平面图上可了解该楼梯的建筑形式为双跑楼梯。楼梯的开间尺寸3 300 mm,进深尺寸 4 500 mm,楼梯段的宽度 1 480 mm,楼梯休息平台宽度1 500 mm,楼梯井的宽度100 mm,每一梯段上有9个踏面,其宽度280 mm。从楼梯平面图中可知底层地坪的标高±0.000 m,第一层至第二层楼梯休息平台面标高1.650 m,第二层楼面标高3.300 m。

从楼梯底层平面图中还可知楼梯剖面图的剖切位置和投射方向。

从图4-24所示的楼梯剖面图中可了解楼梯的结构形式为板式楼梯,每一梯段上有10级踏步,踏面宽度280 mm,高度165 mm,楼层的层高3 300 mm,栏杆高度900 mm等。

从楼梯剖面图中还可知,在第一层至第二层休息平台下面有一房间,其地坪面标高-0.450 m。

同时,在楼梯剖面图中还表明墙体厚度、窗洞高度、窗过梁断面形状、楼梯平台板的搁置、楼梯平台梁与楼梯之间关系等。

从楼梯详图中可了解楼梯中各细部构造,如踏步的装饰、楼梯栏杆与楼梯段的连接、扶手高度、扶手的断面形状与尺寸等。如图4-25所示踏面装饰为水泥砂浆,防滑条用金刚砂,栏杆用Φ20钢管,扶手采用硬木扶手,栏杆与楼梯的连接为预埋件焊接。

5. 门窗详图

门、窗是建筑中两个重要的围护配件。门、窗各部分的名称如图4-26所示。

(1) 门窗详图的内容

门窗详图由门、窗立面图,门、窗节点剖面图,门、窗五金表,以及文字说明等组成。

门、窗立面图表明门、窗的组合形式、开启方式和方向,以及主要尺寸及节点索引标志。立面图上标注三道尺寸,第一道尺寸(内侧)标注门窗的组合尺寸,第二道尺寸标注门、窗樘的制作尺寸,第三道尺寸(外侧)标注门、窗洞口尺寸。

门、窗的开启方式由开启线决定,开启线分为实线和虚线。实线表示外开,虚线表示内开,开启线相交的一侧表示装铰链处。

门、窗节点剖面图表示门、窗某节点中各部件的用料的断面形状,尺寸及各部件之间相互位置关系,查看节点剖面图时要注意其剖切位置和剖面方向。

门、窗五金表表示每一樘门、窗上所需用的五金件名称、规格、数量及要求等。

(2) 门窗详图的识读

现以图4-27为例说明某木窗详图的内容。

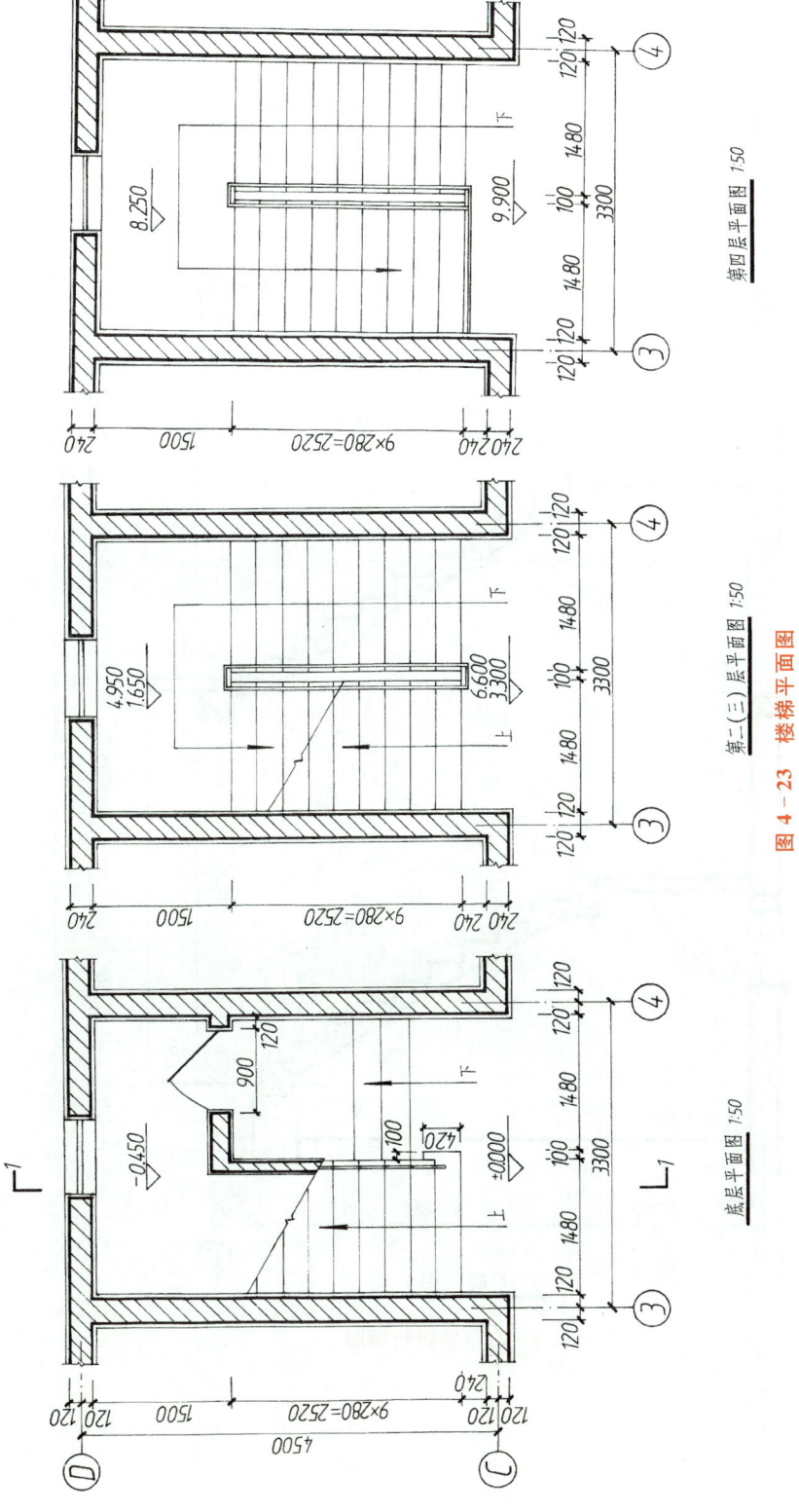

图 4－23　楼梯平面图

第四层平面图 1:50

第二（三）层平面图 1:50

底层平面图 1:50

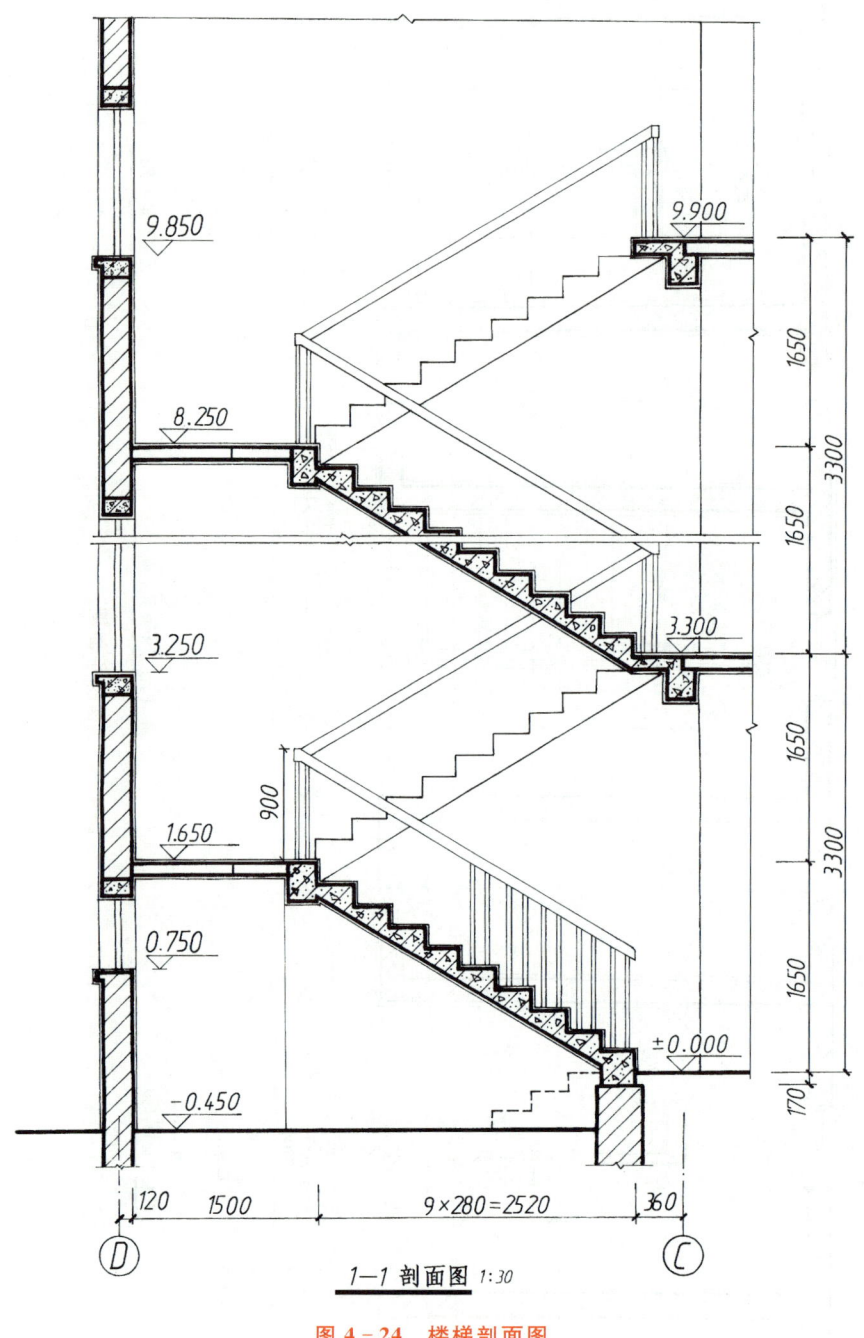

1—1 剖面图 1:30

图 4 - 24　楼梯剖面图

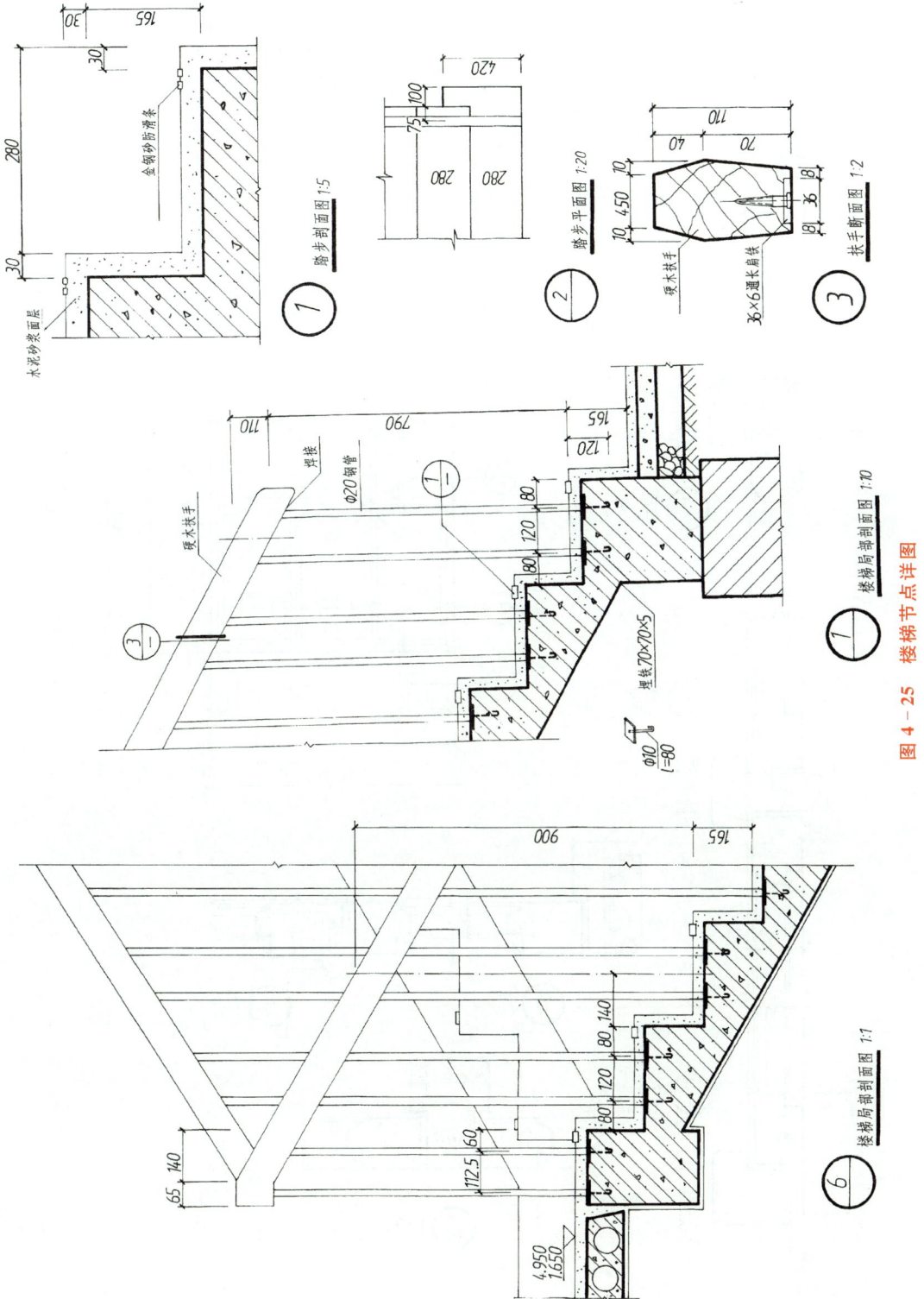

图 4－25 楼梯节点详图

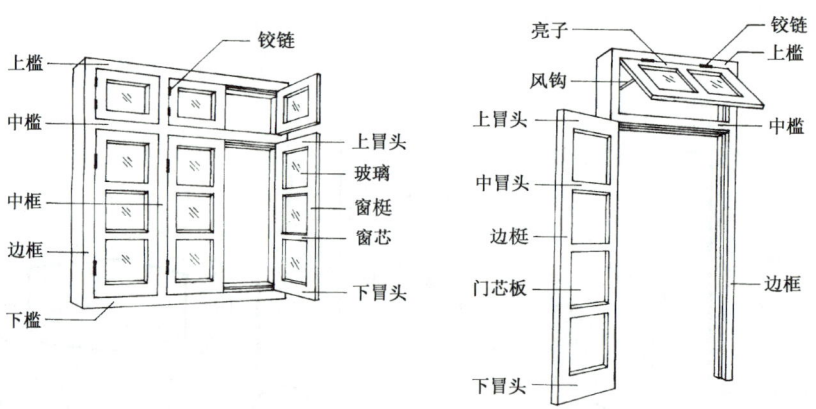

图 4 − 26   门、窗各部分的名称

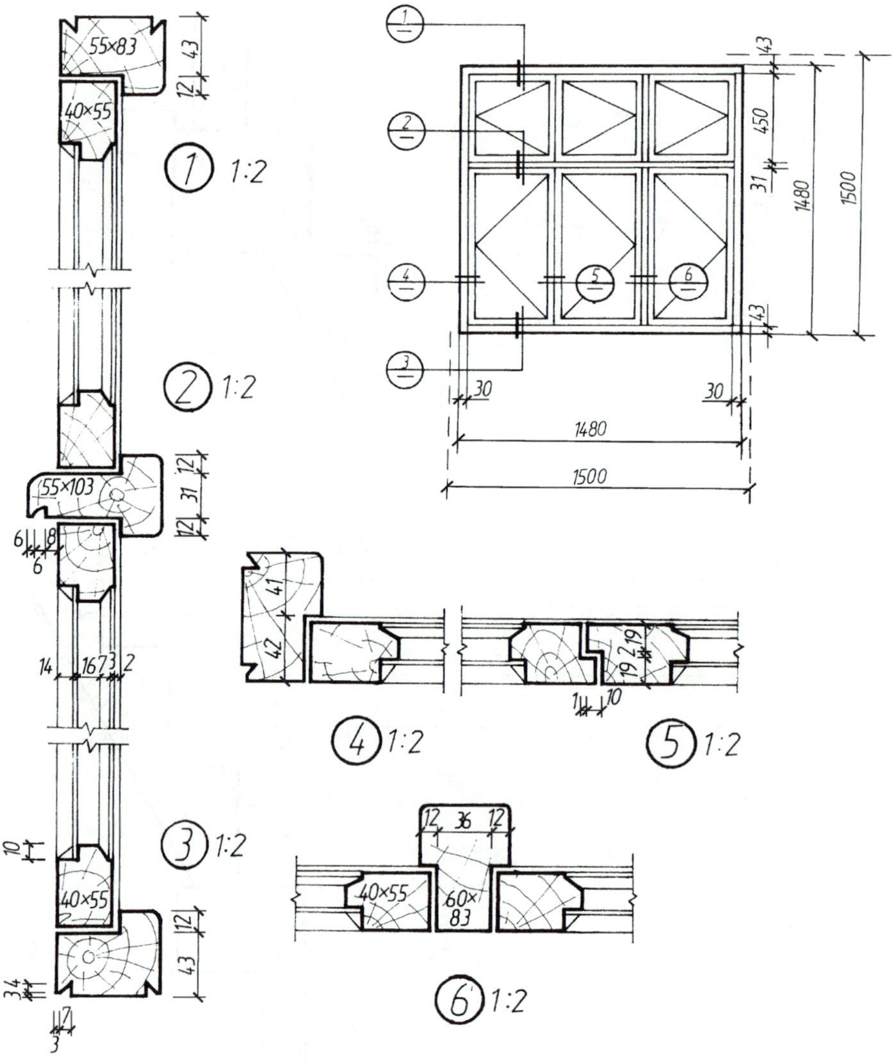

图 4 − 27   某木窗详图

从窗的立面图上了解窗的组合形式和开启方式,上、下部均为三扇外开平开窗。了解到窗各部分的组合尺寸和窗净制作尺寸及洞口尺寸。制作尺寸为 1 480 mm×1 480 mm,洞口尺寸为 1 500 mm×1 500 mm。

从窗的立面图上了解节点详图的剖切位置和剖面方向。本窗共有 6 个节点详图。

从窗的节点详图了解各节点窗框,窗扇的组合情况和各木料的用料断面尺寸和形状。以①节点为例,节点中有二根木料:一根为窗框的上槛,其用料断面尺寸为 55 mm×83 mm,另一根为窗扇的上冒头,其用料断面尺寸为 40 mm×55 mm,它们之间的组合如图 4 - 27 所示。再以⑥节点为例,节点中共有三根木料,一根为窗框上的中梃,其用料断面尺寸为 60 mm×83 mm,两根为下层窗扇上的窗梃,其断面尺寸为 40 mm×55 mm,组合形式如图 4 - 27 所示。

4.2.6 建筑施工图的绘制

通过前面各章的学习,基本掌握了建筑施工图的内容、图示原理及识读方法,但要将设计意图和设计内容正确、清晰、明了地表达出来,就必须学会绘制施工图。同时,通过绘制或抄绘施工图,还能进一步认识房屋的构造,掌握制图标准,提高识读建筑施工图的能力。

绘制施工图时,要认真细致,一丝不苟,做到投影正确、表达清楚、尺寸齐全、字体工整、图样布置紧凑、图面整洁清晰、符合制图标准。

1. 建筑施工图的绘制步骤

(1)绘图工具、图纸准备

图板一般选用 1# 或 2#。丁字尺和三角板要根据图幅的大小选用。绘图铅笔一般选用 2B,HB,H 和 2H 四种。墨线笔一般选用粗、中、细三种型号的针管笔。图纸幅面由绘制的比例及图形复杂程度选定,多选 A2 图纸。绘图工具要有圆规、分规和建筑模板等。

(2)熟悉工程概况、确定图样比例和数量

根据房屋的外形、层数、每层平面布置和内部构造的复杂程度,确定图样的比例和数量,在满足施工的前提下,尽量减少图样的数量。同时,尽可能多地选用标准图集。

(3)合理布置图面

进行图面布置时,关系较为密切的图样,尽量安排在一张图纸上,并注意长对正、高平齐、宽相等,以及详图与被索引位置的关系。此外,图面要匀称,主次分明,图形之间留有足够的位置注写尺寸、文字及图名。

(4)打底稿

先用较硬的铅笔(如 H,2H)画出轻淡的底稿线,画底稿的顺序:平面图→剖面图→立面图→详图。

绘图时,相同方向、相同线型尽可能一次画完,以免三角板、丁字尺来回移动。相同的尺寸或相同方向的尺寸尽可能一次量出。

（5）检查加深

反复检查底稿内容,做到图形、尺寸准确无误后方可加深,正式出图。加深可选用针管笔或软铅笔(B,2B),并按国家标准规定的线型加深图线。加深顺序:先上部、后下部;先左边,后右边;先水平线,后垂直线或倾斜线;先曲线,后直线。

（6）整理图面

① 注写尺寸、图名、比例和各种符号。

② 填写标题栏。

③ 清洁图面,擦去不必要的作图线。

2. 建筑平面图的绘制

微视频

建筑平面图
的绘制

现以某宿舍楼底层平面图为例,说明建筑平面图的绘制步骤,如图 4 - 28 所示。

（1）绘制轴线(图 4 - 28a)

先画出横向和纵向最外两根定位轴线,再根据开间和进深尺寸定出各轴线的位置。

（2）定墙身厚度,画门窗洞位置(图 4 - 28b)

在画好的定位轴线两侧,根据墙体的厚度和与轴线的位置画出墙体,然后在画好的墙体上定出门、窗洞口的位置。在定门窗位置时,应以轴线定窗间墙宽度,这样,门、窗洞口便可自然定出。

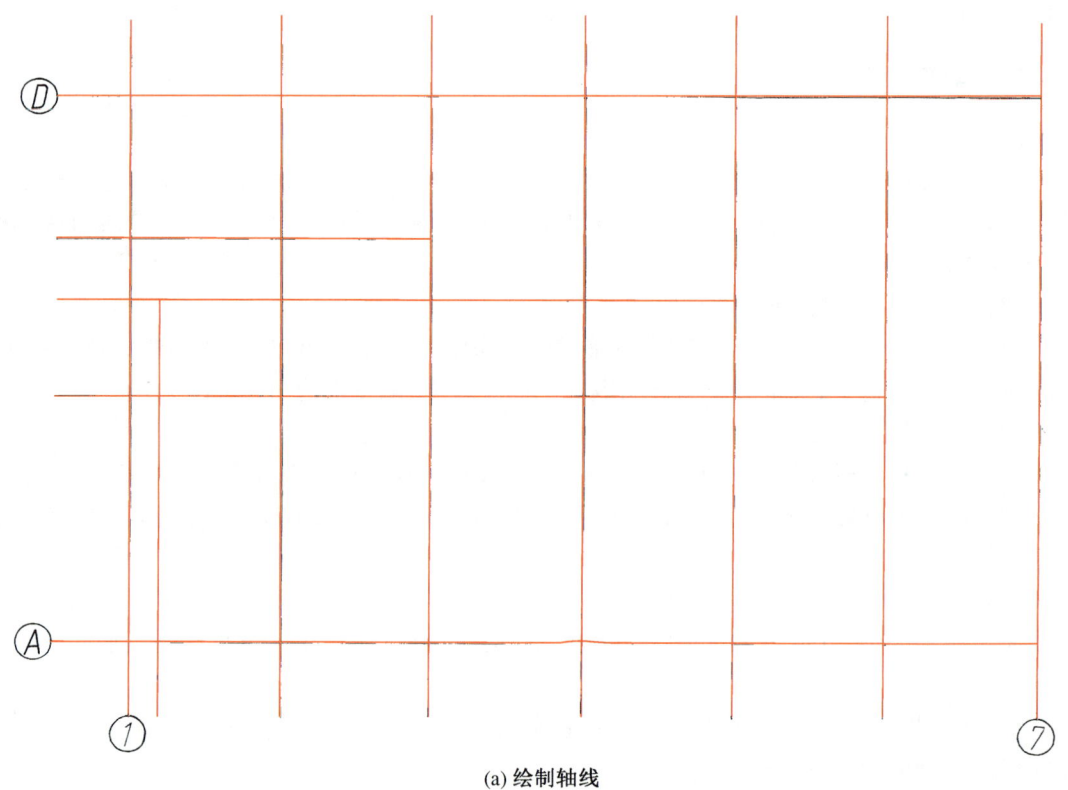

(a) 绘制轴线

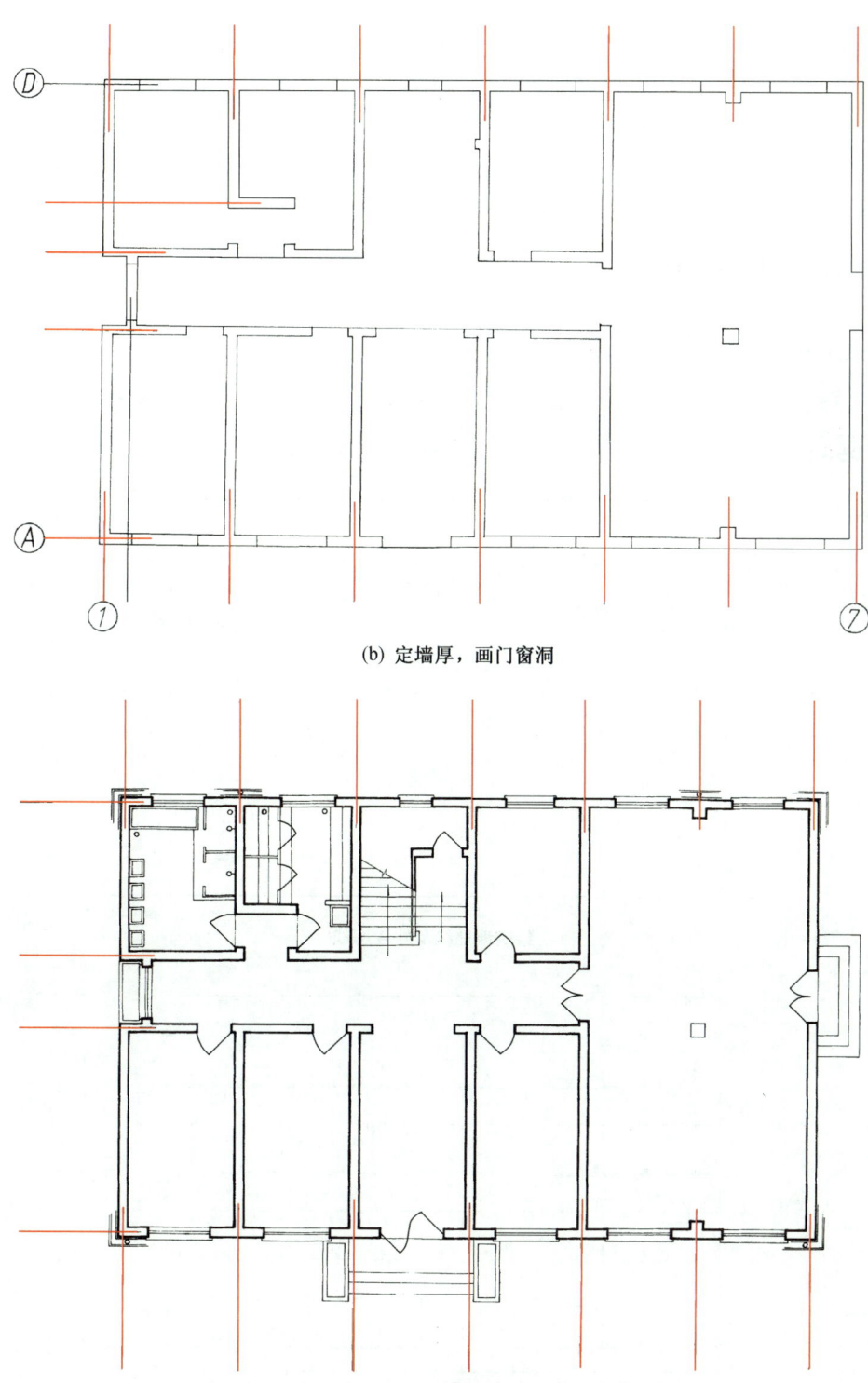

(b) 定墙厚，画门窗洞

(c) 画细部

图 4 – 28　某宿舍楼底层平面图

（3）画细部(图 4-28c)

建筑细部是指建筑中的具体构造内容,如台阶、楼梯、散水、明沟、花坛等,在建筑平面图上根据制图标准,对有些构造可以简化,但必须画出其位置并标注尺寸。

（4）标注尺寸(图 4-17)

经检查无误后,按施工图的要求描深图线,并标注轴线、门窗编号、标高、剖切符号、图名、比例及其他文字说明,这样一张底层平面图就完成了。

3. 建筑立面图的绘制

微视频

建筑立面图的绘制

（1）绘制地坪线及外轮廓线

首先定出室外设计地坪线、外墙轮廓线和屋檐线。如果平面图和立面图在同一张图纸上,则立面图的外墙轮廓线由平面图的外墙外边线,根据"长对正"的原理定出,如图 4-29a 所示。

(a) 绘制地坪线及外轮廓线

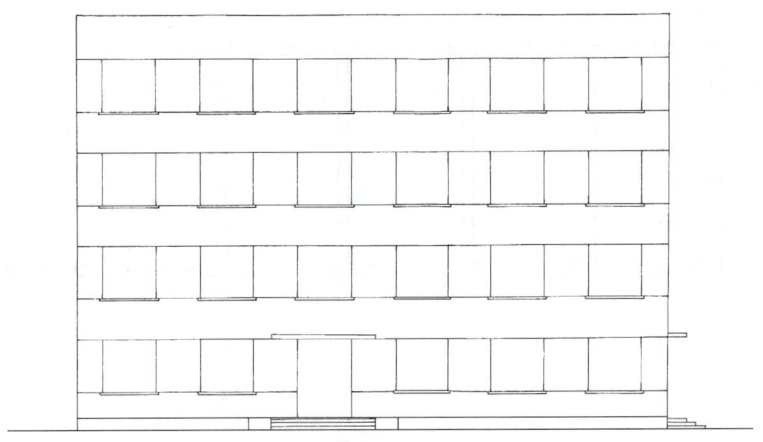

(b) 定门窗,画细部

图 4-29　建筑立面图的绘制

（2）定门窗位置

立面图上门、窗洞口的宽度由平面图上门、窗洞口的宽度而得,其高度根据窗台高及门窗高度确定,如图 4-29b 所示。

（3）画细部

在画好的门、窗洞口上根据门窗的组合形式画出细部,并在每种型号中选一樘门窗画上开启线,再画出雨篷、阳台、台阶、花坛、雨水管等细部内容。

（4）标注标高

经检查无误后,描深图线,标注标高,写上轴线、图名、比例和有关立面上的装饰说明,完成全图,如图 4-19 所示。

4. 建筑剖面图的绘制

在画剖面图之前,根据建筑底层平面图中的剖切符号,确定应该画哪些内容,做到心中有数。

（1）画轴线和控制线

画出被剖切到墙体的轴线和室外地坪、室内地坪、楼层、屋盖的位置线,如图 4-30a 所示。

微视频

建筑剖面图的绘制

（2）定墙体,画门窗等

在画好的轴线两侧定出墙体的厚度、墙上门窗的位置、楼板的厚度、屋面板厚度和屋面坡度,如图 4-30b 所示。

（3）画细部

在剖面图中除了被剖切到的地方要画完整外,凡是能看见的都应画出。因此,要对应平面图中的内容,如雨篷、阳台、台阶、雨水管、楼板的搁置方向等在剖面图中都应表达清楚。

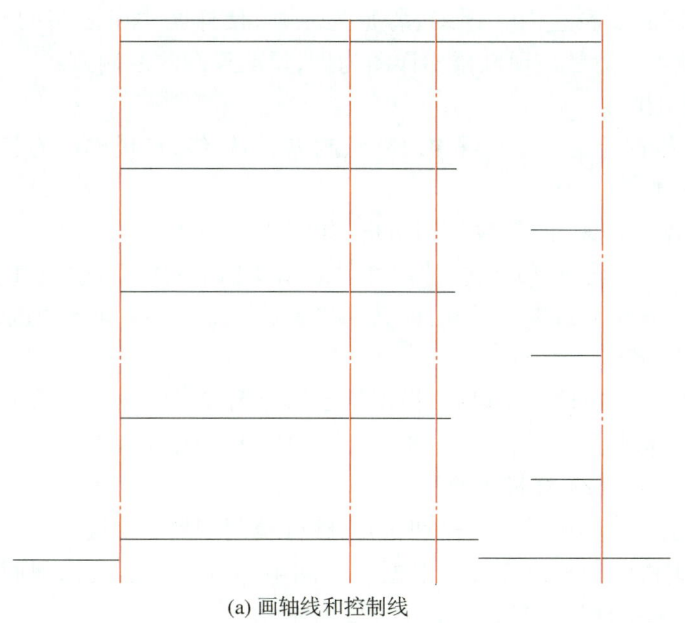

(a) 画轴线和控制线

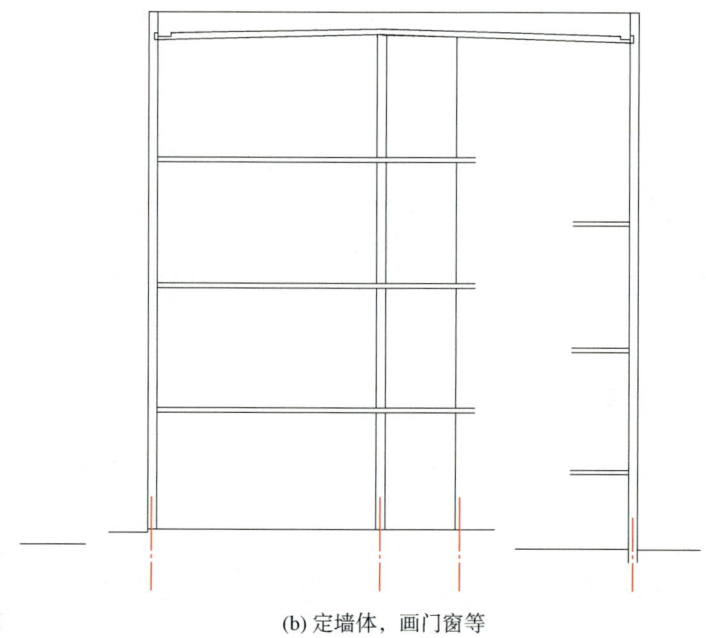

(b) 定墙体，画门窗等

图 4 - 30   建筑剖面图的绘制

（4）标注尺寸和标高

经检查无误后，按要求描深图线，画尺寸线、标高符号，标注尺寸数字和标高数字，注写文字说明，完成图样，如图 4 - 20 所示。

5. 建筑详图的绘制

绘制建筑详图应以表达内容详细、清楚为原则，使详图中所表明的局部构造、材料、做法、大小等合理地表达清楚。现以楼梯详图为例，说明详图的绘制方法。

（1）楼梯平面图

① 定轴线。根据开间尺寸和进深尺寸绘制纵、横轴线，定楼梯段的长度和平台宽度，楼梯井的宽度，如图 4 - 31a 所示。

② 定墙厚、踏面宽度，定门、窗洞口宽度，如图 4 - 31b 所示。

微视频

楼梯详图的绘制

③ 画细部，标注尺寸。绘出楼梯上的栏杆或栏板的位置，楼梯的上下方向及踏步数，楼层标高和平台标高，标注平面图中的尺寸，如图 4 - 31c 所示。

经核对无误后，根据规定描深图线，注写标高、尺寸、图名、比例等，完成平面图，如图 4 - 23 中二(三)层平面图所示。

（2）楼梯剖面图

根据楼梯底层平面图中所示的剖切符号，区分被剖切到的梯段和可见梯段。

① 定轴线、定楼面和平台位置。根据平面图中的轴线画出楼梯剖面图的定位轴线，根据标高，定出楼层和平台位置线，如图 4 - 32a 所示。

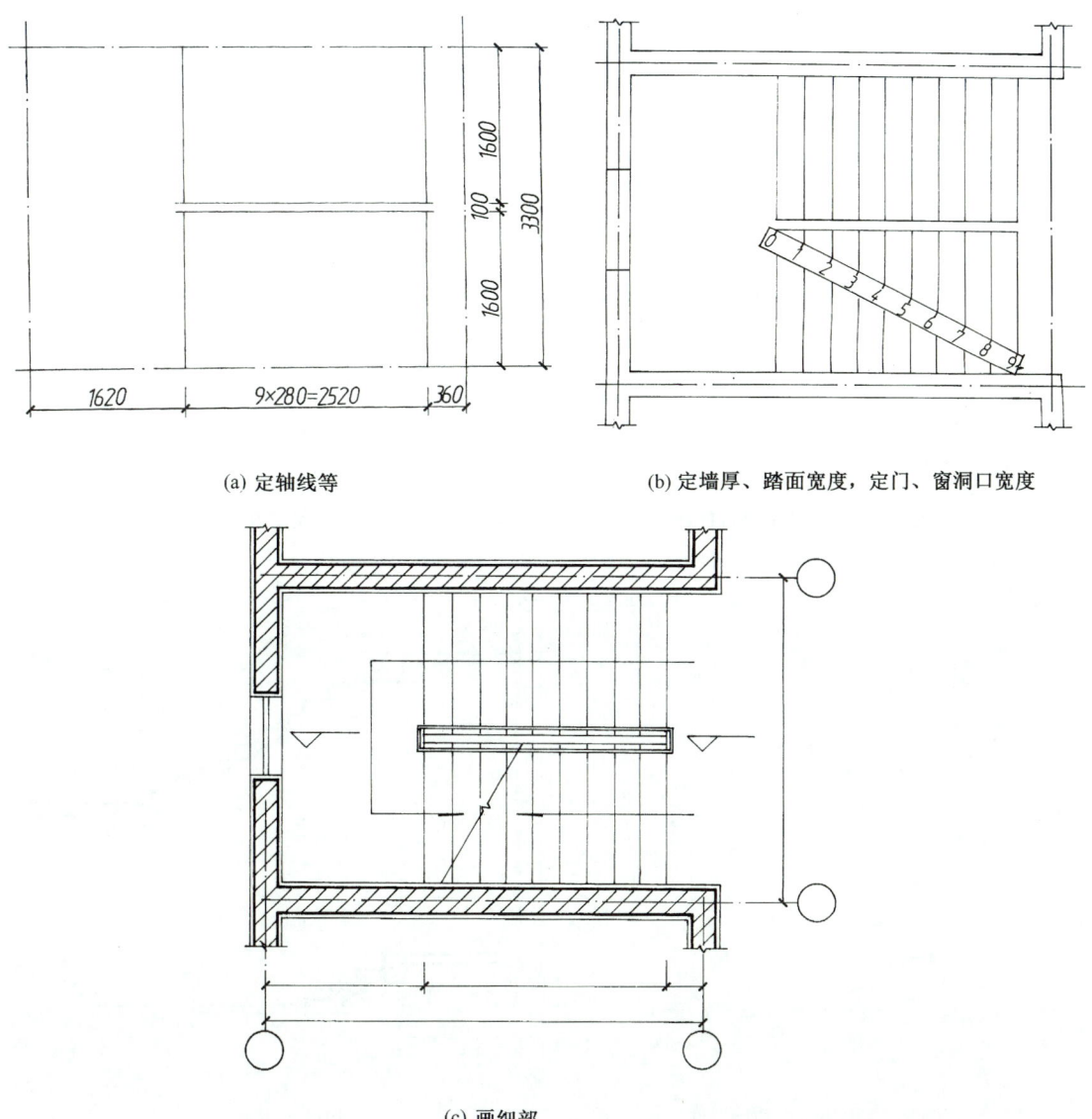

(a) 定轴线等   (b) 定墙厚、踏面宽度，定门、窗洞口宽度

(c) 画细部

图 4-31 楼梯平面图的绘制

②定踏步。根据踏步数和楼层与平台的距离先画出梯段的坡度线，再根据直线等分的方法在坡度线上定出等分点。然后过等分点作水平线、垂直线，形成每一节踏步，如图4-32b所示。

③定墙、楼板和平台板的厚度。根据平面图中墙体厚度尺寸在剖面图中画出墙身线、楼板和平台板厚度线，如图4-32c所示。

④画细部。根据平台梁断面形状和尺寸画出梁的位置，栏杆的高度、形式和扶手。栏杆扶手的坡度应该与楼梯段的坡度一致，画尺寸线和标高符号，如图4-32d所示。

经检查无误后，根据规定加深、加粗图线，标注尺寸、标高、图名、比例等，完成剖面图，如图4-24所示。

其他详图画法从略。

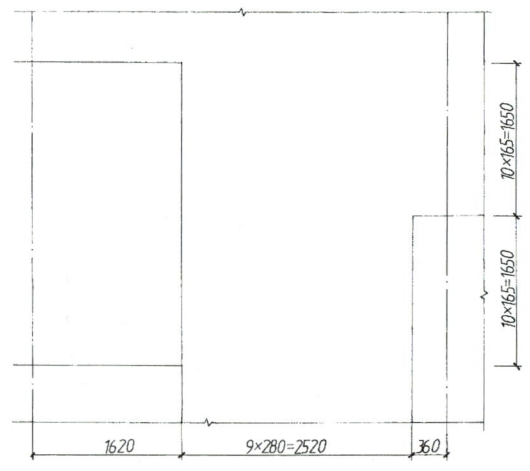

(a) 定轴线，定楼面和平台位置

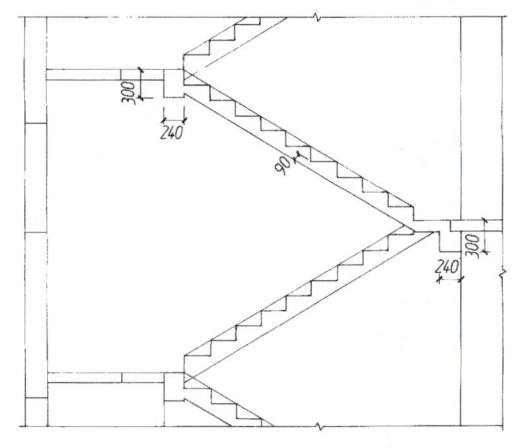

(b) 定踏步

(c) 定墙、楼板和平台板的厚度

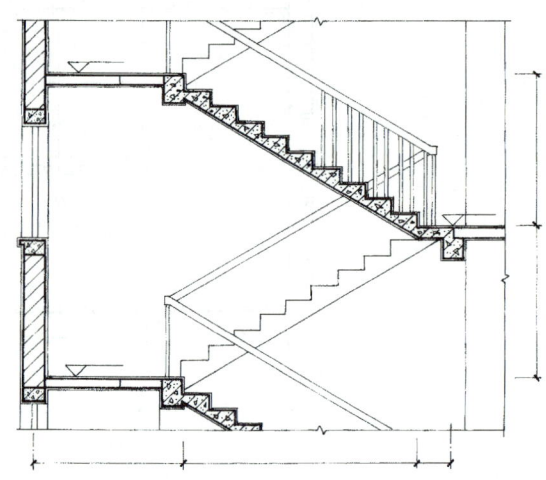

(d) 画细部

图 4 - 32　楼梯剖面图的绘制

❓ 复习思考题

1. 民用建筑可以从哪几个方面分类？分为哪几类？
2. 民用建筑主要组成部分的作用是什么？
3. 一套完整的房屋建筑施工图应由哪些内容组成？
4. 什么叫房屋建筑施工图？它有何特点？
5. 技能与素质综合训练：

　　（1）分小组，组内分工收集整理现代工程案例的建筑施工图一套。

拓展阅读

传统文化与工
艺展示建筑——装配
式木结构案例

(2) 通过现代工程案例图纸（现代化代表建筑、美丽乡村建筑、火神山医院等），分析现代工程的特征：高科技、节能、绿色环保、人文科学。分析高效的工程实施，体现在设计、制图、制造、运输、安全、施工、管理等各个环节的工程人员的责任意识和工匠精神。

(3) 通过对现代工程案例特点的分析，提高自主学习能力、创新能力、团队协作能力，培养同理心和感恩社会的意识。

6. 什么叫建筑施工图？

7. 建筑总平面图的作用是什么？

8. 建筑平面图是如何产生的？其主要内容是什么？

9. 建筑立面图是如何产生的？它在图示方法上有何特点？

10. 建筑立面图应标注哪些标高？

11. 建筑剖面图的剖切位置如何选择？建筑剖面图主要表示哪些内容？

12. 什么叫建筑详图？建筑详图有哪几种？对建筑详图有何要求？

13. 建筑详图与建筑平面图、建筑立面图、建筑剖面图在图示方法上有何不同？

14. 什么叫绝对标高？什么叫相对标高？

15. 技能与素质综合训练：

(1) 练习建筑施工图的绘制，注意相关事项。

(2) 观看建筑案例图纸（现代化代表建筑、美丽乡村建筑、火神山医院等）。

(3) 分小组，从平面图、立面图、剖面图中对门窗、窗台、雨篷、檐口、阳台及底层入口处的台阶、花池等方面，对案例图纸进行分析。

(4) 对要完成的任务进行组内分工和安排。

(5) 小组成果展示。对各小组完成的图纸归纳总结，互相评比打分，互相交流作图经验。

学习任务5 结构施工图的阅读与绘制

学习要点

　　结构施工图的识读是建筑工程图识读中相对难度较大的。通过本学习任务的学习，应重点掌握结构施工图的基本概念、图示内容和相应的制图规范，掌握识图方法和技巧。能够理解清楚图示内容，绘制结构施工图。培养精益求精、一丝不苟的工匠精神，养成严守规范、质量至上、安全负责的职业素养。

5.1 概　述

图纸

鸟巢工程图纸（部分）

　　结构施工图表示房屋中各承重构件（如基础、梁、板、柱以及其他构件等）的布置、结构构造等内容，因此在房屋的设计中，必须要进行结构设计，绘制出详细的结构施工图。

1. 结构施工图的内容

　　（1）结构施工说明

　　结构施工说明一般都安排在具体图纸上，它主要对结构中的材料和施工要求作具体的说明。

　　（2）结构平面图

　　结构平面图有基础平面图（工业厂房有设备基础布置图、基础梁平面布置图）、楼层结构平面图（工业厂房有柱网、吊车梁、柱间支撑、连系梁布置图）、屋盖结构平面图（工业厂房有屋面板、天沟板、屋架、天窗架及支撑系统布置图）。

　　（3）构件详图

　　构件详图有柱、梁、板、基础、楼梯、屋架等详图和其他构件（如支撑、预埋件等）详图。

2. 结构施工图的有关规定

　　房屋建筑是由多种材料组成的结合体，目前，房屋结构中比较普遍采用的是混合结构和钢筋混凝土结构。结构中主要承重构件，如梁、板、柱等采用的材料为钢筋混凝土（即混凝土和钢筋两种材料的结合体，这种结合体抗拉和抗压性能都比较好，故被广泛采用）。

　　房屋结构中的构件繁多，布置复杂。为了图示简明，方便识读，建筑制图国家标准对结构施工图的绘制有明确规定，现将有关规定介绍如下：

　　（1）常用构件代号

　　常用构件代号用各构件名称的汉语拼音的第一个字母表示，详见表5-1。

表 5-1　常用构件代号

名　称	代　号	名　称	代　号
板	B	盖板或沟盖板	GB
屋面板	WB	挡雨板或檐口板	YB
空心板	KB	吊车安全走道板	DB
槽形板	CB	墙板	QB
折板	ZB	天沟板	TGB
密肋板	MB	梁	L
楼梯板	TB	屋面梁	WL
吊车梁	DL	基础	J
圈梁	QL	设备基础	SJ
过梁	GL	桩	ZH
连系梁	LL	柱间支撑	ZC
基础梁	JL	垂直支撑	CC
楼梯梁	TL	水平支撑	SC
檩条	LT	梯	T
屋架	WJ	雨篷	YP
托架	TJ	阳台	YT
天窗架	CJ	梁垫	LD
框架	KJ	预埋件	M
刚架	GJ	天窗端壁	TD
支架	ZJ	钢筋网	W
柱	Z	钢筋骨架	G

（2）常用钢筋符号

不同种类的钢筋,用不同的符号表示:

ϕ——HPB300 级钢筋　　Φ——HRB400 级钢筋

Φ——RRB400 级钢筋　　ϕ^b——冷拔低碳钢丝

常用钢筋图例见表 5-2。

表 5-2　常用钢筋图例

名　称	图　例	说　明
钢筋横断面	·	
无弯钩的钢筋端部		下图表示长、短钢筋投影重叠时,可在短钢筋的端部用 45°短画线表示

续　表

名　称	图　例	说　明
预应力钢筋横断面	+	
预应力钢筋或钢绞线		用粗双点画线
无弯钩的钢筋搭接		
带半圆形弯钩的钢筋端部		
带半圆弯钩的钢筋搭接		
带直弯钩的钢筋端部		
带直弯钩的钢筋搭接		
带丝扣的钢筋端部		
接触对焊(闪光焊)的钢筋接头		
单面焊接的钢筋接头		
双面焊接的钢筋接头		
焊接网		一张网平面图
花篮螺栓钢筋接头		
机械连接的钢筋接头		用文字说明机械连接的方式(或冷挤压或锥螺纹等)

注：预应力钢筋及钢筋焊接接头的其他情况参见《建筑结构制图标准》(GB/T 50105—2010)。

(3) 钢筋名称

配置在钢筋混凝土构件中的钢筋,按其在构件中的作用和位置分为以下几种,其名称如图 5-1 所示。

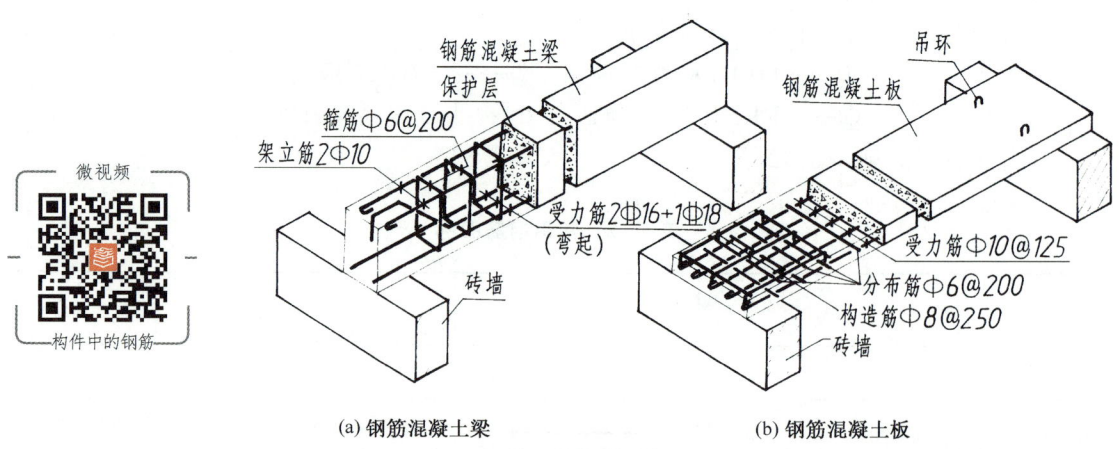

微视频

构件中的钢筋

(a) 钢筋混凝土梁　　　　(b) 钢筋混凝土板

图 5-1　构件中钢筋的名称

① 受力筋。受力筋是在构件中承受拉、压应力的钢筋。在梁、柱、板中承受拉力的钢筋称为受拉筋,承受压力的钢筋称为受压筋,因此受力筋应放置在构件的受拉或受压区。

② 箍筋。箍筋是在构件中承受扭力和剪力的钢筋。箍筋多用于梁、柱构件内,同时用来固定受力筋的位置。

③ 架立筋。架立筋与梁中的受力筋和箍筋构成钢筋骨架。

④ 分布筋。分布筋将构件上承受的荷载均匀地传递给受力筋。分布筋一般用于板内,分布筋与受力筋成垂直布置,并固定受力筋,与受力筋构成钢筋骨架。

⑤ 构造筋。构造筋是因构造需要和施工需要在构件内设置的钢筋,如吊钩、预留锚固钢筋等。

钢筋分光圆钢筋和变形钢筋两种,为了加强钢筋与混凝土的黏结力,凡是光圆钢筋,两端应弯成半圆形的弯头,其尺寸、形状如图 5-2 所示。

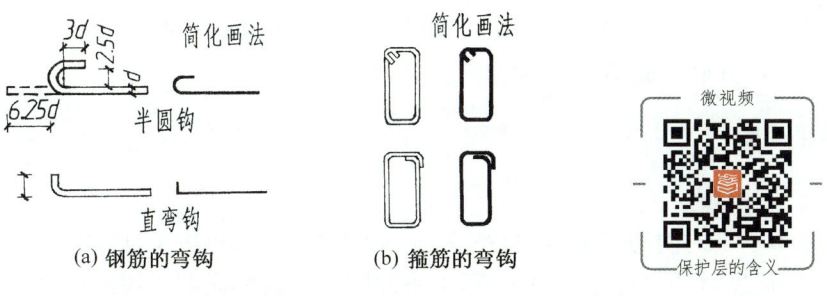

图 5-2　光圆钢筋的尺寸、形状

（4）保护层

钢筋外边缘到构件表面的距离称为钢筋的保护层。其作用是保护钢筋,防蚀防火,同时也是为了提高钢筋与混凝土的黏结力。保护层的厚度,根据不同的构件有不同的规定。

（5）钢筋表达方式

结构施工图中钢筋的表达方式有:2Φ12,ϕ8@200 等,具体含义如下:

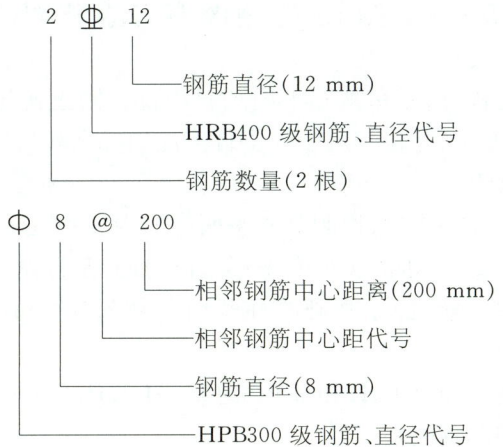

微视频

钢筋混凝土
构件基本知识

（6）钢筋混凝土构件图示方法

钢筋混凝土构件只能看见其外形，内部的钢筋是不可见的。为了清楚地表明构件内部的钢筋，假设混凝土为透明体，这样构件中的钢筋就能一目了然。钢筋在结构图中其长度方向用单根粗实线表示，断面钢筋用圆黑点表示，构件的外轮廓线用中粗实线绘制。

5.2　基础施工图

微视频

基础的类型
与特点

基础是房屋建筑底层室内地面以下承受房屋建筑全部荷载的构件，基础的形式取决于上部建筑承重结构的形式和地基状况。在民用建筑中，常用基础形式有条形基础、独立基础等。

基础施工图是表示基础的平面布置和详细构造的图样。进行基础施工时，它作为定位、放线、砌筑和浇筑基础的依据。基础施工图通常包括基础平面图、基础详图。

1. 基础平面图

（1）基础平面图的产生

假设用一个水平的剖切平面沿相对标高±0.000处剖切，移去上部建筑及基础周围的泥土，由上向下作正投射，所得到图形称为基础平面图。基础平面图采用的比例一般与建筑平面图相同(1∶100)，以便与建筑平面图对照识读。

（2）基础平面图的图示特点

基础平面图中一般只需画出条形基础墙的厚度，基础底面的宽度；独立基础需画出杯口的大小及基础底面的大小。用粗点画线画基础中的基础梁和地圈梁。其他细部，如条形基础大放脚台阶等，均省略不画，这些细部的构造和尺寸在基础详图中反映。

（3）基础平面图的内容

基础平面图包括基础的构造形式，平面布置，基础墙的厚度，基础底面的宽度，基础梁、地圈梁的平面布置，基础墙上预留孔的位置、规格、标高，基础详图的剖切位置、剖视方向和编号。

当基础底面标高有变化时，应在基础平面图对应部位附近画出一段基础的垂直纵剖面图，用来表示基础底面的变化，并在相对应的位置上注明标高和尺寸。

（4）基础平面图的识读

现以某宿舍楼基础平面图为例，说明基础平面图的内容和图示要求，如图5-3所示。

从基础平面图中可知，本基础的类型有条形基础、独立基础两种。基础墙的厚度和基础底面的宽度可以通过详图了解，独立基础的柱断面尺寸为350 mm×350 mm，底部尺寸为2 900 mm×2 900 mm。

图中粗点画线表示基础圈梁 JQL 和基础梁 JL1，JL2，JL3，共有四种型号，它们分别设置在四周基础墙上及Ⓑ轴和⑤轴的基础墙上。

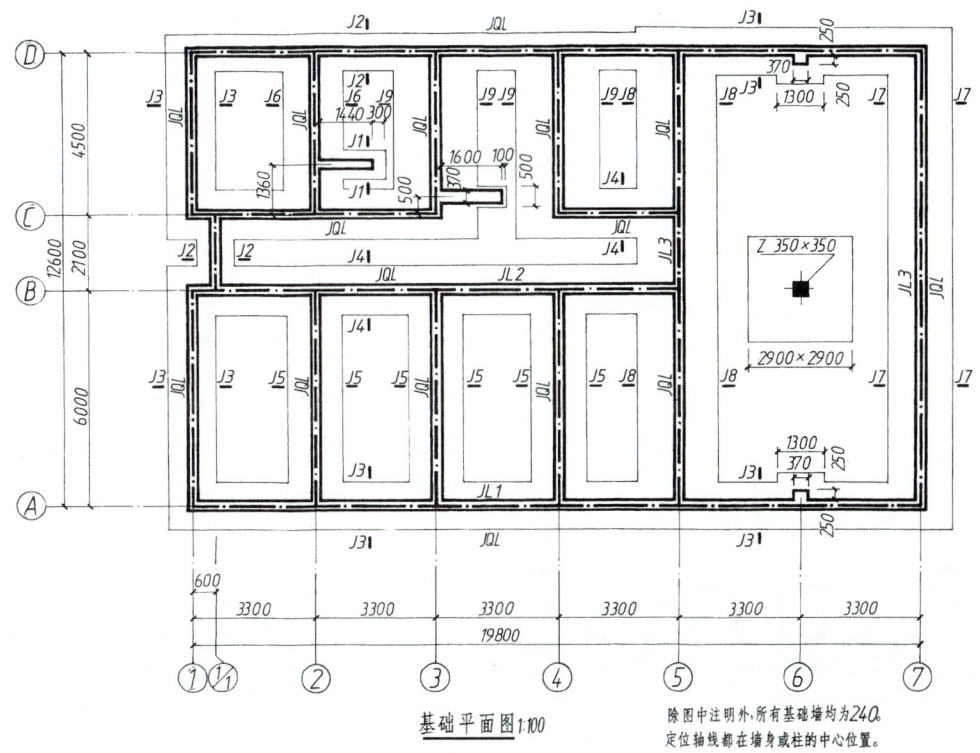

基础平面图1:100

除图中注明外,所有基础墙均为240。
定位轴线都在墙身或柱的中心位置。

图 5-3 某宿舍楼基础平面图

从基础平面图上了解各种型号基础的平面布置,如 J7 布置在⑦轴的基础墙上,J5 布置在②~④轴的Ⓐ~Ⓑ轴之间。

从基础平面图中可以了解到不同基础型号的剖切位置、剖视方向和编号,以便查阅基础详图。相同基础可以用相同的编号,但在剖切符号中应注意投射方向。

在识读基础平面图时要对照阅读建筑底层平面图,以便对应上部墙体和定位轴线的位置。

2. 基础详图

(1) 基础详图的产生

基础详图是根据基础平面图上的剖切位置和剖视方向所得到的基础垂直断面图,基础详图采用的比例为 1:20 或 1:10。

(2) 基础详图的内容

基础详图主要表示基础的详细构造、尺寸和材料,基础的埋置深度,以及基础的底面标高,具体内容如下:

① 基础的编号,如 J1,J2 等,在识读基础详图时要与基础平面图中的编号相对应;

② 轴线编号,表示基础墙与定位轴线的位置关系;

③ 基础的断面形状、大小和材料,基础梁的断面形状、尺寸和配筋(包括防潮层的位置和材料作法等)等;

④ 基础断面各部分的详细构造和尺寸;

⑤ 基础的埋置深度,室外设计地坪面的标高,底层室内地坪面标高,基础底面标高;

⑥ 基础材料、构造作法的有关说明。

(3) 基础详图的识读

现以某宿舍楼基础详图(图5-4)为例,说明识读基础详图的内容和图示要求。

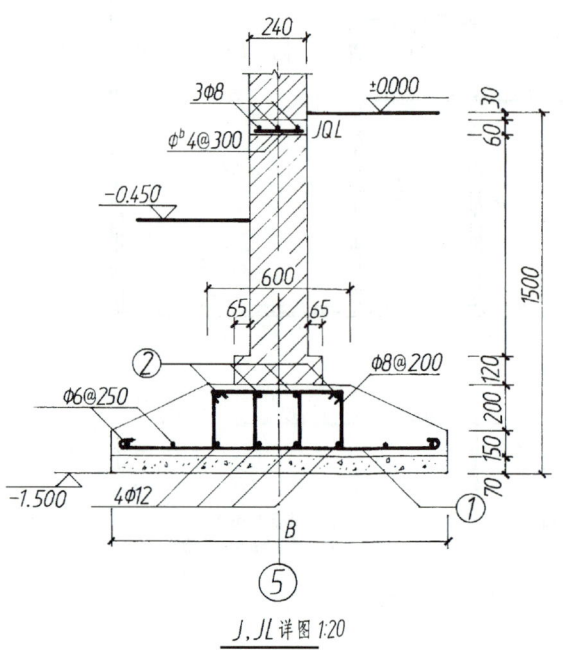

基础与基础梁

J			①
基 础	宽度 B	受力筋	
J1	800	素混凝土	
J2	1000	Φ8@200	
J3	1300	Φ8@150	
J4	1400	Φ10@200	
J5	1500	Φ10@170	
J6	1600	Φ12@200	
J7	1800	Φ12@180	
J8	2200	Φ12@150	
J9	2300	Φ14@180	

JL			
基础梁	梁长 L	受力筋	②
JL1	2800	4Φ18	
JL2	3500	4Φ22	
JL3	2340	4Φ14	

图 5-4　某宿舍楼基础详图

本基础详图为 J,JL 详图,它是一种标准详图,图中的有关数据可通过查表得到,例如 J3,基础底面宽度 B=1 300 mm,受力钢筋为Φ8@150 等。

从基础详图中了解基础墙的厚度为 240 mm,基础墙中心线与定位轴线重合,室内外地坪高差为 450 mm,基础的底标高为-1.500 m,基础的埋置深度为 1 500 mm。

从基础详图中了解到基础梁中钢筋的配置,如 JL1,受力筋为 4Φ18、分布筋为Φ8@200 等。

微视频

独立基础
施工图的识读

从基础详图可知,本基础为钢筋混凝土条形基础,基础墙的材料是普通砖,基础底板为钢筋混凝土,基础的垫层为素混凝土,防潮层(即 JQL)的材料是钢筋混凝土,其断面尺寸是 240 mm×60 mm,内部配制 3Φ8 钢筋,分布筋为冷拔低碳钢丝Φ^{b}4@300。

5.3　柱　施　工　图

在房屋建筑结构中,截面尺寸较小而高度相对较高的构件称为柱。

柱主要承受竖向荷载,是主要的竖向受力构件,但柱有时也要承受横向荷载或较大的偏心压力,这将导致柱出现弯曲和剪切的受力状态。柱是房屋建筑中极为重要的构件,在其较小的截面上,要承受较大的荷载,容易出现失稳破坏,导致整个结构的倒塌。柱广泛应用于房屋建筑中,如框架柱、排架柱、楼盖或屋盖的支柱等。

在轴心受压柱中,纵向钢筋数量由计算确定,应不少于 4 根且沿构件截面四周均匀设置。纵向钢筋宜采用较粗的钢筋,以保证钢筋骨架的刚度及防止受力后过早压屈。结构施工图中多采用混凝土结构平面整体表示方法进行表示,以下简称为"平法"。

平法的表达方式概括来讲,是把结构的相关参数、尺寸和配筋等,按平面整体表示方法制图规则,整体直接表达在各类构件的结构平面布置图上,再与标准构造详图相配合,即构成了一套完整的结构设计施工图纸。

柱采用平面整体表示方法绘制施工图时,可简称为柱平法施工图,它们都是在柱平面图中完成的,图中应按规定注明各结构层楼面标高、结构层高及相应结构层号。柱平法标注方式可分为列表注写方式和截面注写方式。

5.3.1 列表注写方式

柱列表注写方式,即在柱平面施工图中(包括框架柱、梁上柱、剪力墙上柱等),将柱编成不同号码,在同一种编号的柱中选择一个截面注写柱号、起止标高、几何尺寸(包括轴线与柱截面的关系)以及配筋的具体数值,并配以各种柱截面形状及其箍筋类型图的方式,来表达柱平面施工图,箍筋类型 1、箍筋类型 2、箍筋类型 4 如图 5-5 所示,箍筋类型 3 见 22G101-1[混凝土结构施工图平面整体表示方法制图规则和构造详图(现浇混凝土框架、剪力墙、梁、板)]的 1—5 页表 2.2.2-2。

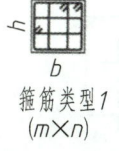
箍筋类型1
(m×n)

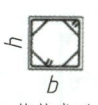
箍筋类型2

箍筋类型4

柱表

柱号	标高	b×h(圆柱直径D)	b₁	b₂	h₁	h₂	全部纵筋	角筋	b边一侧中部筋	h边一侧中部筋	箍筋类型号	箍筋	备注
KZ1	-0.030~19.470	750×700	375	375	150	550	24Φ25				1(5×4)	Φ10@100/200	—
	19.470~37.470	650×600	325	325	150	450		4Φ22	5Φ22	4Φ20	1(4×4)	Φ10@100/200	
	37.470~59.070	550×500	275	275	150	350		4Φ22	5Φ22	4Φ20	1(4×4)	Φ8@100/200	
XZ1	-0.030~8.670						8Φ25				按标准构造详图	Φ10@100	③×Ⓑ轴KZ1中设置

图 5-5 柱列表注写方式

柱列表注写方式所包含的内容如下。

(1)柱编号

柱编号由类型代号和序号组成,见表 5-3。

(2)各段柱的起止标高

注写各段柱起止标高,自柱根部往上以变截面位置或截面未变但配筋改变处为界分段注写。梁上起框架柱的根部标高系指梁顶面标高;剪

微视频

柱列表注写
(1)

表 5 - 3　柱 编 号

柱 类 型	代 号	序 号
框架柱	KZ	××
转换柱	ZHZ	××
芯柱	XZ	××

力墙上起框架柱的根部标高为墙顶面标高。从基础起的柱,其根部标高系指基础顶面标高。框架柱和转换柱的根部标高为基础顶面标高,芯柱的根部标高需根据结构实际需要而定。

（3）柱截面尺寸及其与轴线间关系

对于矩形柱,须对应于各段柱分别注写截面尺寸 $b×h$ 及轴线关系的几何参数代号 b_1,b_2 和 h_1,h_2 的具体数值,圆柱只需标注直径 d。

（4）柱纵筋

当柱纵筋直径相同,各边根数也相同时,将纵筋注写在"全部纵筋"一栏中;除此之外,柱纵筋分为角筋、截面 b 边一侧中部筋和 h 边一侧中部筋三项应分别注写(对于采用对称配筋的矩形截面柱,必须注写每侧的中部筋)。

（5）箍筋肢数和类型号

在箍筋栏内注写箍筋类型号及箍筋肢数,具体工程中涉及的各种箍筋类型及复合方式,应画在柱表上方或其他适宜位置,并应该标注 b,h 所在的位置,并且应编写类型号。矩形箍筋复合的方式即为:横向箍筋肢数×纵向箍筋肢数。常见复合箍筋表示方法如图 5 - 6 所示。

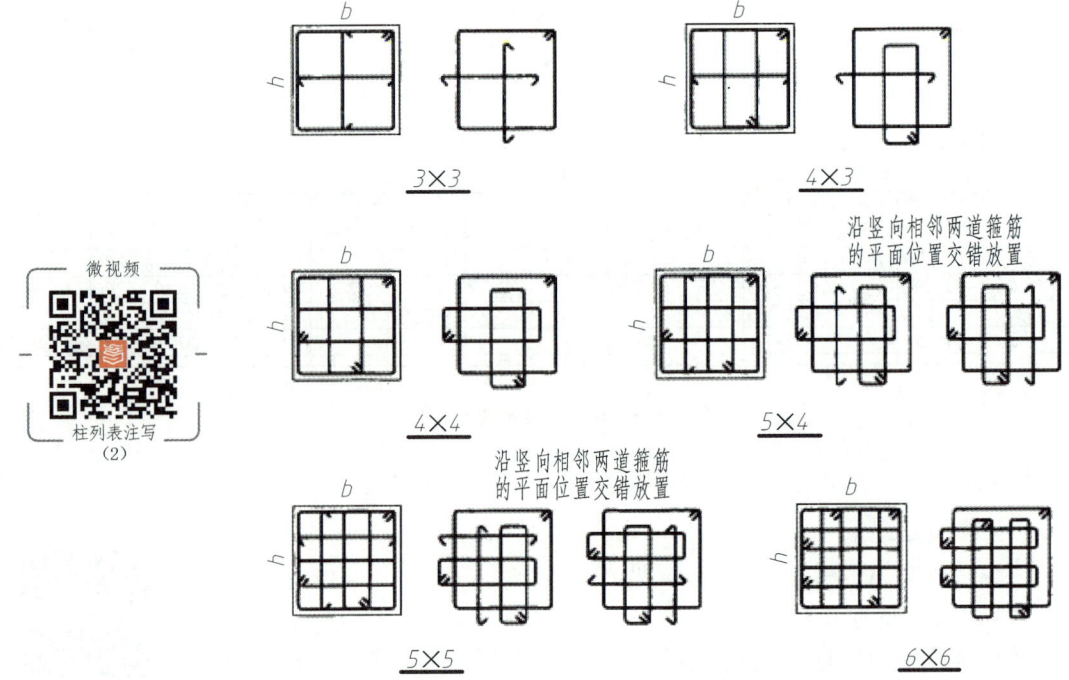

微视频

柱列表注写
（2）

图 5 - 6　常见复合箍筋表示方法

（6）箍筋级别、直径、加密区与非加密区间距

加密区和非加密区间距用斜线"/"分隔开。例如Φ10@100/200，表示箍筋为 HPB300 级钢筋，直径为 10 mm，加密区间距为 100 mm，非加密区间距为 200 mm。

5.3.2　截面注写方式

柱截面注写方式，即在柱平面布置图的柱截面上，分别在同一编号的柱中选择一个截面，以直接注写截面尺寸和配筋具体数值的方式来表达柱平法施工图。这种表示方法可在柱平面布置图中的同一编号的柱中选择一个截面，原位放大（可不遵循平面图中的比例要求）绘制柱截面图，并在各配筋图上注写截面尺寸 $b \times h$、角筋（或全部纵筋）、箍筋的具体数值以及在柱截面配筋图上标注柱截面与轴线的关系，即 b_1，b_2，h_1，h_2 的具体数值。

除芯柱外，所有柱截面按列表法的规则进行编号和注写。第一排为柱编号，第二排为柱截面尺寸，第三排为角筋或全部纵筋，第四排为箍筋取值。当纵筋有两种直径时，必须在侧面标注各边中部筋的具体数值。

如图 5-7 所示是柱截面注写方式，图中框架柱 KZ2，其截面尺寸 $b \times h = 650$ mm $\times 600$ mm，$b_1 = b_2 = 325$ mm，$h_1 = 150$ mm，$h_2 = 450$ mm，柱子配置全部纵筋，即 22 根直径为 22mm 的 HRB400 级纵筋，箍筋为 HPB300 级钢筋，直径为 10 mm，加密区间距为 100 mm，非加密区间距为 200 mm，箍筋为矩形复合箍筋，肢数为 4×4。其他柱子识读方法与之相似，不再赘述。

微视频
柱截面注写

微视频
柱施工图
的识读

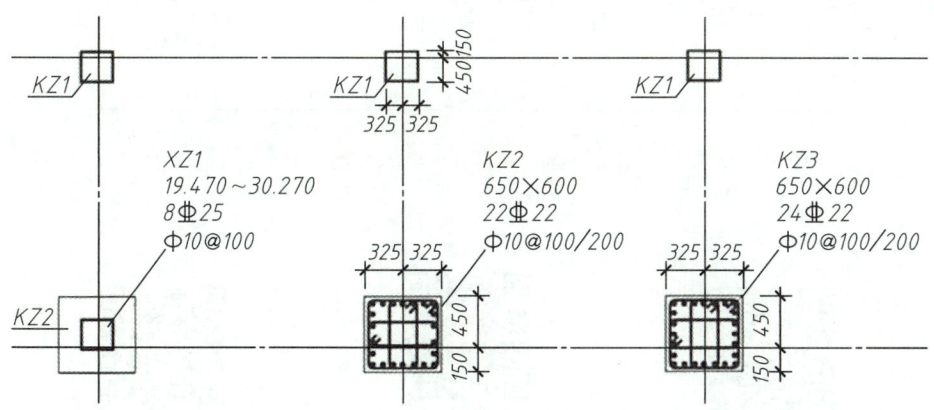

图 5-7　柱截面注写方式

5.4　梁 施 工 图

微视频
梁的类型与
特点

建筑结构中的梁按照受力的不同可分为简支梁、悬臂梁、多跨梁等。简支梁为梁端支撑在砖墙或圈梁上的单跨梁。按照受力作用不同，

微视频
梁钢筋的组成

梁中钢筋分为受力筋、箍筋和架立筋。梁中的受力筋主要承受梁中的拉力,该钢筋沿纵向布置,如果在整根梁上连续布置,则称通长筋;箍筋用以固定受力筋的位置,并承担部分剪力和扭矩,该钢筋沿横向布置,围绕纵向钢筋形成封闭矩形;架立筋起到固定钢筋的作用,它沿纵向布置,若受力筋不连续布置,则应与架立筋搭接架立筋与受力筋、箍筋一起构成钢筋的整体骨架,多配置在梁的上部。在梁中有时配置弯起钢筋,它主要是由下部钢筋向上弯起以承担梁支座处的负弯矩,即梁上部拉力,以节约钢筋,降低造价。

悬臂梁是指外伸或悬挑而出的梁。由于受力不同,悬臂梁的受力筋配置在梁的上部,架立筋配置在下部,箍筋与简支梁类似。

多跨梁含有边支座和中间支座,通常以柱或梁作为支座,中间支座需要传递弯矩。多跨梁配筋较为复杂,目前多借助22G101图集,采用平法注写方式米表示梁的配筋。

图5-8所示是编号为KL2的现浇钢筋混凝土框架梁在平面图上的平法注写方式。其平面注写包括集中标注和原位标注两部分,集中标注表达梁的通用数值,原位标注表达梁的特殊数值。

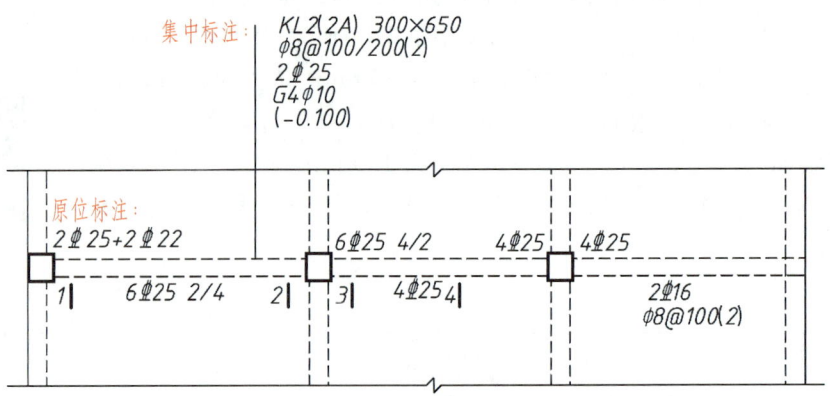

图 5-8 KL2 梁平法注写方式

微视频
梁的编号形式

微视频
梁的箍筋和截面

微视频
梁的纵向钢筋

1. 梁的集中标注内容中有五项必注值和一项选注值

① 梁的编号。梁的编号由梁的类型代号、序号、跨数和是否带有悬挑四部分组成,如图5-8所示的KL2(2A)即表示第2号框架梁、2跨、一端悬挑(A表示一端有悬挑,B表示两端有悬挑)。

② 梁的截面尺寸。梁的截面尺寸用 $b \times h$ 表示,如图5-8所示的 300×650 表示梁宽 300 mm、梁高 650 mm。

③ 梁的箍筋。梁的箍筋包括钢筋级别、直径、加密区和非加密区间距和肢数,如图中Φ 8@100/200(2),表示箍筋为直径为 8 mm 的 HPB300 级钢筋,加密区间距为 100 mm,非加密区间距为 200 mm,均为两肢箍。

④ 梁上部通长筋或架立筋配置。当同排纵筋中既有通长筋又有架立筋时,就用"+"将它们相连,注写时须将位于混凝土角部的纵筋写在加号的前面,架立筋写在加号后面的括号内。当全部采用架立筋时,将其写在括号内。图中 2Φ25 表示梁上部只有两根直径为 25 mm 的 HRB400 级通长钢筋。

⑤ 梁侧面纵向构造钢筋或受扭钢筋配置。当梁的腹板高度 $h_w \geqslant 450$ mm 时,需配置纵向构造钢筋(用字母 G 为首标注),有时需配置受扭纵向筋(用字母 N 为首标注),G 或 N 为首标注的钢筋均为对称配置。如图 5-8 所示的 G4Φ10,表示梁的两个侧面共配置了 4 根直径 10 mm 的 HPB300 级构造钢筋,每侧各有两根。

⑥ 梁顶面标高高差。梁顶面标高高差为选注值,指相对于结构层楼面标高的高差值,注写在括号内,无高差时不注写。如图 5-8 所示的(-0.100),表示该梁顶面较结构层楼面标高低 0.1 m。

2. 梁的原位标注

① 梁支座上部纵筋,该部位注写包括通长筋在内的所有纵筋。当上部纵筋多于一排时,用"/"将各排纵筋自上而下分开,如图 5-8 所示的 6Φ25 4/2,表示梁支座上排纵筋为 4Φ25,下排纵筋为 2Φ25;当同排纵筋有两种直径时,用"+"将其相连,且角部纵筋写在前面,如图 5-8 所示的 2Φ25+2Φ22,表示梁支座上部有 4 根纵筋,2Φ25 放在角部,2Φ22 放在中部。

② 梁下部纵筋。注写情况和规则与梁支座上部纵筋类同,例如图中 6Φ25 2/4,表示梁下部有 6Φ25 的纵筋,上排 2 根,下排 4 根。

图 5-9 所示用传统表示方法绘制的 KL2 梁的四个截面配筋图,可对照梁平法注写方式了解两者之间的联系。实际工程中,采用平法注写方式表达时,不需要绘制梁截面配筋图和图 5-8 所示的截面符号。

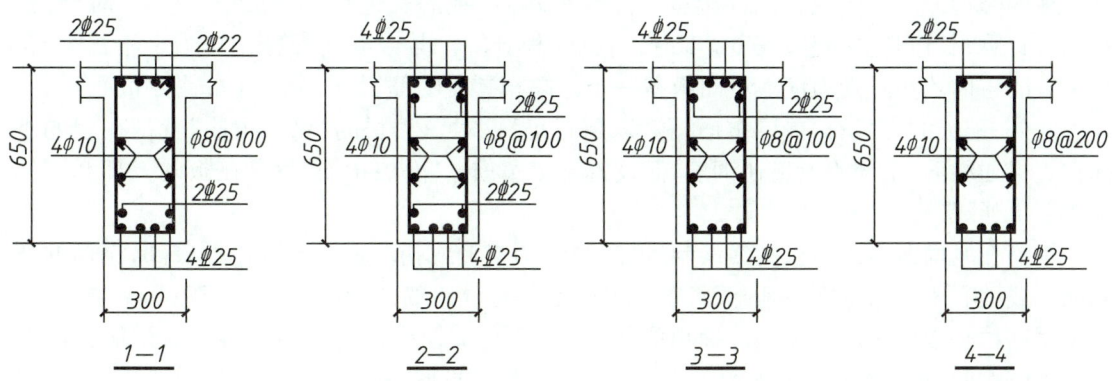

图 5-9 KL2 梁截面配筋图

图 5-8 所示没有标注包括支座钢筋在内的各类钢筋的长度及伸入支座的尺寸,这些尺寸可查阅图集 22G101 中的标准构造详图,对照确定。

5.5　板 施 工 图

板是建筑结构中的主要构件之一,它是钢筋混凝土楼(屋)盖的重要组成部分。板将房屋的垂直方向分隔为若干层,并把竖向荷载及楼板自重通过墙体、梁或柱传给基础。钢筋混凝土楼(屋)盖是建筑物中的水平结构体系,按施工方法可分为现浇整体式、装配式和装配整体式三种类型。目前房屋建筑中主要使用的形式是现浇整体式。按照支承条件和受力形式,现浇混凝土楼盖可分为有梁楼盖和无梁楼盖。

有梁楼盖由板和梁组成,两者整体相连,通常为多跨连续超静定结构。楼板被四周的梁分成矩形区格,板四周支承在梁或墙上。无梁楼盖不设梁,而将板通过柱帽直接支承在柱上,可减小楼面结构高度,但抵抗水平荷载能力较差。当前民用建筑采用现浇混凝土有梁楼盖较多,因此本节主要介绍有梁楼盖的楼板和屋面板平法施工图的识读。

5.5.1　楼板的钢筋配置

(1) 板中钢筋类型

微视频
板的钢筋类型

板中钢筋按照受力作用不同,分为受力筋、分布筋和支座负筋(扣筋)。受力筋主要承受板构件所收到的拉力。分布筋则是与受力筋垂直方向布置,让荷载均匀分布到受力筋上,还起到抵抗温度应力的作用,防止混凝土开裂,并固定受力筋的位置。支座负筋配置在板上部支座两侧,承受板顶的部分拉力,同时防止顶部混凝土开裂,有贯通和非贯通两种形式。另外,在上部非贯通纵筋垂直方向,通常配置构造分布筋,但在图纸中一般不画出,而是统一说明。

(2) 不同种类板钢筋的配置

板的类型分为单向板和双向板。按照规范规定,板的长边长度/短边长度≤3 时,宜按双向板计算;长边长度/短边长度>3 时,按单向板计算。其中双向板存在较为广泛,两个互相垂直的方向均布置受力筋。单向板在一个方向布置受力筋,另一个方向布置分布筋。

此外,配筋的方式有"单层布筋"和"双层布筋"两种。楼板的"单层布筋"就是在板的下部布置贯通纵筋,上部不设贯通钢筋,而设置支座负筋。"双层布筋"就是在板的上部和下部都布置贯通纵筋。

钢筋在平面图中应用粗实线绘制,钢筋的弯钩朝上或朝左表示布置在板底部,钢筋的弯钩朝下或朝右表示布置在板顶部,沿着钢筋的长度标注钢筋的等级、直径、间距和编号,编号应采用阿拉伯数字按顺序编写。简单的构件、钢筋种类较少时也可不编号。当钢筋标注的位置不够用时,可采用引出线标注。引出线标注钢筋的斜短画线应为中实线和细实线。

如图 5-10 所示为 LB-1 配筋图,板所在位置由轴线确定。该板长边／短边长度为

6 600／3 000＝2.2≤3,宜按双向板配置。配置在板底部的钢筋有①、②号钢筋,其中①号为受力筋,Φ 10＠150,②号也为受力筋,Φ 10＠200。板顶部构造分布钢筋为⑤号筋,Φ 6＠200,板厚 120 mm,板顶标高为 3.850 m。

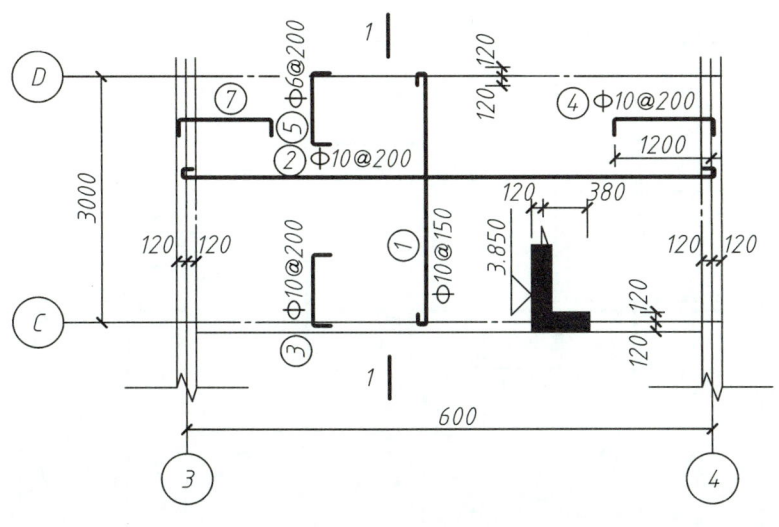

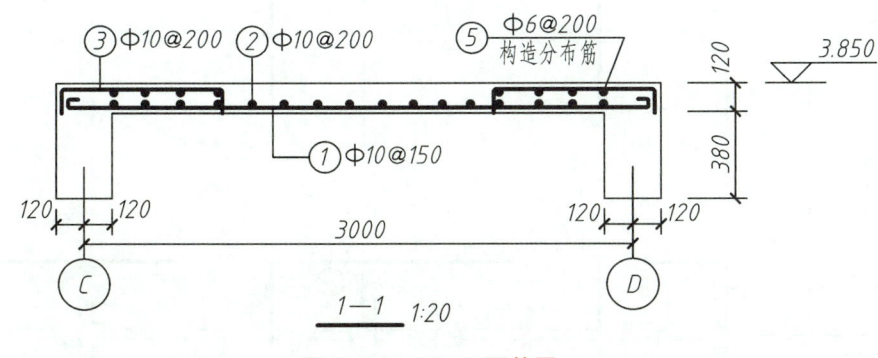

图 5－10　LB－1 配筋图

5.5.2　有梁楼板平法施工图

在 22G101－1 图集中,板的平法标注包括"集中标注"和"原位标注"两种,某楼层现浇板平法标注如图 5－11 所示。

（1）板块集中标注

集中标注均以"板块"为单位。对于普通楼面,两向均以一跨为一块板。集中标注的内容包括:板块编号,板厚,上部贯通纵筋,下部纵筋,以及当板面标高不同时的标高的高差。下面分别介绍集中标注的各部分。

板块编号由代号和序号组成。其中楼面板为 LB××,屋面板为 WB××,悬挑板为 XB××。例如 1 号楼面板编号为 LB1,2 号屋面板为 WB2。

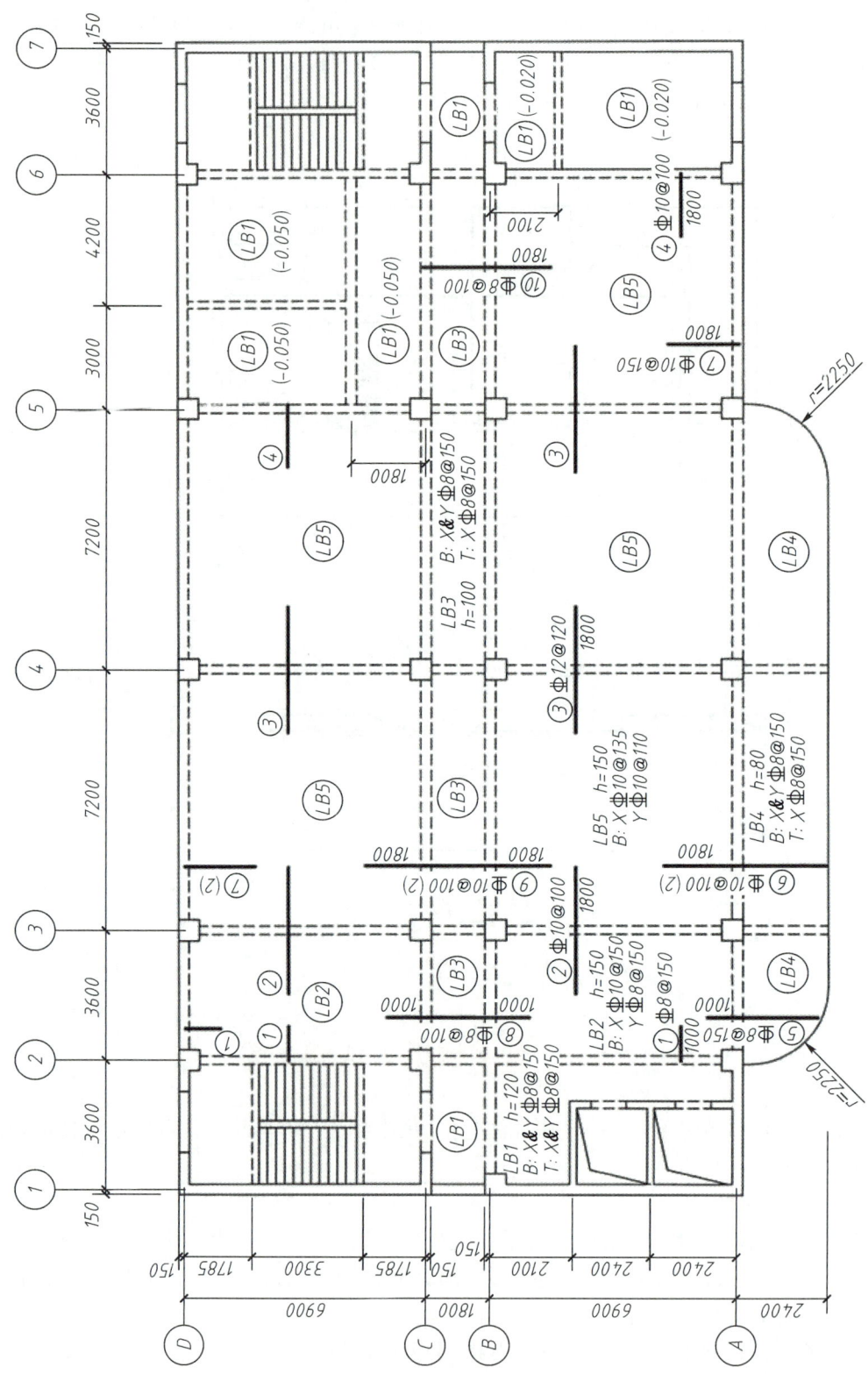

图 5-11　某楼层现浇板平法施工图

板厚 h 为垂直于板面的厚度；当悬挑板端部改变截面厚度时，用斜线分隔根部与端部高度值即 $h=\times\times\times/\times\times\times$；当设计者已在图注中统一注明板厚时，此项可不注写。

纵筋按板块的下部纵筋和上部贯通纵筋分别注写（板上部没有贯通纵筋时不注写），并以 B 代表下部纵筋，以 T 代表上部贯通纵筋，B&T 代表下部与上部；X 向纵筋以 X 为首标注，Y 向纵筋以 Y 为首标注，两向纵筋相同时以 X&Y 为首标注。

微视频

板的集中标注

单向板贯通分布筋不在图中注写，而进行统一文字说明；当板配有构造钢筋时，以 Xc、Yc 为首注写 X 向和 Y 向构造钢筋。

标高高差指相对于结构层楼面标高的高差，应将其注写在括号内。标高高差在有高差时注，无高差则不注。

【例 5-1】 一楼面板注写：LB3　　　$h=120$

B：X ϕ 10@150；Y ϕ 8@120

表示 3 号楼面板，板厚 120 mm，板下部配置纵筋 X 向为 ϕ 10@150，Y 向为 ϕ 8@120，板上部未配置贯通纵筋。

【例 5-2】 某结构层楼面标高为 3.270 m，其中一悬挑板注写如下：

XB1　　　$h=140/100$

B：Xc&Yc ϕ 8@150

(-0.030)

表示 1 号悬挑板，板根部厚 140 mm，端部厚 100 mm，板下部配置构造钢筋双向均为 ϕ 8@150（上部受力钢筋见板支座原位标注）。

同一编号板块的类型、板厚和纵筋均应相同，但板面标高、跨度、平面形状以及板支座上部非贯通纵筋可以不同。如同一编号板块的平面形状可为矩形、多边形及其他形状等。

（2）板支座原位标注

板支座原位标注的内容：板支座上部非贯通纵筋和悬挑板上部受力钢筋。原位标注的钢筋，在配置相同的第一跨来表达（当在梁悬挑部位单独配置时则在原位表达）。在配置相同的第一跨中，垂直于板支座绘制一段长度的中粗实线（当该筋通长设置在悬挑板或短跨板上部时，实线段应画到对边或贯通短跨），以该线段代表支座上部非贯通钢筋，并在线段上方注写钢筋符号、配筋值、横向连续布置的跨数，以及是否横向布置到梁的悬挑端。

板支座上部非贯通筋自支座中线向跨内的伸出长度，注写在线段的下方位置，对称延伸时只注一侧，悬挑端不注写延伸值。

悬挑板的注写方式如图 5-12 所示。对线段画至对边贯通全跨或贯通全悬挑长度的上部通长纵筋，贯通全跨或伸出至全悬挑一侧的长度不注，当悬挑板端部厚度不小于 150 mm 时，设计者应指定板端部封边构造方式。

微视频

板施工图的识读

微视频

板的原位标注

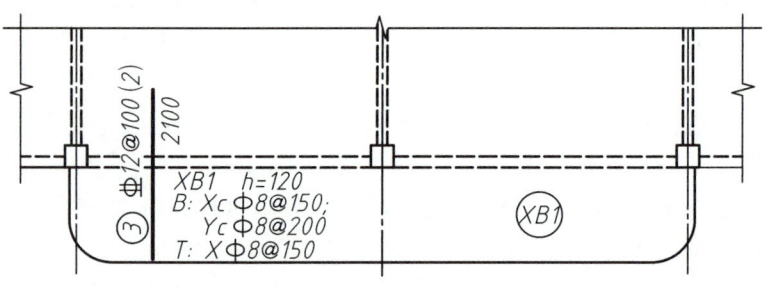

图 5 – 12　悬挑板的注写方式

？复习思考题

1. 什么叫结构施工图？结构施工图有哪些内容？

2. 结构平面图有哪几种？

3. 基础图主要表示哪些内容？

4. 基础平面图主要表示哪些内容？它在图示方法上有何特点？

5. 柱列表注写方式包含哪些内容？

图纸

装配式板构件
详图

*学习任务6 装饰装修施工图的阅读与绘制

学 习 要 点

装饰装修施工图是指房屋和室内装饰装修图。通过本学习任务的学习,应重点掌握装饰平面布置图、装饰立面图、装饰剖面图、装饰节点详图、家具施工图的形成、作用、内容及表达方式。掌握装饰装修施工图的阅读和图示方法,培养建筑美的意识和对美的正确理解。

6.1 概 述

6.1.1 装饰装修施工图的作用及内容

装饰装修施工图是装饰设计人员以建筑施工图为依据,按正投影的方法和制图标准详细、准确地表达设计思想及装饰构造、装饰造型、饰面要求的一套图样,它是装饰施工的技术语言,是装饰工程施工、验收及预算的依据。

一般装饰装修施工图中的各图样是依照建筑制图标准绘制的。一套装饰装修施工图包括首页图(图样目录、设计说明、材料、工艺的要求等)、平面布置图、立面图、顶棚平面图、剖面图、节点详图,必要时增绘效果图及家具图。本章主要介绍它们的形成、作用及基本内容,为识读装饰施工图打下基础。

6.1.2 装饰装修施工图的特点

一套完整的装饰装修施工图,一般包括装饰平面布置图、装饰立面图、装饰剖面图、装饰节点详图和家具施工图。

拓展阅读

乡村振兴中的
建筑装饰图

装饰装修施工图与建筑施工图密切相关,装饰装修工程必须依赖建筑施工图,它们既有联系又有区别。装饰装修施工图主要反映的是"面",即外表的内容,但构成和内容较复杂,多用文字或其他符号作为辅助说明,而对结构构件及内部组成反映得较少。装饰装修施工图具有如下主要特点:装饰装修施工图是按照投影原理,用点、线、面构成各种图形,表达装饰内容;装饰装修施工图套用了建筑设计的制图标准,如图例、符号等;装饰装修施工图中采用的图例符号尚不完全规范,大多数采用文字注写来补充图的不足。

6.1.3　装饰装修施工图中常用的图例

室内装饰设计包括的室内项目,如家具、设施、织物、绿化、摆设等内容很多,不能以实物的原形出现在图纸上,只有借助图例表示。装饰施工图中常用图例许多仅仅是设计者自制自用,目前具有一定的普遍意义。

1. 常用装饰材料图例

常用装饰材料图例见表 6-1。

表 6-1　常用装饰材料图例

序　号	名　　称	图　　例	说　　明
1	天然石材	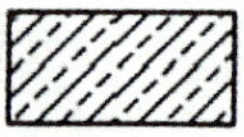	包括岩层、砌体、铺地、贴面等石材
2	金属	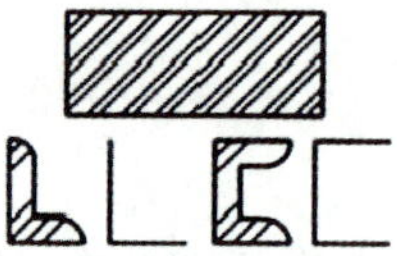	在一般装饰结构中的金属剖面符号,按建筑制图规则画。图形小时可涂黑
3	铝合金	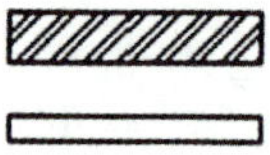	在铝合金结构和铝合金机械装置结构中,剖面符号按机械制图规则画
4	饰面砖		包括铺地砖、瓷砖、陶瓷锦砖、人造大理石等
5	木材	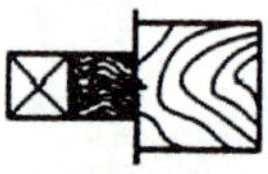	木材纵剖时若影响图面清晰可不画剖面符号
6	胶合板	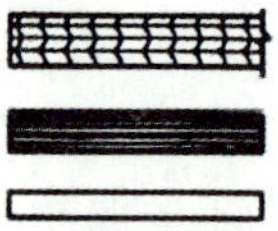	夹板材断面不用交叉直线符号,层数用文字注明,在投影图中很薄时可不画剖面符号
7	纤维板		
8	细木工板	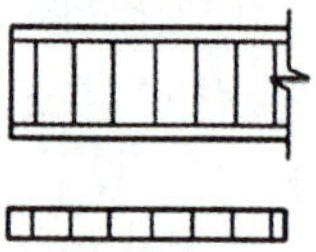	很薄时,可不画剖面符号
9	覆面刨花板	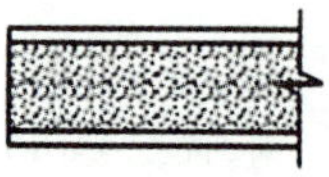	

序　号	名　　称	图　　例	说　　明
10	塑料、有机玻璃、橡胶		
11	软质填充料		棉花、泡沫塑料、棕丝等
12	玻璃	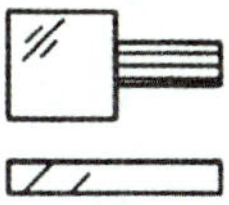	包括平板玻璃、夹丝玻璃、钢化玻璃等
13	镜子	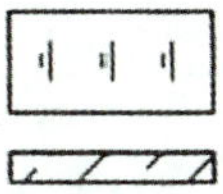	
14	编竹		
15	藤编	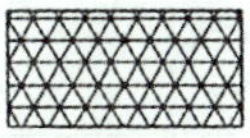	
16	网状材料	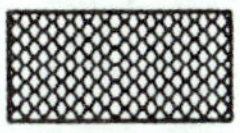	包括金属、塑料等网状材料,图纸中注明具体材料
17	石膏板	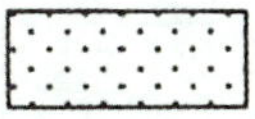	
18	栏杆		上图为非金属扶手,下图为金属扶手
19	水磨石	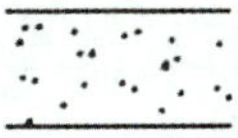	
20	壁纸中常见符号		左图为对花壁纸,右图为错位对花壁纸
		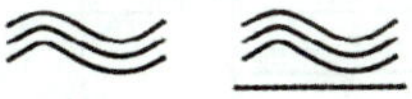	左图为水洗壁纸,右图为可擦洗壁纸
		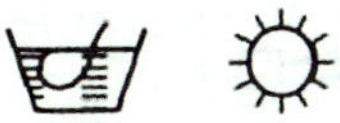	左图背面已有刷胶粉,右图为防褪色壁纸
			左图可在再次装饰时撕去,右图为有相应色布料的壁纸

2. 家具、摆设物及绿化图例

家具、摆设物及绿化图例见表 6 - 2。

表 6 - 2 家具、摆设物及绿化图例

序号	名　称	图　例	说　明
1	双人床		所有家具在设计中按比例画出
2	单人床		
3	沙发	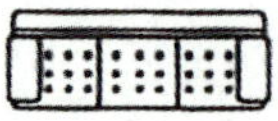	
4	凳、椅		选用家具，可根据实际情况绘制其造型轮廓
5	桌		
6	钢琴	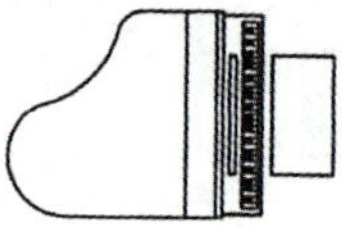	
7	吊柜		
8	地毯		满铺地毯在地面用文字说明
9	花盆		
10	环境绿化		乔木
11	隔断墙	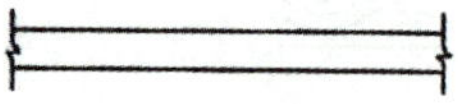	注明材料
12	玻璃隔断、木隔断	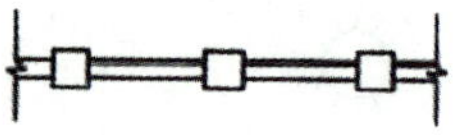	注明材料
13	金属网隔断	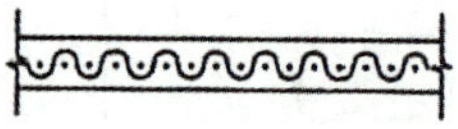	

续　表

序号	名　称	图　例	说　明
14	雕塑	 ⊙	
15	其他家具	长板凳　食品柜　酒柜	其他家具可在矩形或实际轮廓中用文字说明
16	投影符号	 Ⓐ	箭头方向表示该方向投影面,圆圈内的字母表示投影面的编号

3. 卫生设备图例

卫生设备图例见表6－3。

表6－3　卫生设备图例

序号	名　称	平　面	立　面	侧　面
1	洗脸盆			
2	立式洗脸盆（洗面器）			
3	浴盆	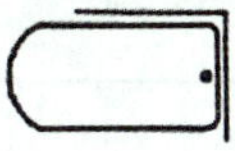	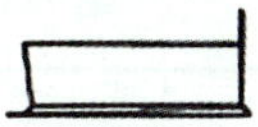	
4	方沿浴盆		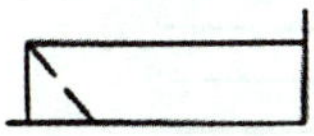	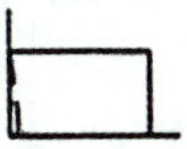
5	净身盆（坐洗器）			
6	立式小便器	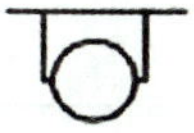	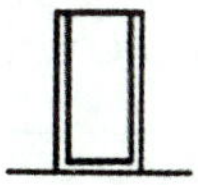	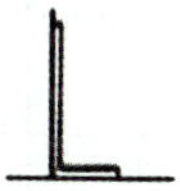
7	蹲式大便器			

续　表

序号	名　称	平　面	立　面	侧　面
8	坐式大便器			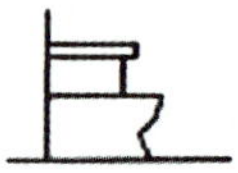
9	洗涤槽	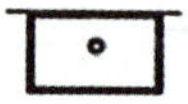		
10	淋浴喷头			
11	斗式小便器			
12	地漏		—	
13	污水池		—	

其他设备依设计的实际情况绘制

4. 水暖图例

水暖图例见表6-4。

表 6-4　水　暖　图　例

名　称	图　例	名　称	图　例
管道		电动阀	
三通连接	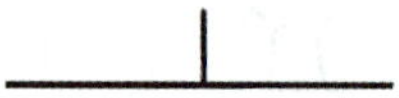	流量表	
软管		球阀	
存水弯		止回阀	
截止阀	 	放水龙头	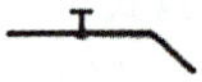

续　表

名　称	图　例	名　称	图　例
肘式开头		四通连接	
室外消火栓		保温	
室内消火栓（双口）		通气帽	
消防喷头（开式）		阀门	
热交换器		室内消火栓（单口）	
温度计		消防报警阀	
空调		消防喷头（闭式）	
风管		开水器	
送风口		回风口	
气动阀		窗式空调	
旋塞阀		压缩机	
压力调节阀		减压阀	
延时自闭冲洗阀		风管止回阀	
洒水龙头		排风管	
脚踏开关		压力表	
闸阀		散热器	
交叉管		风机	

续　表

名　称	图　例	名　称	图　例
散热器 三通阀		防火阀	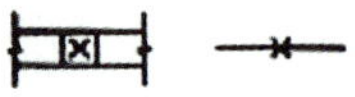
暖风机		消声器	
送风管	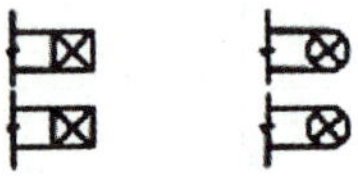	疏水器	
		自动排气阀	

5.常用电器、照明图例

常用电器、照明图例见表6－5。

表6－5　常用电器、照明图例

名　称	图　例	名　称	图　例
插座		洗衣机	
刀开关		门铃 门铃按钮	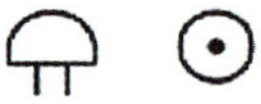
电线		避雷针	
开关		电源引线	
配电盘	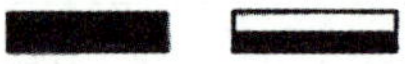	电视电线盒	
地板出线口		接地、重复 接地	
灯的一 般符号		电视	
顶棚灯座		吊灯	
电话 电话插孔		荧光管灯	

续　表

名　称	图　例	名　称	图　例
电风扇		墙上灯座	
壁灯	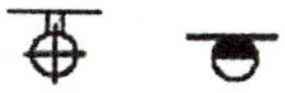	吊式风扇	
日光灯带		镜灯	
吸顶灯 （顶棚灯）			

6.1.4　装饰装修施工图的识读要点

在识读装饰装修施工图以前，应掌握基本投影原理并熟识建筑制图标准。装饰工程涉及面较宽，它不仅与建筑及钢、铝、木结构有关，还与家具、室内陈设及其他配套产品有关，所以学习中应经常翻阅相关资料，对于更详细的专业知识留待以后专业课程中学习。另外，装饰装修施工图较为琐碎，空间概念也较为复杂，所以应经常深入现场，对照图纸，观察实物，积累经验，以便更快地提高识读能力。

在阅读整套装饰装修施工图时，应采用"大体了解、顺序阅读，前后呼应、详图细读"的识读方法。

1. 大体了解、顺序阅读

先阅读首页图和效果图，以大致了解图样组成、工程概况、设计依据、施工标准和要求等，然后按照平面布置图、立面图、顶棚平面图、剖面图、节点详图的顺序逐次阅读，对室内装饰造型、色彩的选择、材料的要求有一个初步的认识。

2. 前后呼应、详图细读

读完平面布置图后，结合投影符号看立面图；结合剖面符号及轴线看剖面图；结合轴线看顶棚平面图；结合详图索引符号识读详图。对于详图中的构造组成、材料要求、细部尺寸、技术措施做到心中有数，遇到问题可先记录下来，待到图样会审时再向设计人员咨询。

6.2　装饰平面布置图

6.2.1　装饰平面布置图的形成及作用

装饰平面布置图是假想用一个水平的剖切面在距离楼地面 1.2～1.5 m 的位置将房屋剖切

后,对剖切面以下的部分所做出的水平正投影图,它主要用于表达房间的平面形状、大小、家具及陈设的布置,地面的图案划分与材料要求等。它包括楼、地面装饰平面图和顶棚装饰平面图。

6.2.2　楼、地面装饰平面图

1. 楼、地面装饰平面图的图示方法

楼、地面装饰平面图与建筑平面图的投影原理基本相同,两者的重要区别是所表达的内容不完全相同。建筑平面图用于反映建筑基本结构,而楼、地面装饰平面图在反映建筑基本结构的同时,主要反映地面装饰材料、家具和设备等布局,以及相应的尺寸和施工说明。如图6-1所示为某餐厅的装饰平面布置图。

为了不使图纸过于繁杂,在平面图上剖切到的装饰面都用两条细实线表示,并加以文字说明,而细部结构则在装饰详图中表示清楚。

装饰平面布置图一般都采用简化建筑结构、突出装饰布局的画图方法,对结构用粗实线或涂黑表示。

2. 楼、地面装饰平面图的图示内容

如图6-1所示为某餐厅的装饰平面布置图,图中主要反映的内容如下:

① 通过定位轴线及编号,表明装饰空间在建筑空间内的平面位置及其与建筑结构的相互关系尺寸;

② 表明装饰空间的结构形式、平面形状和长宽尺寸;

③ 表明门窗的位置、平面尺寸、门的开启方式及墙柱的断面形状及尺寸;

④ 表明室内家具、设施(电气设备、卫生设备等)、织物、摆设(如雕像等)、绿化、地面铺设等平面布置的具体位置,并说明其数量、规格和要求;

⑤ 表明楼(地)面所使用的装饰材料和工艺要求;

⑥ 表明与此平面图相关的各立面图的视图投影关系和视图的位置编号;

⑦ 表明各种房间的位置及功能。

课堂实作

分小组识读某家装平面图,再针对图示内容相互进行提问。

3. 楼、地面装饰平面图的图线表示

(1) 图名及比例

装饰平面布置图的图名是按房间的使用功能命名的,比例不小于1:50(常用1:50)。图6-1所示为某餐厅的装饰平面布置图,比例为1:50。

(2) 室内家具、陈设、隔断、卫生设备的布置方式

图6-1所示的餐桌有火车座和四人座方桌两种布置方式。由于目前国内尚无统一室

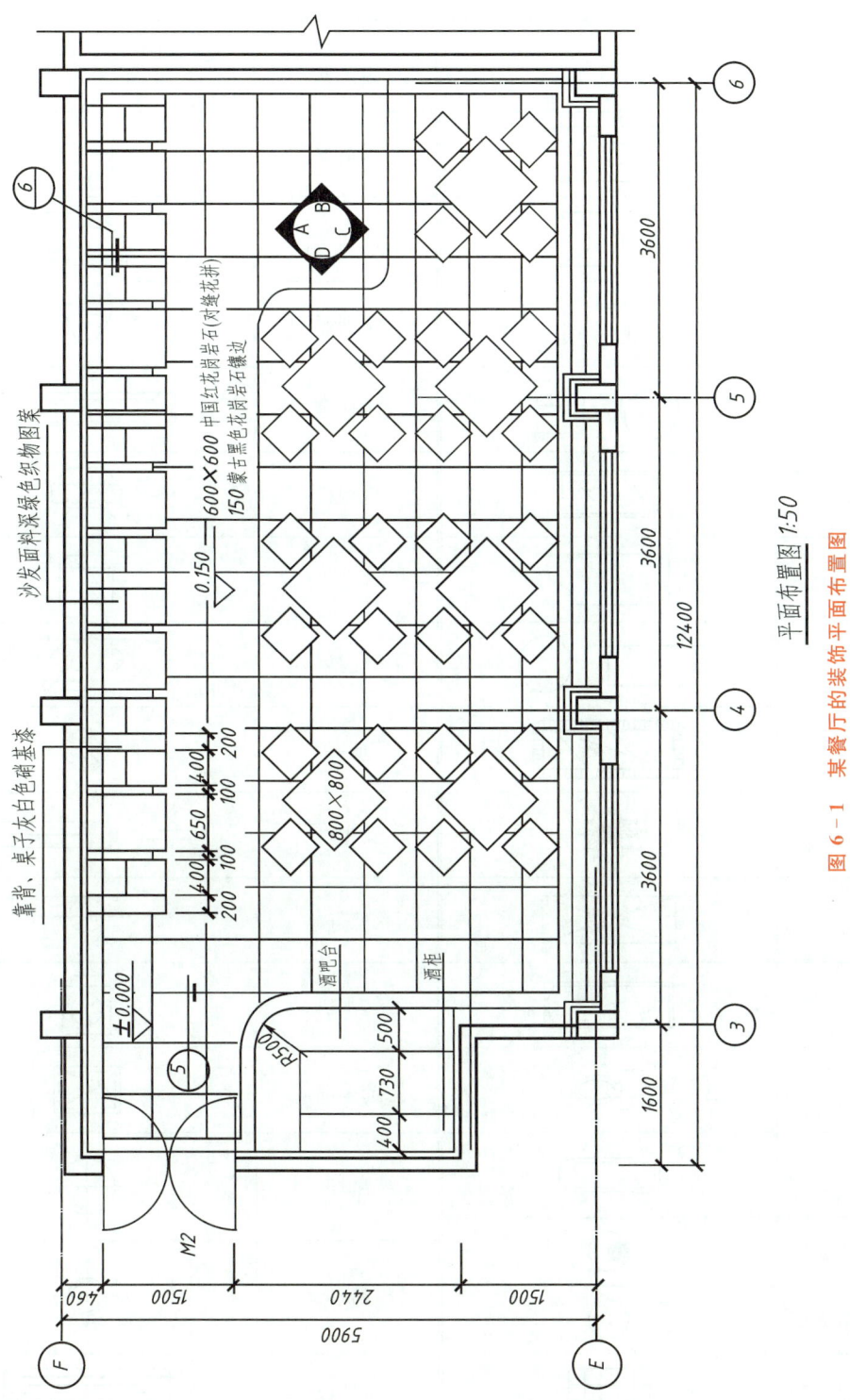

平面布置图 1:50

图 6-1 某餐厅的装饰平面布置图

内平面布置图例标准,本书仅提供参考图例,见表6-6。

表6-6 室内平面布置参考图例

名　称	图　例	名　称	图　例
双人床		淋浴器	
单人床		洗面盆	
沙发		小便器	
凳子		小便槽	
茶几		电视机	
钢琴		洗衣机	
桌子		灶具	
地毯		地漏	
花盆		荧光灯	
吊柜		壁灯	
浴盆		饮水机	
坐便器		洗菜池	
蹲便器		吊灯	
牛眼灯 集光型		筒灯	
牛眼灯 散光型			
地板块		木地板	

（3）尺寸标注

装饰平面图中的尺寸分为外部尺寸和内部尺寸,外部尺寸有三道,各道尺寸的标注与建筑施工图相同,内部尺寸一般标注以下内容:

① 家具设备的尺寸及人使用家具设备时所需要的空间尺寸。图 6-1 所示的酒吧台的宽度是 500 mm,使用空间的宽度是 730 mm,酒柜的宽度是 400 mm。

② 地面的图案划分尺寸。装饰平面布置图中地面的图案划分线与家具重合的部分可用虚线表示或者不表示。图 6-1 所示的地面图案为 600 mm×600 mm 的方格。

③ 室内空间区域的尺寸及标高。图 6-1 所示的餐厅分为缓冲区、就餐区、交通区、酒吧台区四个区域。门 M2 出入口处为缓冲区域,标高为 ±0.000 m,其他区域的标高为 0.150 m。

（4）文字说明

包括家具及陈设的名称,材料、色彩的选择,地面的材料、色彩的要求等。

（5）立面的投影关系和视图编号

立面的投影关系和视图编号如图 6-2 所示。其中图 6-2a 所示是单个立面投影符号,图内的箭头是底边长度为 8 mm,高度为 4 mm 的等腰三角形,它表示向该方向作立面投影,圆圈的直径是 5.5 mm,圆圈内的字母表示该立面投影的编号并在相应的立面图上标有 A 立面、B 立面。图 6-2b 是多个立面投影的符号,由边长一般为 10 mm 的正方形和一个内切圆组成,圆内标注有各投影面的编号。

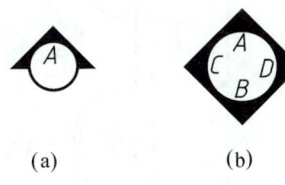

(a)　　　　**(b)**

图 6-2　立面的投影关系
　　　和视图编号

（6）其他说明

① 应表明墙、柱的定位轴线,以便于对照阅读其他图纸。

② 从装饰平面布置图中引有详图或剖面图,应表明详图索引符号及剖面图的剖切位置和编号。

③ 如要表明跌级吊顶棚的转折面与平面布置的关系,则应用虚线表示。

④ 由于地面及家具的布置是从墙、柱装修的外表面开始的,因此装饰平面布置图中还应表明墙、柱造型的外轮廓线。

另外,装饰平面布置图是采用简化建筑部分、突出装饰部分的绘图方法。图中凡是属于建筑施工图的部分（如墙、柱、门窗等）,都应与建筑施工图的线型、粗细相同;图中的家具、地面的图案、尺寸线、引出线均为细实线;木骨架或轻钢龙骨隔墙用中粗线表示。

6.2.3　顶棚装饰平面图

1. 顶棚装饰平面图的形成及作用

顶棚装饰平面图也称"吊顶"平面图或"天花"装饰平面图,它是以地面为镜面,对地面内所影射的顶棚图像所作出的正投影面,所以也称为顶棚镜像平面图。它主要用于表达顶棚的造型样式、灯具的规格类型、通风口的位置等。

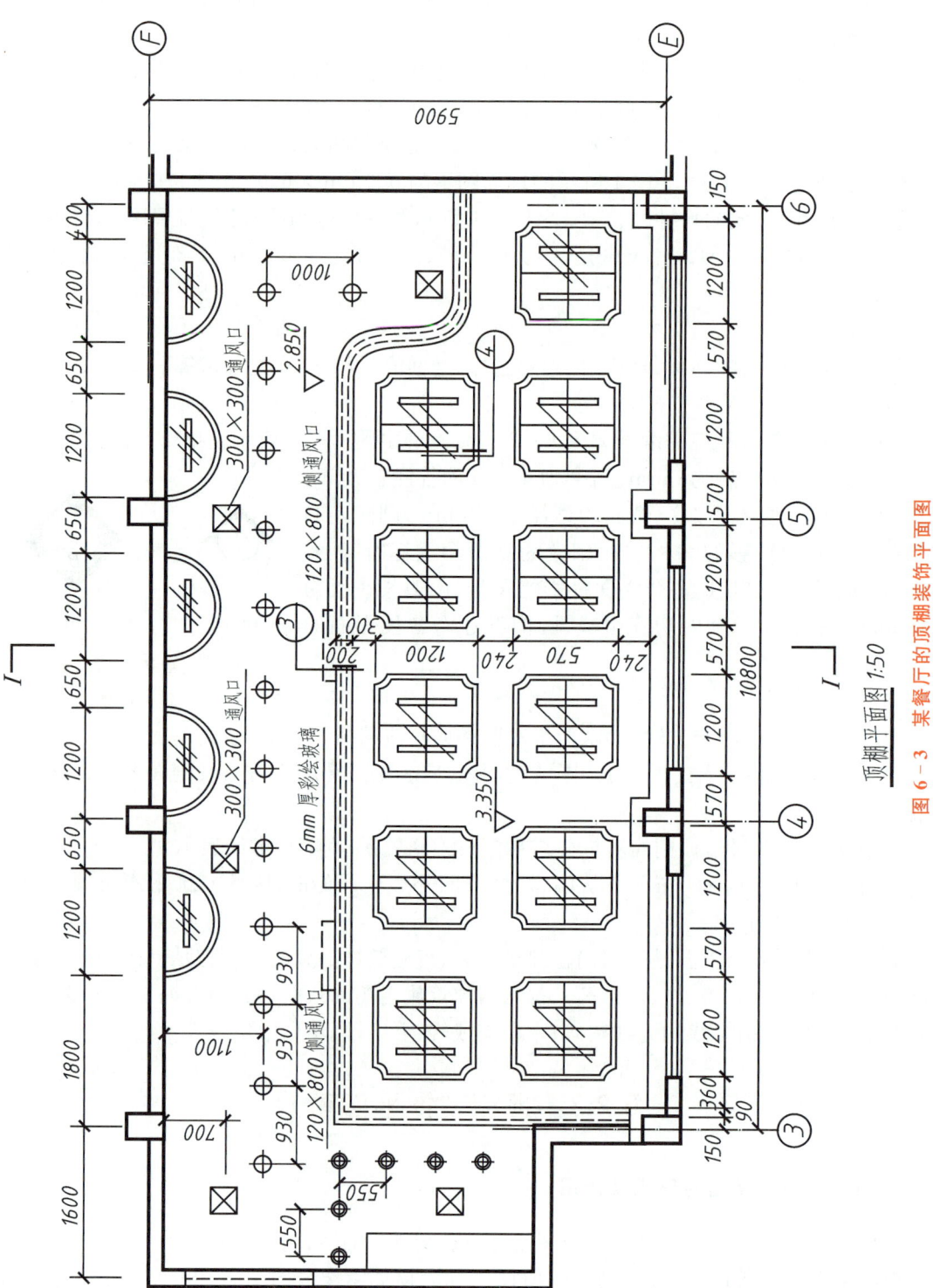

顶棚平面图 1:50

图6-3　某餐厅的顶棚装饰平面图

2. 顶棚装饰平面图的图示内容

① 表明顶棚装饰造型平面形状和尺寸。

② 说明顶棚装饰所用的装饰材料及规格。

③ 表明灯具的种类、规格、布置形式和安装位置以及顶棚的净空高度。

④ 表明空调送风口的位置、消防自动报警系统及与吊顶有关的音响设施的平面布置形式及安装位置。

⑤ 对需要另画剖面详图的顶棚平面图,应注明剖切符号或索引符号。

课堂实作

分小组识读某家装顶棚平面图,再针对图示内容相互进行提问。

3. 顶棚装饰平面图的图线表示

(1)图名及比例

顶棚装饰平面图的图名应与装饰平面布置图的图名相一致。比例不小于1:50,且一般与装饰平面布置图比例相同。图6-3所示为某餐厅的顶棚装饰平面图,比例1:50。

(2)文字说明

用文字说明顶棚的造型样式及各造型样式面层的材料、色彩的选择、工艺的要求等。

(3)标高

通过顶棚装饰平面图中的标高可以分出顶棚的跌级层数。图6-4是两级顶棚,标高分别为2.850 m和3.350 m。

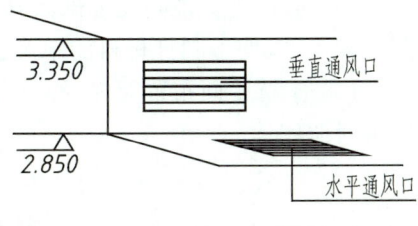

图6-4 顶棚的标高和通风口的位置

(4)尺寸标注

顶棚的四周轮廓尺寸应标出定位轴线间的距离、顶棚长度和宽度的净尺寸等。内部尺寸应标出顶棚造型的定位尺寸和灯具、通风口、音响、消防报警系统的大小及位置。

(5)灯具的类型和规格

顶棚中所用的灯具有筒灯、射灯、牛眼灯、日光灯、吸顶灯、吊灯、日光灯盘、荧虹灯带等。图6-3所示的顶棚中有筒灯、日光灯和荧虹灯带。

(6)消防报警系统、音响、通风口的大小与位置

通风口的位置有水平和垂直两种,如图6-4所示。垂直通风口在顶棚平面图中也应用虚线表示出长度和宽度。图6-3中水平通风口大小是300 mm×300 mm,垂直通风口大小是120 mm×800 mm。

(7)其他说明

① 顶棚剖面图的剖切位置及编号,定位轴线的位置及编号。

② 若引有详图,应标明详图索引符号。

顶棚装饰平面图的四周轮廓线用中粗线表示,其他部分用细实线表示,荧虹灯带用虚线表示。

4. 顶棚装饰平面图的识读

① 首先阅读图名,确定该顶棚装饰平面图的位置。

② 分析细部尺寸,了解灯具的布置以及通风口、音箱及消防报警系统的尺寸和位置;了解各造型块的定型尺寸、定位尺寸等。

③ 根据标高确定顶棚是一级顶棚还是多级顶棚,若是多级顶棚应了解顶棚跌级变化的位置。

④ 通过文字说明了解灯具的规格类型,了解各造型块的材料及色彩的要求等。

⑤ 了解顶棚剖面图的剖切位置以及详图索引符号。

6.2.4　装饰平面布置图的识读要点

(1) 装饰平面布置图是装饰施工图的主要图样,其他图样都是以平面图为依据进行绘制的,看平面布置图时,应先阅读图名和比例,了解房间的名称、使用功能和平面布局。

(2) 了解房间的建筑平面形式、平面尺寸和结构类型,确定房间的面积以及承重构件、非承重构件的位置等。

(3) 根据室内的家具布置方式了解室内的分区布局方法,以便于了解顶棚平面图的灯具布置、格局以及立面图中各墙面造型处理等。

(4) 通过文字说明及细部尺寸了解地面及家具的饰面材料、规格类型、色彩的选择、工艺要求等,以便于制订材料清单和施工组织计划。

(5) 了解平面布置图内的立面投影符号、剖切符号和详图索引符号,识读时应结合相关图纸对照阅读。

6.3　装 饰 立 面 图

6.3.1　装饰立面图的形成及作用

装饰立面图是建筑内外墙面装饰的正立面投影图,用以表示建筑物内外墙面门窗洞口、各种装饰图样、相关尺寸、相关位置和选用的装饰材料等。如果用以表现建筑内部装饰的各立面图,实际上都是建筑物竖向剖切平面的正立投影图,与剖面图相似,各剖切面的位置及投影符号均在楼、地面装饰平面图上标出。如果墙面没有什么特殊装饰,只是一般的粉刷、贴壁纸等简单装饰,其立面图可以省略。

6.3.2　装饰立面图的表示方法

(1) 外墙面的表示方法及图示内容与建筑立面图相同。

(2) 单纯的室内空间内墙面的图示,若只表现单一空间的装饰立面图,以粗实线画出这一空间的周边断面轮廓线,如楼板、地面、相邻墙交线等,表现出墙面、门窗装饰、内视立面中的家具、陈设、壁画以及有关施工的内容,力求图样与尺寸标注完善。

6.3.3 装饰立面图的形成方法

装饰立面图的形成方法有以下三种:

第一种是人站在室内对某一墙面所作出的正投影图,如图6-5所示。它主要用于直接式顶棚或与该立面相接处的吊顶棚标高相一致时。

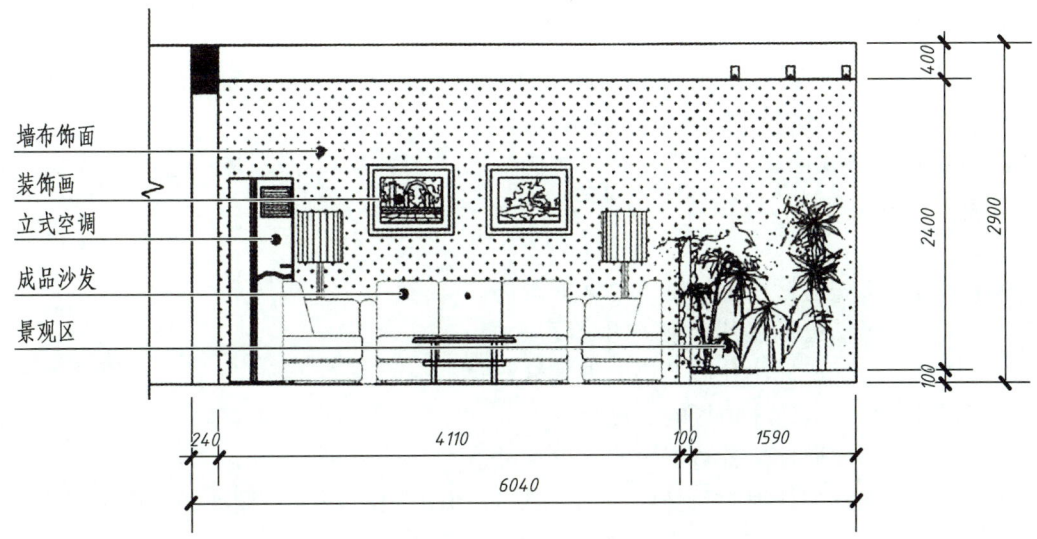

图6-5 对某一墙面的正投影图

第二种是以一定的顺序连续地绘出室内各墙面的正投影图所得到的墙面展开图。为区分各墙面,要求标注各墙面转角处的定位轴线,如图6-6所示。这种方法可以准确地确定相邻墙面造型的相互衔接关系,便于观察室内墙面造型的整体效果。

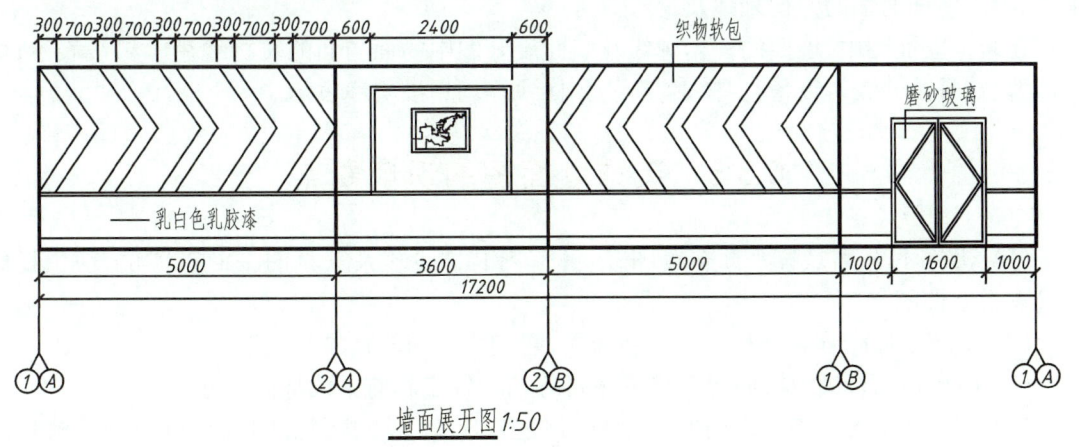

墙面展开图1:50

图6-6 墙面展开图

第三种是用剖面图的方法绘制立面图,即绘制铅垂剖切平面的正投影图。它应表明铅垂剖切平面处顶棚面的基本形式,如图6-7所示。这种方法主要用于与该立面相接处的顶棚存在高差时。

装饰立面图主要用于表达室内墙面的造型样式、面层的材料和色彩的选择、灯具的规格以及位置、墙面陈设的布置、施工工艺的要求等。

6.3.4　装饰立面图的基本内容及图线表示

① 图名及比例。装饰立面图的图名应与装饰平面布置图内的立面图投影编号相一致,比例不小于1:50(最好与平面布置图比例相同)。

② 表明墙面的造型样式,电器设备的位置(如壁灯等),若家具固定在墙面上(如壁柜),则应表示出家具的外观样式及尺寸。

③ 墙面造型样式简单时,立面图上应画出活动式家具及其陈设;墙面造型样式复杂时,为避免家具对墙面造型的遮挡则不用表示。

④ 尺寸标注。

水平尺寸:第一道标注定位轴线之间的距离;
　　　　　第二道标注各造型块的长度尺寸;
　　　　　第三道标注各造型块的细部分割尺寸。

垂直尺寸:第一道标注顶棚的高度尺寸;
　　　　　第二道标注各造型块的高度尺寸。

细部尺寸:地台和踏步的高度尺寸、造型块内部的定位尺寸、顶棚跌级造型的相互关系尺寸。

⑤ 如有门窗、隔断等构件,则应表明它们的位置、样式、材料及尺寸。

⑥ 表明墙面与顶棚的衔接处理方式。

⑦ 用文字说明各造型部位的材料、颜色、线脚的类型、窗帘的材料以及颜色等。

⑧ 若从装饰立面图中引有详图或剖面图,应表明详图索引符号及剖面图的剖切位置、编号,标出墙面两端的定位轴线及编号。

在装饰立面图中,墙面的外轮廓线及墙面展开图中的面与面的转折线用中粗线表示;墙面造型、灯具及开关等设备,门窗、隔断的分格线等均用细实线表示。

6.3.5　装饰立面图的识读要点

(1) 读图时,先看装饰平面布置图,了解室内装饰设施及家具的平面布置位置,由投影符号查看立面图。

(2) 了解立面图分为几种不同的装饰面,它们所选用的材料及施工工艺要求等。

(3) 明确地面标高、楼面标高、楼梯平台等与装饰工程有关的标高尺寸。

(4) 在立面上各装饰面之间的衔接收口较多,应对照墙身剖面图或节点详图了解过度收口的方式、工艺和所用材料等。

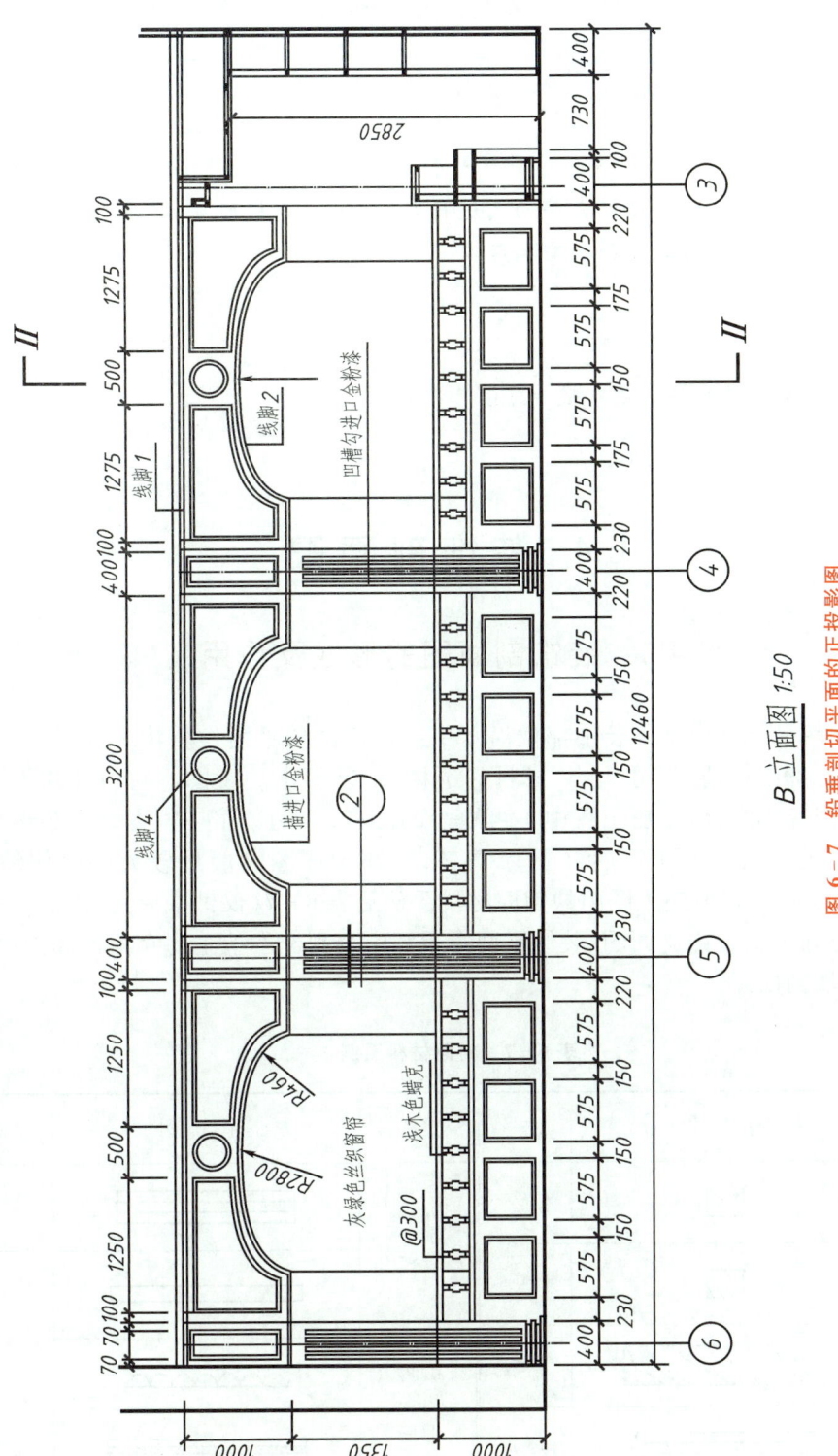

B 立面图 1:50

图 6-7 铅垂剖切平面的正投影图

（5）清楚装饰结构与建筑结构的连接方式和固定方法。

（6）注意有关装饰设施在墙体上的安装位置，如灯具、电源开关、插座的安装位置和安装方式，如需预留的，应明确所留位置和尺寸。

（7）了解墙身剖面图的剖切位置和节点详图索引符号。

提示：

装饰立面图识读时，必须结合平面图进行查对，细心分析研究，再结合其他图纸逐项审核，掌握装饰立面的具体施工要求与方法。

课堂实作

绘制并识读家庭或学校学术报告厅装饰立面图。

6.4　装　饰　剖　面　图

6.4.1　装饰剖面图的形成及作用

装饰剖面图是将室内某一装饰部位沿水平或铅垂剖切平面作整体或局部剖切，以表达其内部结构、细部构造、尺寸大小、材料的选择、工艺要求的视图。它与装饰平面布置图、装饰立面图等相配合，是施工图中不可缺少的图样，它的数量应根据室内各部位装修的复杂程度和施工要求而定。为了图示清楚，装饰剖面图一般用较大的比例绘制，如1:20,1:10,1:5等。装饰施工图中的剖面材料图例见表6-7(仅供参考)。剖面图的剖切位置和剖切方向可从装饰立面图、装饰平面布置图中查到。本节主要介绍顶棚剖面图、墙身剖面图、隔墙剖面图。

表 6-7　剖面材料图例

名称	图　例	说明	名称	图　例	说明
木材		木龙骨	胶合板（不分层）	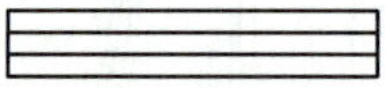	较厚时
		木压条			较薄时
	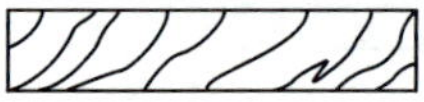	木板	编竹		
胶合板（不分层）		较厚时	覆面刨花板		

名称	图　　例	说明	名称	图　　例	说明
软质填充材料	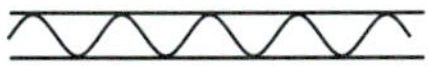	面花棕丝	矿面板石膏板	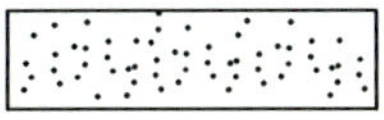	
镜子			石材		
玻璃			金属网		

6.4.2　顶棚剖面图

1. 顶棚剖面图的形成及作用

顶棚剖面图的剖切位置一般选择在顶棚造型比较复杂的部位及有跌级变化的部位。它主要用于表达剖切部位顶棚跌级层次的变化及顶棚面层不同材料衔接的处理方式。

2. 顶棚剖面图的基本内容及图线表示

① 图名及比例。图名应与顶棚装饰平面图内的剖切位置的编号相一致,图 6-8 所示是 Ⅰ—Ⅰ 顶棚剖面图,它的剖切位置在图 6-3 所示的顶棚装饰平面图中可以查到。顶棚剖面图的比例不小于 1:50。

② 顶棚剖面图内首先应表达出剖切位置顶棚块面的划分情况。图 6-8 所示的 Ⅰ—Ⅰ 顶棚剖面图分成标高分别为 3.350 m 和 2.850 m 两个大块。标高为 3.350 m 块内自Ⓕ轴线开始分成 240 mm,1 200 mm,300 mm,1 200 mm,240 mm,200 mm 六个面;标高为 2.850 m 的面内自Ⓔ轴线开始分成 600(500+100) mm,1 380 mm 两个面。这些尺寸与顶棚平面图内的细部尺寸相同,两者可对照识读。

③ 表明吊顶龙骨的材料、吊筋的分部情况及顶棚跌级变化处龙骨的连接关系。图 6-8 所示的剖面图采用 UC50 系列轻钢龙骨,龙骨间距为 1 200 mm,吊筋间距≤1 400 mm。

④ 表明不同材料面层之间及跌级变化部位面层的接缝处理。

⑤ 表明顶棚与墙面的连接处理。

⑥ 表明顶棚剖切处的灯具、灯槽、通风口、窗帘盒的构造。

⑦ 尺寸包括水平尺寸、垂直尺寸、细部尺寸。

a. 水平尺寸:第一道标注定位轴线之间的距离;

第二道标注顶棚高度变化部位之间的距离;

第三道标注各级顶棚中不同材料的定位尺寸。

b. 垂直尺寸:标注垂直方向各级顶棚的高差。

c. 细部尺寸:灯槽的尺寸、线脚的尺寸、通风口的尺寸等。

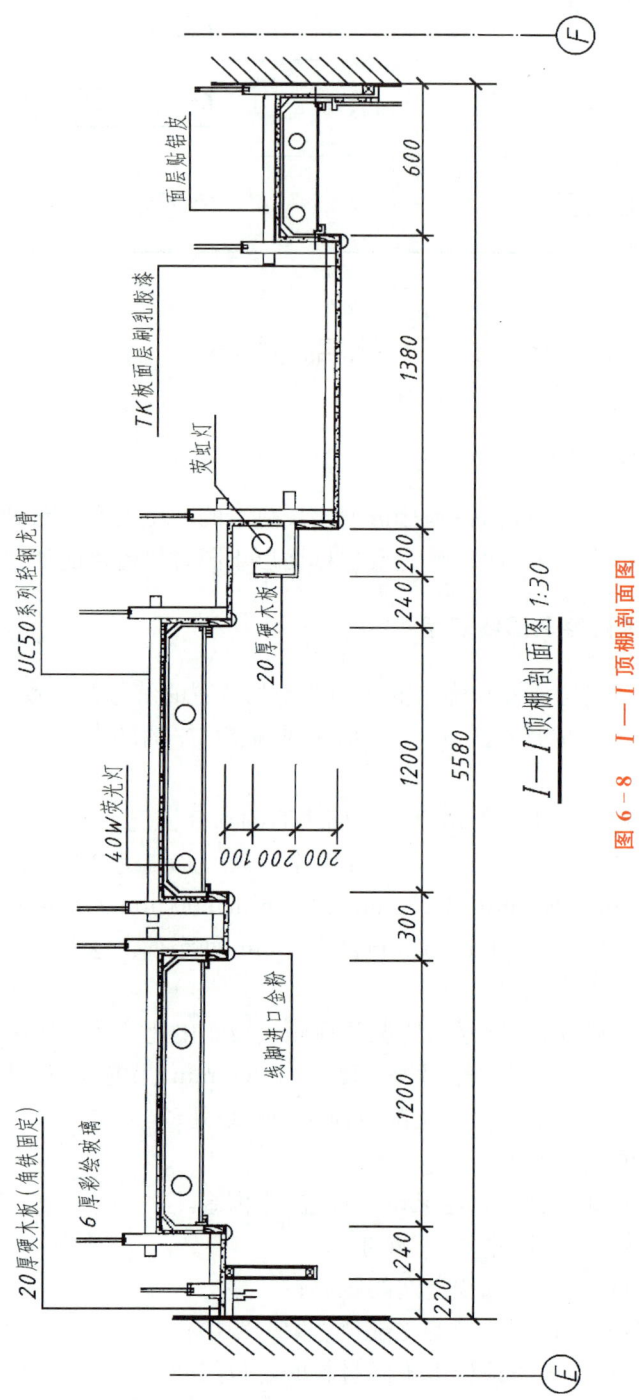

I—I 顶棚剖面图 *1:30*

图 6-8　I—I 顶棚剖面图

⑧ 文字说明：包括材料的要求、线脚的编号、灯具的规格等。

⑨ 用多层构造引出线标出顶棚的构造做法。

⑩ 标出顶棚剖面图两端的定位轴线及编号，以便与顶棚平面图对照识读。

⑪ 若引有节点详图应注明详图索引号。

在顶棚剖面图中，被剖到的墙体、面板、线脚的轮廓线均为中粗线；玻璃、灯具、内部填充材料、吊筋等可见部分为细实线。

6.4.3 墙身剖面图

1. 墙身剖面图的形成及作用

墙身剖面图的剖切位置一般选择在门窗洞口处或立面造型比较复杂的部位，它反映墙面装修的尺寸、构造做法、前后关系、内部结构处理等。墙身剖面图中，除必须画出剖切到的部分（如踢脚、墙裙），还应画出投影方向未剖切到的可见部分。为了便于绘图，墙身剖面图可在适当的部位断开（如门窗洞口处）。

2. 墙身剖面图的基本内容

① 图名及比例。为便于建立空间概念，更好地理解图纸的内容，墙身剖面图的剖切位置及编号一般标注在装饰立面图中。其图名应与剖切位置的编号相一致，为了能更清楚地表达墙身各部分的细部构造，一般选用较大的比例（如 1:20, 1:30）。图 6-9 所示是 Ⅱ—Ⅱ 墙身剖面图，其剖切位置可在图 6-7 B 立面图中查到。

② 表明踢脚、墙裙、台度内部的结构、材料、工艺要求等。本图踢脚采用 20 mm 厚的硬木，台度采用木骨架为衬，用胶合板、20 mm 厚硬木板制作面层。

③ 表明剖切处墙身各造型部位的基本构造层次。

④ 表明门窗的位置，窗台的构造及墙裙（或台度）与窗台板的连接方式等。图 6-9 所示的窗采用居中布置，内窗台采用 20 mm 厚硬木板。

⑤ 表明窗帘盒与顶棚的衔接方式及窗帘轨道的材料。本图的窗帘盒采用 20 mm 厚的硬木板与顶棚相连接。轨道是铝合金成品轨道。

⑥ 如墙面在剖切位置设有灯槽，则应表示出灯槽的剖面构造及灯具的规格类型。

⑦ 表明墙面与顶棚的衔接收口方式。

⑧ 标注尺寸。

a. 垂直尺寸：第一道标注踢脚、墙裙（或台度）、造型块、窗帘盒等的高度尺寸；
　　　　　　第二道标注垂直方向的细部尺寸。

b. 水平尺寸：标注水平方向的细部尺寸。

⑨ 文字说明。各部位材料、色彩、连接固定方式及线脚的要求等。

⑩ 用多层构造引出线标出各部位的构造做法。

⑪ 标出定位轴线及编号。图中若引有详图，应标注详图索引符号。

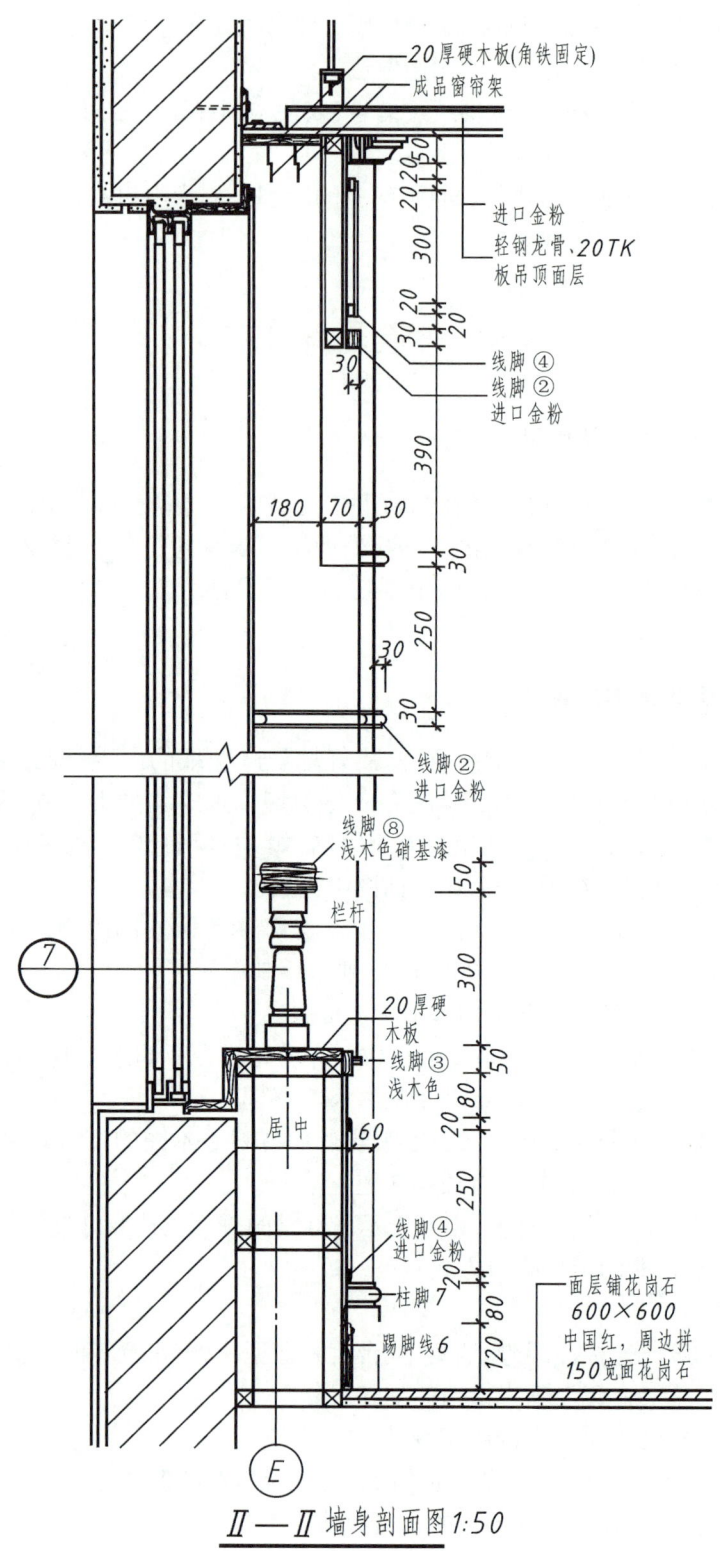

II—II 墙身剖面图 1:50

图 6-9　II—II 墙身剖面图

6.4.4 隔墙剖面图

室内装修工程中,隔墙主要有轻钢龙骨隔墙、木龙骨胶合板隔墙、铝合金玻璃隔墙等。隔墙剖面图的剖切位置以及编号可在装饰平面布置图或装饰立面图中找到。这里主要介绍这些隔墙剖面图中所应表达的基本内容。

1. 轻钢龙骨隔墙剖面图的基本内容

轻钢龙骨隔墙剖面图如图6-10所示。

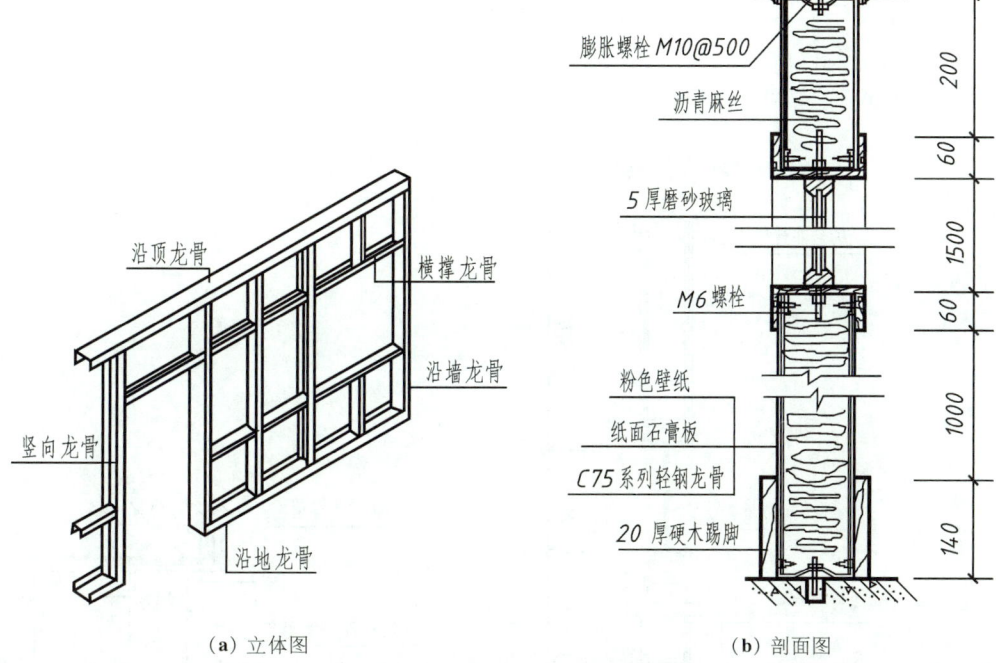

（a）立体图　　　　**（b）剖面图**

图 6-10　轻钢龙骨隔墙剖面图

① 标出选用的轻钢龙骨的类型:常用的有 C50,C75,C100 三个系列。每个系列都是由沿地龙骨、沿墙龙骨、沿顶龙骨、竖向龙骨、横撑龙骨等组成的,如图6-10a所示。图6-10b所示隔墙采用 C75 系列轻钢龙骨。

② 标出竖向龙骨的间距,这个间距应符合轻钢龙骨通用图集(07CJ03-1)的要求。

③ 表明龙骨和墙面、地面、楼板的连接方式,一般采用膨胀螺栓、膨胀尼龙塞、预埋木砖连接。图6-10所示隔墙采用膨胀螺栓连接。

④ 表明竖向龙骨与沿墙、沿地、沿顶龙骨的连接方式(有焊接、自攻螺钉、组合件连接)。图6-10所示隔墙为自攻螺钉连接。

⑤ 如隔墙上设有门窗,应表明门窗框与龙骨的连接方法。

⑥ 表明轻钢龙骨隔墙的饰面材料。图6-10b所示隔墙以纸面石膏板为基层,表面裱糊壁纸。

⑦ 如有隔声要求应绘出隔墙内部的填充材料。

⑧ 表明踢脚板、墙裙的材料和尺寸。

⑨ 标注必要的定型定位尺寸。

2. 木龙骨胶合板隔墙剖面图的基本内容

① 隔墙剖面图中应准确的表明龙骨的类型及尺寸。木龙骨胶合板隔墙的骨架分大方木骨架(截面为 50 mm×80 mm，双向间距为 500 mm)和小方木骨架(截面为 23 mm×30 mm，双向间距为300 mm)。识读时应分清骨架的类型，避免施工时因骨架尺寸不合适造成隔墙坍塌。

② 表示出骨架与楼板的连接方式。图 6-11 所示的骨架与楼板用膨胀螺栓直接连接。

③ 表示出基层胶合板的厚度和面层的材料、颜色、工艺的要求。

④ 表示出门窗框或玻璃与骨架的固定方式。

⑤ 表示出踢脚、墙裙的材料、尺寸等。

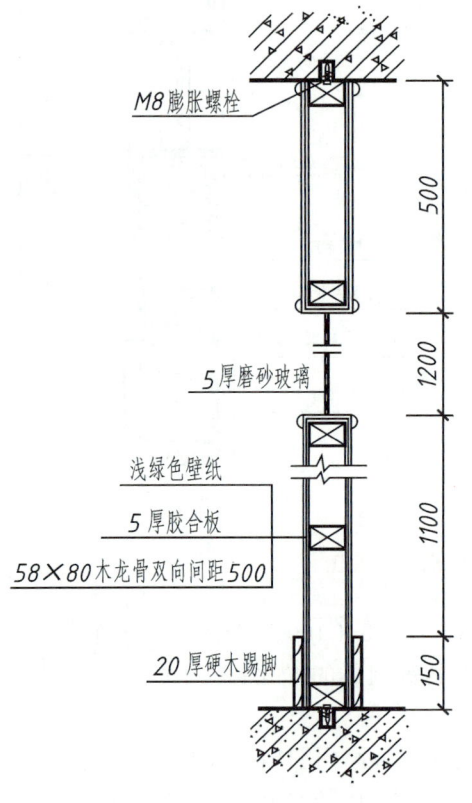

图 6-11　骨架与楼板连接

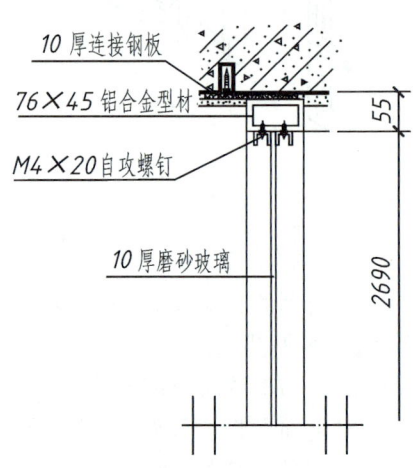

图 6-12　铝合金玻璃隔墙剖面图

3. 铝合金玻璃隔墙剖面图的基本内容

铝合金玻璃隔墙是用铝合金型材组成框架再配以玻璃装配而成的隔墙。铝合金玻璃隔墙剖面图内应标出铝合金型材的形状和规格，绘出铝合金型材框架和地面、墙面、顶棚的连接方式，表明玻璃的规格类型及固定方式，标注必要的定形、定位尺寸，如图 6-12 所示。

为了便于识读,墙身及隔墙剖面图内的线型应清晰分明:图中被剖到的骨架、面板、线脚的轮廓线均为中粗线,其内部的填充材料为细实线。墙面粉刷线及未剖到的可见部分均为细实线。

6.4.5　装饰剖面图的识读要点

① 首先根据图名及轴线编号从立面图或平面图中查找到剖面图的剖切位置和投射方向。

② 对照平面图或立面图分析剖面图中的标高和尺寸,确定出造型块的数量,然后分块细读。

③ 根据剖面图中的材料符号、文字说明、尺寸标注,来确定装饰结构与建筑结构的连接固定方式、细部构造处理和工艺要求等。

6.5　装饰节点详图

在装饰平面布置图、装饰立面图、装饰剖面图中,一些部位的详细构造做法、材料、尺寸及工艺要求难以表达清楚,需画详图说明,尤其是一些另行加工制作的设施,需要另画大比例的装饰详图。装饰详图是对装饰平面布置图、装饰立面图的深化和补充,是装饰装修施工以及细部施工的依据,也是阅读理解装饰装修施工图的关键。

装饰详图包括装饰剖面详图和装饰节点详图。

6.5.1　装饰节点详图的图示方法

为了能够按图施工,绘制装饰节点详图时应作到一大三详。

① 比例大。装饰施工图中的定型、定位尺寸比较小,所以需要用较大的比例绘制节点详图。常用的比例有 1:1,1:2,1:5,1:10,1:20 等。

② 图样详。要求详图内各部分的位置应准确,线形应分明,层次应清晰,构配件的连接方法应详细,材料填充应无误。

③ 尺寸详。应完整无误地标出各部分的定型尺寸、定位尺寸、标高等。

④ 文字详。详细地表达各层次的材料、做法、颜色和工艺要求等。

装饰平面布置图、装饰立面图、装饰剖面图中的详图索引符号是阅读装饰节点详图的线索,它的作用是用来说明装饰节点详图的编号和装饰节点详图所在的位置,直接引导读者方便迅速地查找详图。此符号带有引出线,引出线的端部指向需要放大成详图的部位。详图符号是查阅装饰节点详图原始出处的线索,它用来说明此节点是从哪一张图纸上的哪一个部位索引放大出来的,这样读者可对比原始出处的设计,更加深刻地理解图纸内容。装饰节点详图的编号必须和详图索引符号的编号相一致。

6.5.2 装饰节点详图的图示内容

装饰节点详图的内容和数量应根据装饰工程的复杂程度而定。它可以分为剖切放大详图和投影放大详图。

① 标明装饰面或装饰造型的结构形式和构造形式,饰面材料与支承构件的相互关系。
② 标明重要部位的装饰构件、配件的详细尺寸、工艺做法和施工要求。
③ 标明装饰结构与建筑主体结构之间的连接方式及衔接尺寸。
④ 标明装饰面之间的拼接方式及封边、盖缝、收口和嵌条等处理的详细尺寸和做法要求。

6.5.3 装饰节点详图举例

下面介绍从装饰平面布置图、装饰立面图、装饰剖面图中引出的部分装饰节点详图。

1. 顶棚通风口处的剖切放大详图(图 6 - 13)

该详图表示出灯槽和通风口的断面形式、尺寸及材料;彩绘玻璃与 TK 面板接缝处的转折处理方式。

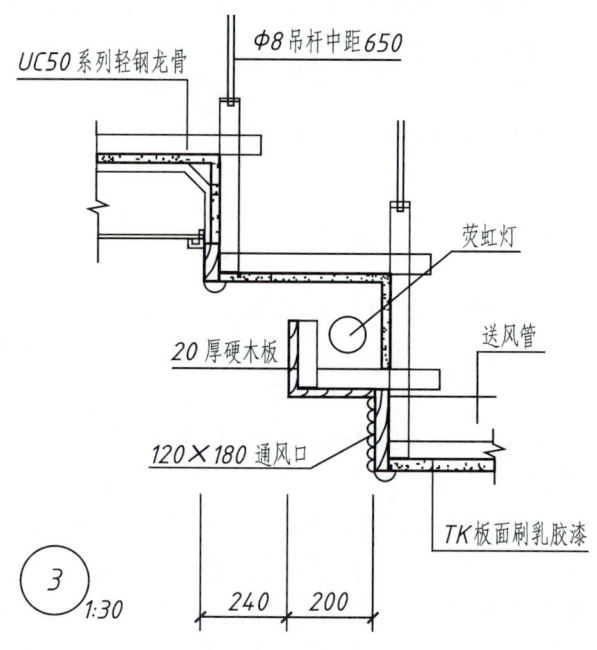

图 6 - 13 顶棚通风口处的剖切放大详图

2. B 立面图装饰柱的剖切放大详图(图 6 - 14)

该详图表示装饰柱剖面形状、材料、细部尺寸,装饰柱与栏杆、台度关系的定位尺寸。

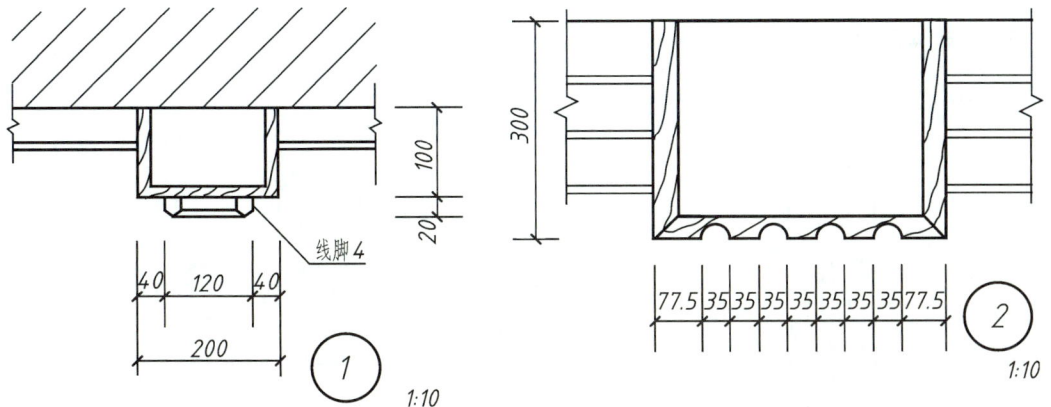

图 6－14　装饰柱的剖切放大详图

3. 地面详图(图 6－15)

该详图表示出剖切放大处地面的标高变化、地面的材料和构造方法。

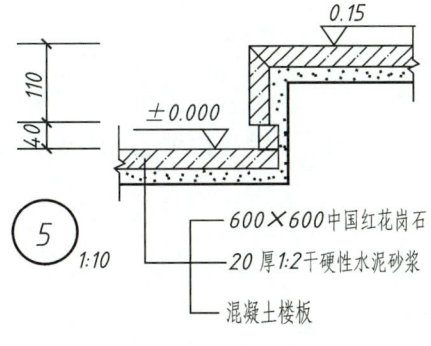

图 6－15　地面详图

4. 顶棚彩绘玻璃的分隔固定详图(图 6－16)

该详图表示玻璃固定件的形式、材料、尺寸等。

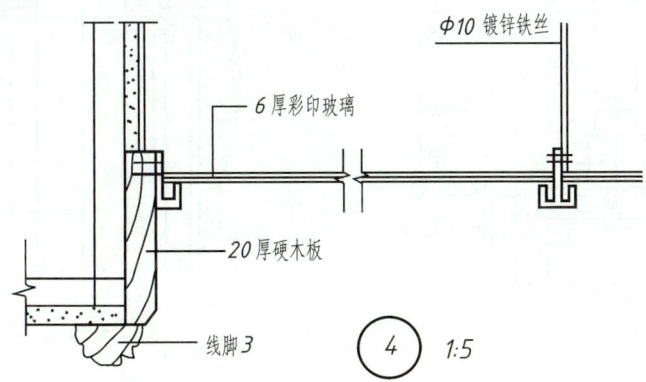

图 6－16　顶棚彩绘玻璃的分隔固定详图

5. 线脚详图(图 6 – 17)

该详图表示各线脚的形式、材料、定形尺寸等。

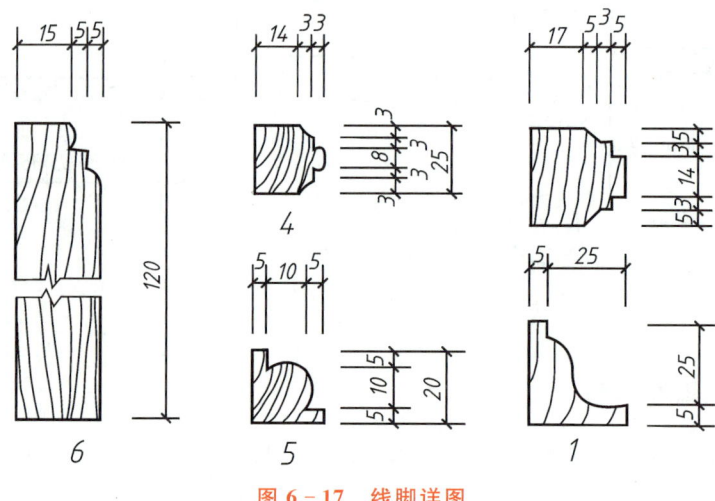

图 6 – 17 线脚详图

6. 台度详图(图 6 – 18)

该详图表达台度顶部的装饰栏杆的形状、位置、定形尺寸、定位尺寸以及台度顶部的收口处理方法等。

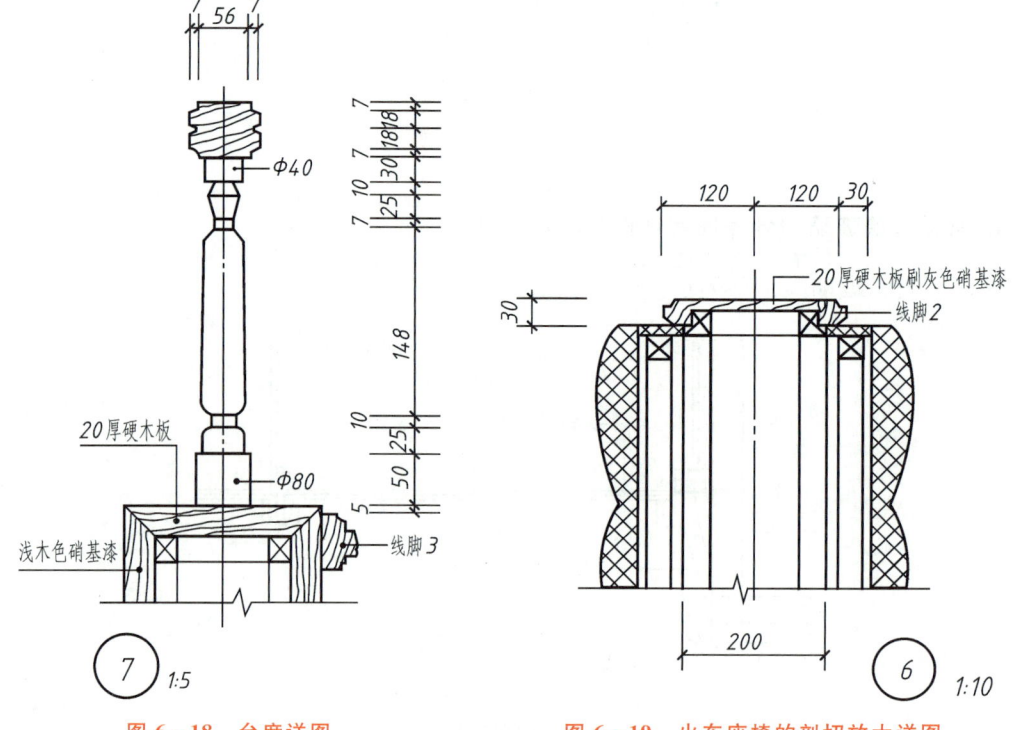

图 6 – 18 台度详图　　　　**图 6 – 19 火车座椅的剖切放大详图**

7. 火车座椅的剖切放大详图(图 6 - 19)

该详图表示火车座椅的尺寸、材料,线脚的形式,内部骨架的构造方式等。

8. M2 门的立面详图(图 6 - 20)

该详图表示 M2 门与其所在墙面的造型关系,M2 门各造型部分的材料及定型、定位尺寸等。

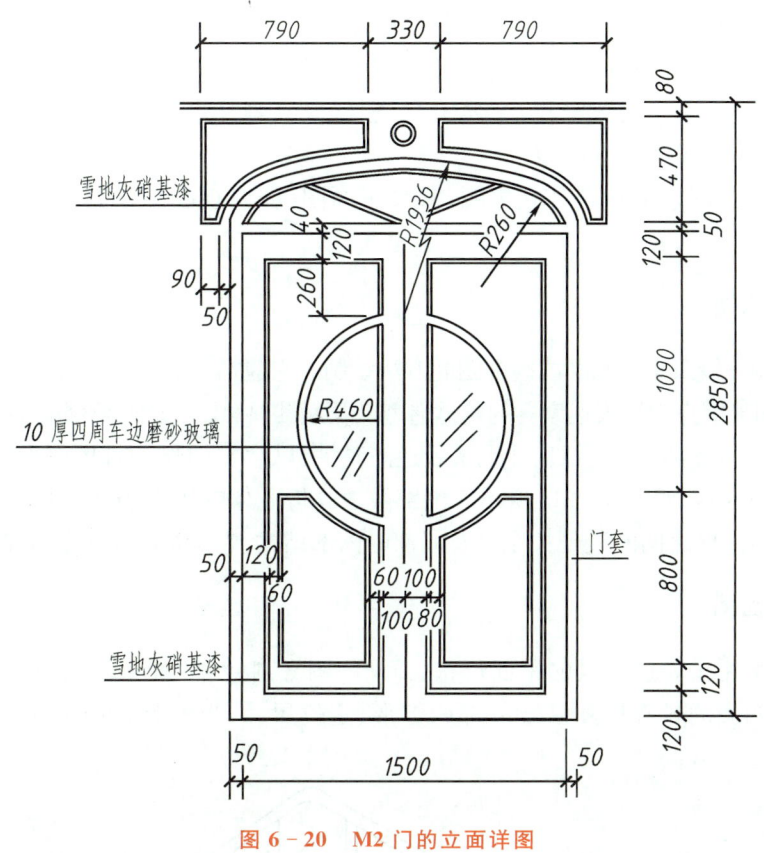

图 6 - 20　M2 门的立面详图

6.5.4　装饰节点详图的识读要点

识读节点详图时,首先根据详图符号查找出详图的原始出处和形成方法,然后了解详图内各装饰部分的材料、细部尺寸、连接固定方式及工艺要求等。具体识读要点如下:

① 结合装饰平面布置图和装饰立面图,了解装饰节点详图源自何部位的剖切,找出与之相对应的剖切符号和索引符号;

② 熟悉和研究装饰节点详图所示内容,进一步明确装饰工程各组成部位或其他图纸难以表明的关键性细部做法;

③ 由于装饰工程的工程特点和施工特点,表示其细部做法的图纸往往比较复杂,不能

像土建和安装工程图纸那样广泛运用国标、省标及市标等标准图册,所以读图时要反复查阅图纸,特别注意装饰剖面详图和装饰节点详图中各种材料的组合方式以及工艺要求等。

6.6　家具施工图

在装饰工程中为使家具与室内装饰风格、色调相协调,保证室内装饰的整体效果,常将室内的家具(如壁柜、酒吧台、酒柜等)与室内装修一起设计,这就需要绘制家具施工图。

室内家具类型繁多,从结构上分有框架式家具、板式家具、拆装式家具、折叠式家具等;从材料上分有木质家具、藤竹家具、金属家具、塑料家具等。本节以常见的木质框架式家具为例,介绍家具施工图的基本内容。

一套家具施工图包括有家具立体图、家具平面图(即俯视图)、家具立面图、家具剖面图和节点详图等。

1. 家具立体图

家具立体图一般采用轴测图或透视图的方法绘制。它包括外观立体图和细部做法分析立体图。外观立体图能够直观地表达家具的整体造型以及家具顶面、正立面、侧面的形状与样式,但是细部的连接方法、定形尺寸、定位尺寸无法表达清楚,所以它主要作为辅助图形帮助识读、理解其他家具图纸的内容,如图6-21a所示。细部做法分析立体图用于表达正投影图样内无法表达清楚的家具零部件之间的装配关系以及局部的内部结构,它是指导家具制作的重要图样。

2. 家具平面图

家具平面图用于表达家具的平面形状、顶面的图案划分、材料和颜色的要求等。图内应详细标出顶面四周的轮廓尺寸以及内部的定形、定位尺寸,当家具顶面形状比较简单时,此图也可省略。

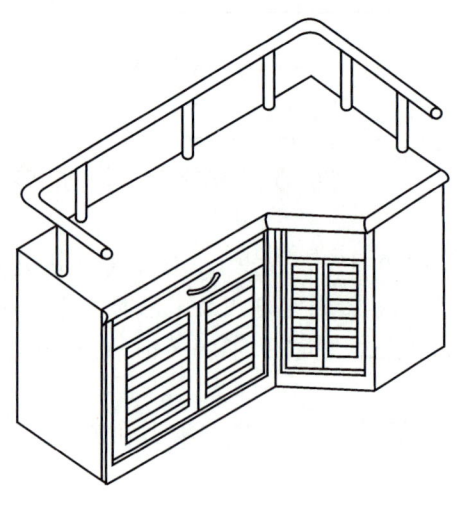

(a) 家具立体图

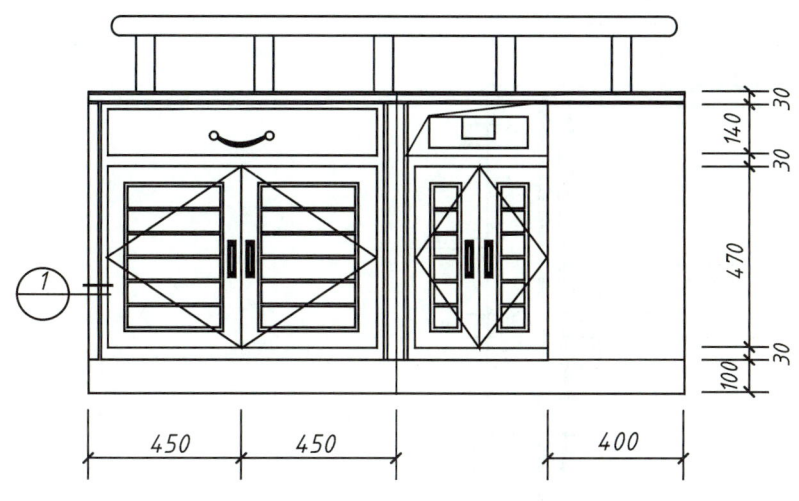

（b）家具立面图

图 6 - 21　家具立体图与家具立面图

3. 家具立面图

家具立面图表达家具主要立面的外形轮廓和立面上柜门、抽屉、把手、隔板的形式、数量以及分割尺寸,表达柜门的开启方式和面层的材料、颜色的要求等,如图 6 - 21b 所示。

4. 家具剖面图

家具剖面图是用于表达家具内部结构以及部件装配关系的图纸,它可分为水平剖面图和铅垂剖面图。

① 水平剖面图应表示水平方向内部骨架的大小和布置方式,表示家具内部的水平分割数量和内部的长度、宽度方向的细部尺寸;当家具顶面形状比较简单时,它可以兼作家具平面图,如图 6 - 22a 所示。

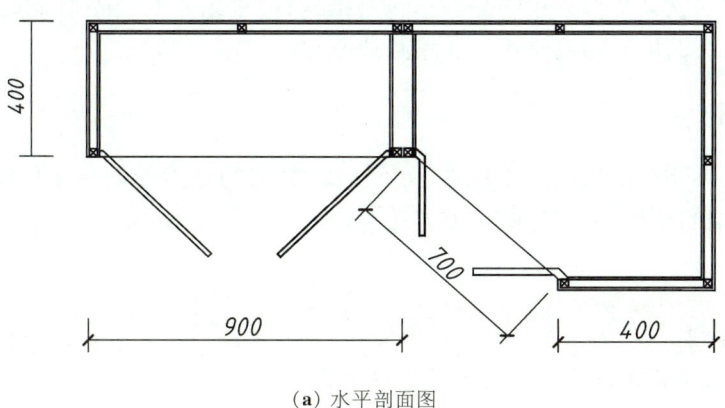

（a）水平剖面图

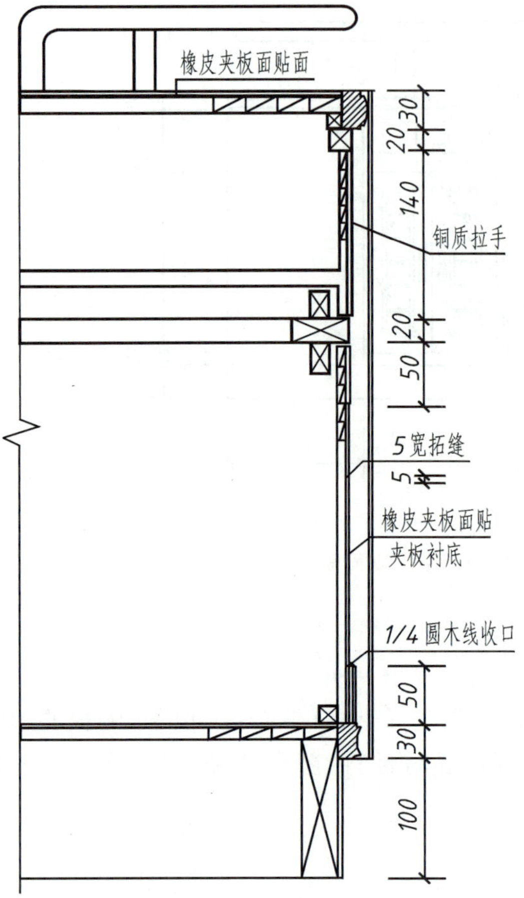

橡皮夹板面贴面

铜质拉手

5宽拓缝
5
橡皮夹板面贴
夹板衬底

1/4圆木线收口

20 30
140
50 20
30 50
100

（b）铅垂剖面图

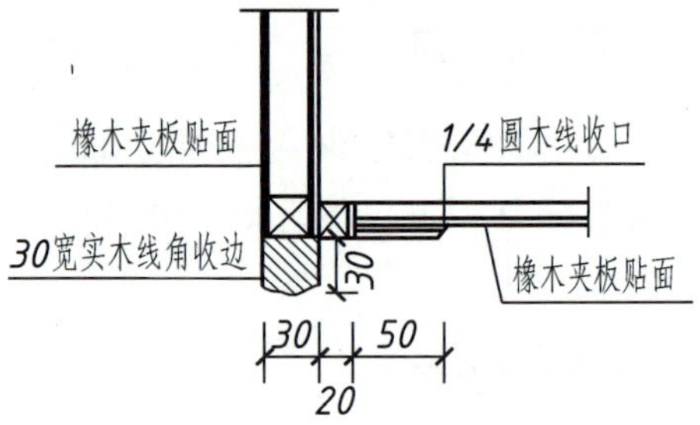

橡木夹板贴面　　　　　1/4圆木线收口

30宽实木线角收边　　　橡木夹板贴面

30　50
20

（c）　节点详图

图 6-22　家具剖面图和节点详图

② 铅垂剖面图的图样较为复杂,它主要用于表示内部框架的基本组成情况、家具脚部的处理方式、垂直方向层数的划分、门扇的材料及结构形式、封边收口方法等。图 6-22b 所示的铅垂剖面图的家具脚部采用的是底框包脚结构,门扇采用的是外框架式结构(用贴有橡木夹板的木夹板做面层),四周采用实木条封边收口。

5.节点详图

用于表达家具特殊部位的细部构造,如面与轴之间的过渡处理方法(图 6-22c):抽屉滑道的安装、榫槽的结构、橱顶边的装配方法等。

复习思考题

1.一套建筑装饰施工图中包含有哪些图纸内容?

2. 阅读建筑装饰施工图应注意哪些问题?

3. 对照图 9-1,简述装饰平面布置图的主要基本内容。

4. 装饰平面布置图上有哪些常用的室内平面布置图例?

5. 绘出单个立面及多个立面的投影符号。

6. 顶棚平面图为什么有时也称镜像平面图?

7. 识读顶棚平面图时应注意哪些问题?

8. 顶棚平面图中应标注哪些尺寸?

9. 对照图 9-1 所示的装饰平面布置图理解图 9-3 顶棚平面图的灯具布置及造型处理方法。

10. 装饰立面图的形成方法有哪几种?

11. 什么是墙面展开图? 它有哪些作用?

12. 识读装饰立面图时应注意哪些问题?

13. 顶棚剖面图的剖切位置应如何选择? 为什么?

14. 识读顶棚剖面图时应注意哪些问题?

15. 熟悉室内材料的剖面图例。

16. 装饰节点详图有何作用?

17. 解释装饰节点详图一大三详的具体含义。

18. 家具施工图中包含有哪些图纸内容?

19. 家具剖面图有什么作用?

参 考 文 献

[1] 赵研.建筑识图与构造[M].3 版.北京：中国建筑工业出版社,2014.

[2] 邬京虹,夏玲涛.建筑构造与识图[M].3 版.北京：机械工业出版社,2023.

[3] 夏玲涛.建筑 CAD[M].3 版.北京：中国建筑工业出版社,2021.

[4] 危道军,冯晨.建筑制图[M].北京：高等教育出版社,2009.

[5] 危道军.建筑装饰基础[M].2 版.北京：高等教育出版社,2010.

[6] 危道军.施工员(工长)专业基础知识[M].北京：中国建筑工业出版社,2007.

[7] 白丽红,闫小春.建筑工程制图与识图[M].4 版.北京：北京大学出版社,2023.

[8] 肖明和,张营.建筑工程制图[M].2 版.北京：北京大学出版社,2012.